INTRODUÇÃO AO LIBERALISMO

Organizador
Lucas Berlanza Corrêa

INTRODUÇÃO AO LIBERALISMO

Autores

Alex Pipkin
Bernardo Santoro
Catarina Rochamonte
Gabriel Wilhelms
Guilherme Cintra
Hiago Rebello
Ianker Zimmer
João Luiz Mauad
Juliano Oliveira

Leonardo Corrêa
Luan Sperandio
Lucas Berlanza
Og Leme
Pedro Henrique Alves
Ricardo Vélez Rodríguez
Roberto Rachewsky
Rodrigo Constantino
Vinícius Montgomery

INTRODUÇÃO AO LIBERALISMO
© ALMEDINA, 2021

ORGANIZADOR: Lucas Berlanza Corrêa

DIRETOR ALMEDINA BRASIL: Rodrigo Mentz
EDITOR DE CIÊNCIAS SOCIAIS E HUMANAS: Marco Pace
REVISÃO: Angelina da Silva e Miguel Parlatore

DIAGRAMAÇÃO: Almedina
DESIGN DE CAPA: Roberta Bassanetto

ISBN: 9786586618297
Abril, 2021

Dados Internacionais de Catalogação na Publicação (CIP)
(Câmara Brasileira do Livro, SP, Brasil)

Introdução ao liberallismo / organização Lucas
Berlanza Corrêa. – 1. ed. – São Paulo:
Edições 70, 2021.
Vários autores.

ISBN 978-65-86618-29-7

1. Artigos filosóficos 2. Ciências políticas – Filosofia
3. Liberalismo 4. Liberalismo – Filosofia
5. Pensamento I. Berlanza, Lucas.

21-55692   CDD-320.51

Índices para catálogo sistemático:

1. Liberalismo: Ciência política 320.51

Maria Alice Ferreira – Bibliotecária – CRB-8/7964

Este livro segue as regras do novo Acordo Ortográfico da Língua Portuguesa (1990).

Todos os direitos reservados. Nenhuma parte deste livro, protegido por copyright, pode ser reproduzida, armazenada ou transmitida de alguma forma ou por algum meio, seja eletrônico ou mecânico, inclusive fotocópia, gravação ou qualquer sistema de armazenagem de informações, sem a permissão expressa e por escrito da editora.

EDITORA: Almedina Brasil
Rua José Maria Lisboa, 860, Conj. 131 e 132, Jardim Paulista | 01423-001 São Paulo | Brasil
editora@almedina.com.br
www.almedina.com.br

SOBRE OS AUTORES

Alex Pipkin é Doutor e Mestre em Administração pelo PPGA/UFRGS; pós-graduado em Comércio Internacional pela FGV/RJ; em Marketing pela ESPM/SP; e em Gestão Empresarial pela PUC/RS. Bacharel em Comércio Exterior e Administração de Empresas pela Unisinos/RS. Professor de Graduação e Pós-Graduação em diversas universidades. Foi Gerente de Supply Chain da Dana para América do Sul, Diretor de Supply Chain do Grupo Vipal, Conselheiro do Conselho de Comércio Exterior da FIERGS e vice-Presidente da FEDERASUL. Atua como consultor de empresas. Autor de livros e artigos na área de gestão e negócios, e articulista de vários *blogs* e *sites* no Brasil, incluindo o Instituto Liberal.

Bernardo Santoro é advogado e Mestre em Direito pela UERJ. Pós-graduado em economia pela UERJ. Presidente do Instituto Rio Metrópole e especialista do Instituto Millenium e Instituto Liberal, do qual é ex-presidente. Foi professor de Economia Política e Direito nas universidades Mackenzie SP, UERJ e UFRJ.

Catarina Rochamonte é doutora em Filosofia, presidente do Instituto Liberal do Nordeste e escritora.

Gabriel Wilhelms é licenciado em Música pela Unimes e graduando de Ciências Econômicas pela Unopar. Atua como colunista e articulista político, tendo colaborado por dois anos com o Jornal em Foco – Brusque/SC, além de colaborações esporádicas com outros veículos no Brasil. Atua como colunista do Instituto Liberal.

Guilherme Cintra é estudante de medicina e estudioso autodidata das ideias de F. A. Hayek e do liberalismo Old Whig. Publicou alguns artigos para os *sites* Instituto Liberal e Neoiluminismo.

Hiago Rebello é graduado e mestrando em História pela Universidade Federal Fluminense. Já atuou como articulista no Instituto Liberal, no Burke Instituto e em outros portais.

Ianker Zimmer é jornalista diplomado pela Universidade Feevale (RS). Trabalhou no Jornal NH e na Rádio ABC. É colunista do Instituto Liberal, do *site* Opinião e Crítica e atualmente é assessor parlamentar na Câmara dos Deputados. Autor do livro "*A Filosofia do Fracasso: ensaios antirrevolucionários*".

João Luiz Mauad é administrador de empresas e empresário.

Juliano Oliveira é Mestre e especialista em Engenharia de Produção com ênfase em Qualidade e Produtividade pela Universidade Federal de Itajubá (UNIFEI) e graduado em Administração de Empresas pelo Centro de Ensino Superior em Gestão, Tecnologia e Educação (FAI). É professor de Graduação e Pós-Graduação nas disciplinas de Economia Internacional e Gestão Estratégica de Custos, consultor de empresas e colunista do Instituto Liberal.

Leonardo Corrêa é advogado, formado pela Pontifícia Universidade Católica do Rio de Janeiro, com LL.M. pela University of Pennsylvania.

Luan Sperandio é empresário, editor-chefe da casa de investimentos Apex Partners e colunista da Folha Business. Estudou Direito na Universidade Federal do Espírito Santo e especializou-se em Desenvolvimento Humano na Fucape Business School. Integra diversas organizações ligadas ao desenvolvimento de instituições com melhor ambiente de negócios, como o Ideias Radicais, o Instituto Mercado Popular e o Instituto Liberal.

Lucas Berlanza é formado em Comunicação Social/Jornalismo pela UFRJ, editor do *site* Boletim da Liberdade, presidente da Diretoria Executiva do Instituto Liberal e autor dos livros "Lacerda: A Virtude da Polêmica" e "Guia Bibliográfico da Nova Direita – 39 livros para compreender o fenômeno brasileiro". Colaborou com ensaios e capítulos para diversas coletâneas e para documentários sobre História do Brasil feitos pela produtora Brasil Paralelo.

SOBRE OS AUTORES

Og Leme foi consultor do Instituto Liberal desde sua fundação. Nele, Donald Stewart encontrou o lastro intelectual em que se apoiaria o Instituto. Formado em Ciências Sociais pela Escola de Sociologia e Política de São Paulo, fez o doutorado em Economia na Universidade de Chicago. Lá, foi aluno de Milton Friedman, Frank Knight, Gregg Lewis, George Stigler, entre outros destaques do notável Centro Acadêmico. Foi professor universitário em diversas faculdades, atuou como economista na ONU, foi diretor do Departamento Econômico da Federação do Comércio de São Paulo, dirigiu os colóquios do Liberty Fund no Brasil e participou da assessoria econômica do ministério de Roberto Campos no governo do Presidente Castelo Branco.

Pedro Henrique Alves é natural de São José dos Campos, cidade industrial localizada no interior de São Paulo. Bacharel em Filosofia pela Faculdade Dehoniana de Taubaté/SP, é pesquisador independente das influências liberais e conservadoras na sociedade brasileira. Há três anos mantém uma coluna semanal no Instituto Liberal, ao mesmo tempo em que publica regularmente ensaios na seção de Ideias no tradicional jornal centenário Gazeta do Povo. Além de suas funções como escritor e comentarista político, Pedro também é editor na LVM Editora e professor da rede particular de ensino nas matérias de Filosofia e Sociologia.

Ricardo Vélez Rodríguez é formado em Filosofia (Universidade Javeriana, Bogotá). Mestre em Filosofia (PUC-RJ), Doutor em Filosofia (U. Gama Filho) e Pós-Doutor (Instituto Raymond Aron, Paris). Professor associado aposentado da UFJF. Professor Emérito da ECEME-RJ. Membro do Conselho Técnico da Confederação Nal. do Comércio, RJ. Membro Fundador da Academia Brasileira de Filosofia. Ex- Ministro da Educação do Governo Bolsonaro (2019). Tem trinta livros publicados, entre eles *"Castilhismo, uma filosofia da República"*.

Roberto Rachewsky é empresário, co-fundou e presidiu o Instituto de Estudos Empresariais, o Instituto Liberal do Rio Grande do Sul, o Instituto Atlantos e o Instituto Liberdade. Dirigiu a Câmara de Diretores Lojistas de Porto Alegre, a Associação dos Diretores de Vendas do RS e a Federação das Associações Comerciais do Rio Grande do Sul.

Tem artigos publicados pelo jornal Zero Hora, Gazeta do Povo, Instituto Liberal, Instituto Millenium, Instituto Mises Brasil, Objetivismo Oficial e é comentarista da Rádio Guaíba de Porto Alegre. Co-autor do livro *Ayn Rand e os devaneios do coletivismo: Breves lições* – Editora LVM.

Rodrigo Constantino é Presidente do Conselho do Instituto Liberal. É formado em Economia pela PUC-RJ e tem MBA de Finanças pelo IBMEC. Trabalhou no setor financeiro de 1997 a 2013. É autor de vários livros, entre eles o *best seller* "Esquerda Caviar". Foi colunista das revistas Voto, IstoÉ e Veja, dos jornais Valor Econômico, O Globo, ZeroHora e Correio do Povo. Foi comentarista da Jovem Pan. É colunista da Gazeta do Povo e do ND. É membro-fundador do Instituto Millenium. Foi o vencedor do Prêmio Libertas em 2009, no XXII Fórum da Liberdade.

Vinícius Antonio Montgomery de Miranda é mestre em Engenharia de Produção – UNIFEI, Itajubá-MG, possui MBA em Gestão Financeira pela UNITAU, Taubaté-SP, é graduado em Engenharia Elétrica pela UNIFEI-MG. Professor de Graduação e Pós-Graduação pela FAI – Centro de Ensino Superior em Gestão, Tecnologia e Educação e pelo INATEL – Instituto Nacional de Telecomunicações em Santa Rita do Sapucaí-MG. Atuou como engenheiro no DNAEE – Departamento Nacional de Águas e Energia Elétrica, Brasília-DF e na Inducon Capacitores, São Paulo-SP. Atua como consultor de empresas nas áreas de Gestão, Economia e Finanças. Palestrante e autor de artigos nas áreas de gestão, economia e finanças em *blogs* e *sites,* incluindo o Instituto Liberal.

PREFÁCIO

Este livro vem a lume no momento que é, sem dúvida, o mais desafiador para a defesa das ideias liberais, no período que decorre do início do século 21 até o presente. O ano de 2020 está marcado indelevelmente em nossas vidas como o ano da pandemia da Covid-19 e das consequências que dela derivaram. Liberdades individuais foram restringidas no mundo todo de uma forma como a minha geração até aqui ainda não havia presenciado. Os gastos dos governos dispararam sob a justificativa de evitar o alastramento da miséria causada pela brutal parada econômica decorrente dessas mesmas restrições às liberdades individuais, bem como do medo de parcela relevante da população de sair de casa correndo o risco de contrair o vírus.

Como bem apontou Og Leme: "guerras, crises econômicas e o ideal do desenvolvimento econômico" foram fatores que "alimentaram o estatismo" e "comprometeram a prática liberal no século 20" (cap. 4). Na pandemia do coronavírus vimos a junção desses dois últimos fatores não em tempos de guerra, mas em tempos de relativa paz mundial. Democracias mundo afora, mesmo algumas das mais liberais, adotaram medidas tão rígidas de controle social que aprofundaram a crise econômica que já seria resultado natural da pandemia. O consequente empobrecimento da população acaba por estimular discursos falaciosos de que a solução para a retomada econômica está agora no dirigismo estatal.

Não está. Pelo contrário: é justamente na criatividade e no esforço individuais que, mais uma vez, a humanidade reencontrará a rota do progresso. Não se trata aqui de dogma, mas de evidência empírica histórica, bem documentada em muitas passagens desta obra, bem como de minhas recentes observações e de quem mais esteja acompanhando com lucidez as medidas mais efetivas tomadas no enfrentamento à crise econômica. No caso brasileiro, as flexibilizações lineares da legislação trabalhista propostas pelo governo e aprovadas pelo parlamento para o período da pandemia, bem como o maior acesso ao dinheiro depositado que é arrancado compulsoriamente do trabalhador pelo governo via Fundo de Garantia do Tempo de Serviço (FGTS) e as leis aprovadas que facilitaram a importação de medicamentos que antes eram inacessíveis por protecionismos arcaicos e lesivos ao consumidor doente, demonstraram cabalmente e na prática que o caminho correto para enfrentar mais essa crise é o de menor intervenção estatal.

Em contrapartida, os resgates-emergenciais pagos aos mais desprovidos (em que pese o alto índice de pagamentos fraudulentos) e os auxílios a determinados setores da economia considerados mais afetados (alguns dos quais historicamente beneficiados pela generosidade estatal) demonstram que a conta a pagar no futuro próximo será alta. Com o agravante da popularidade de curto prazo obtida pelos políticos benfeitores (e que, portanto, dificultará ainda mais a defesa de menor intervenção do governo), encontraremos como liberais grande dificuldade para aprovar reformas institucionais, econômicas e políticas que façam triunfar o poder do indivíduo sobre a tirania estatal.

É aí que se demonstra, de forma muito clara, a importância de uma publicação como esta. Tanto sob o ponto de vista teórico, como sob o ponto de vista histórico e prático, "Introdução ao Liberalismo" traz ao leitor lusófono uma coleção de textos que se complementam. A primorosa seleção concatenada pelo organizador Lucas Berlanza apresenta, ao preocupado leitor destes tempos, escritos que dialogam entre si, por vezes apresentando pontos de vista saudavelmente divergentes, mas que convergem no princípio defendido: a liberdade.

Não há superação de crise que possa prescindir da condução de lideranças bem formadas e bem informadas, cujos fanais a perseguir sejam os do bem comum, da paz e da prosperidade. O Instituto Liberal (IL) tem sido profícuo, no Brasil e agora, em formato impresso, também em Portugal, no fornecimento de material em língua portuguesa àqueles que queiram contribuir para que alcancemos tais propósitos. Este livro é mais um belo e primoroso exemplo da dedicação do IL em romper, na opinião pública e publicada, as arraigadas tradições estatistas e estatólatras ibero-americanas.

Trata-se de material imprescindível para entender o liberalismo na teoria e garantir sua defesa na prática a fim de evitar que cometamos, neste século, os mesmos erros que foram cometidos no passado. Em tempos de crise é que precisam sobressair as vozes mais argutas e sensatas em defesa da liberdade!

MARCEL VAN HATTEM

OS PILARES DO LIBERALISMO

O que é o liberalismo? Agora está na moda tentar vestir a jaqueta liberal e muitas viúvas do esquerdismo vêm tentando usurpar o termo, após o fracasso petista no Brasil. O mesmo fenômeno aconteceu nos Estados Unidos, quando o termo progressismo caiu em desgraça e a esquerda democrata tomou para si o termo liberal. Hoje vemos até socialistas como Bernie Sanders dizendo-se liberais por aí. Faz sentido?

Claro que o liberalismo tem sua elasticidade e ninguém deve monopolizar seu sentido. Mas seguindo a trajetória das ideias liberais, por meio de seus principais ícones, fica evidente que tal elasticidade não é infinita. Ou seja, por mais que exista um liberalismo de viés mais progressista e outro de viés mais conservador, não se encaixam na definição de liberal um típico defensor do paternalismo estatal, tampouco um reacionário que pretende utilizar a máquina estatal para impor seus valores morais.

Em outras palavras, o liberalismo possui certos pilares básicos e dentro de sua estrutura cabem visões distintas, mas que oscilam em torno de um eixo comum. A defesa do indivíduo como uma finalidade em si mesmo, da economia de livre mercado, do império das leis e de um poder limitado do Estado é inerente a todo liberal. Se alguém coloca um abstrato qualquer – raça, classe ou nação – como a única finalidade relevante e encara indivíduos de carne e osso como meios sacrificáveis, então não é liberal, pois o coletivismo não se mistura com o liberalismo.

O Instituto Liberal, fundado na década de 1980, talvez seja a principal autoridade sobre o assunto no Brasil. Há movimentos "liberais' neófitos, mais radicais ou revolucionários, com viés libertário utópico, que são importantes para o debate de ideias, mas que não necessariamente traduzem bem o ideário liberal. Por outro lado, há grupos de direita que defendem a liberdade econômica, mas desejam um Estado grande, centralizador – desde que ocupado por seus companheiros –, para liderar um "resgate cultural". Por mais nobre que seja a missão, o uso do Estado como instrumento desqualifica quem defende isso como liberal legítimo.

Os textos a seguir tratam de assuntos distintos, pois foram escritos por diferentes autores, e a amplitude de conceitos do liberalismo ficará evidente. Ao mesmo tempo, o leitor poderá perceber que existe um fio condutor, que demonstra que não vale tudo quando o assunto é defender as liberdades individuais básicas. Tenho certeza de que após a leitura, com as reflexões que a obra suscitará, o leitor terá uma compreensão bem mais acurada sobre o que é o liberalismo e qual sua importância para nossa prosperidade e também liberdade. É preciso tomar cuidado com lobos em pele de cordeiro. Em nome da liberdade, muita atrocidade já foi cometida no passado. Somente conhecendo mais a fundo os pilares do liberalismo poderemos evitar tal destino e colocar nossos países numa rota desejável.

RODRIGO CONSTANTINO

SUMÁRIO

INTRODUÇÃO... 21

A "DECLARAÇÃO DE PRINCÍPIOS"
Abaixo foi Proposta no 1º Encontro de Institutos Liberais,
Realizado no Rio de Janeiro em Junho de 1988................ 25

1. AFINAL, O QUE É O LIBERALISMO?...................... 29

2. DIFERENÇAS ENTRE O PROCESSO DEMOCRÁTICO
   E A ORDEM LIBERAL................................... 35

3. COMO O DESENVOLVIMENTO ECONÔMICO
   PROPORCIONOU A RIQUEZA DAS NAÇÕES?................. 39

4. SE O LIBERALISMO É TÃO BOM, COMO SE EXPLICA
   SUA SUBSTITUIÇÃO PELO ESTADO-LEVIATÃ?............... 43

5. LIBERALISMO NO BRASIL.............................. 49
   5.1. Desafios culturais do liberalismo no Brasil............ 51
   5.2. Liberais do período anterior à Independência.......... 54
   5.3. Liberalismo na fundação do Império.................. 59
   5.4. Os "liberais moderados" e o Segundo Reinado.......... 65
   5.5. O liberalismo republicano e os ciclos autoritários...... 71
   5.6. O liberalismo brasileiro na atualidade................ 83
   5.7. Considerações finais................................ 87
        Referências.. 88

6. LIBERALISMO E LIBERDADE NO PENSAMENTO PORTUGUÊS... 91
   6.1. António Bráz Teixeira (1936-): liberdade e negociação
        de interesses à luz da justiça....................... 91

6.2. Antero de Quental (1843-1891): espiritualismo, determinismo e liberdade 94
6.3. Liberalismo, religião e história segundo Alexandre Herculano (1810-1877) 97
6.4. Liberdade, estoicismo e universalismo em Fidelino de Figueiredo (1888-1967) 100
6.5. Liberdade e governo representativo em Silvestre Pinheiro Ferreira (1769-1846) 103
6.6. Liberdade, República e heterodoxia em José Pereira de Sampaio Bruno (1857-1915) 107
6.7. Referências 110

7. DEZ PRINCÍPIOS DO LIBERALISMO CLÁSSICO 115

8. OS TRÊS TIPOS DE IGUALDADE E SUAS RELAÇÕES COM A LIBERDADE 121

9. O "LEVIATÃ": THOMAS HOBBES E O PAPEL DO SOBERANO 125

10. O FALSO ANTAGONISMO ENTRE LIBERDADE E IGUALDADE ... 131

11. LIBERDADE DE EXPRESSÃO E ESPAÇOS PÚBLICOS 133

12. INDIVIDUALISMO VERSUS COLETIVISMO 137

13. PLANIFICAÇÃO EFICIENTE 141

14. A OPINIÃO PÚBLICA E O LIBERALISMO 145

15. LIBERDADE E ORDEM ESPONTÂNEA NO PENSAMENTO DE F. A. HAYEK 149
15.1. As duas fontes do liberalismo 149
15.2. A ordem espontânea da sociedade 151
15.3. Dois conceitos de liberdade 153
15.4. A "ladainha de erros" e a arrogância socialista 155
15.5. O problema da Justiça social 157
15.6. A dispersão do conhecimento 158

15.7. O caminho da servidão 160
      Referências 166

16. COMO A ESCOLA AUSTRÍACA PROTEGE A SOCIEDADE DA GANÂNCIA? 167

17. "O ESSENCIAL VON MISES": UM ÓTIMO RESUMO INTRODUTÓRIO. 171
    17.1. David Ricardo 172
    17.2. Mises e Rothbard 172

18. IGUALDADE PERANTE A LEI, O RESTO É FALÁCIA 179

19. OS PROBLEMAS DA BUSCA PELA IGUALDADE 181
    I.   É possível obter esse nível de igualdade? 182
    II. Como a igualdade opera? 183
    III. Se for uma busca pela igualdade, essa busca deve ser para quem? 184

20. MERCADORES DE ILUSÃO 189

21. FOME DE PODER 193

22. COMO O ILUMINISMO LIBERAL TIROU A HUMANIDADE DA ESTAGNAÇÃO E DA MISÉRIA? 197

23. O LEGADO DE ADAM SMITH 199

24. O PODER TRANSFORMADOR DA LIBERDADE DE INICIATIVA .. 203

25. O QUE É NECESSÁRIO PARA SE FORMAR UMA SOCIEDADE DE HOMENS LIVRES? 209
    Referência 213

26. RADICALISMO LIBERAL 215

27. MERCADO, LIVRE MERCADO E O PAPEL DO ESTADO 219

28. EM DEFESA DOS LIBERAIS: A VERDADE E A FALSIDADE
    NO TRADICIONALISMO POLÍTICO......................... 221
    28.1. Idade Média e arbitrariedades do poder público....... 221
    28.2. O espírito coletivista nas cidades medievais 223
    28.3. Mentalidade "anticomércio"......................... 224
    28.4. Arbitrariedades do mercantilismo e do absolutismo ... 224
    28.5. A importância das críticas dos liberais clássicos....... 225
    28.6. O surgimento do socialismo e suas ramificações 227
    28.7. Considerações finais................................ 227
           Referências...................................... 228

29. AYN RAND E O CONCEITO DE CARIDADE.................... 231

30. O QUE ADAM SMITH TEM A NOS DIZER SOBRE CRISE
    DO CAPITALISMO E O PAPEL DO ESTADO?................. 235

31. POR QUE TANTO ÓDIO AO LIBERALISMO?................... 243

32. UM SINGELO ARGUMENTO LIBERAL EM FAVOR
    DA DEMOCRACIA... 247

33. COMO UM ESQUERDISTA SE CONVERTE AO LIBERALISMO:
    O CASO DE PAULO FRANCIS.............................. 251

34. GALERIA DE AUTORES REFERENCIAIS DIVULGADOS
    NO BRASIL PELO INSTITUTO LIBERAL 257
    34.1. Aaron Director (1901-2004)......................... 257
    34.2. Adam Smith (1723-1790)............................ 260
    34.3. Alexis de Tocqueville (1805-1859) 262
    34.4. Ayn Rand (1905-1982) 265
    34.5. David Hume (1711-1776)............................ 267
    34.6. Donald Stewart Jr. (1931-1999) 270
    34.7. Douglass C. North (1920-2015) 272
    34.8. Frédéric Bastiat (1801-1850) 273
    34.9. Friedrich August Von Hayek (1899-1992) 276
    34.10. Gordon Tullock (1922-2014) 278
    34.11. Isaiah Berlin (1909-1997)......................... 280

34.12. James Buchanan (1919-2013). 281
34.13. John Milton (1608-1674) 284
34.14. John Stuart Mill (1806-1873) 287
34.15. Karl Popper (1902-1994) 292
34.16. Ludwig von Mises (1881-1973) 294
34.17. Milton Friedman (1912-2006) 296
34.18. Murray Rothbard (1926-1995). 299
34.19. Og Leme (1922-2004) 301
34.20 Paul Johnson (1928-). 302
34.21. Peter Thomas Bauer (1915-2002) 305

INTRODUÇÃO

Apesar de suas raízes ancestrais, sendo produto de desenvolvimentos culturais e teóricos que remontam a todo o desenvolvimento da civilização ocidental, o liberalismo é provavelmente a melhor novidade dos últimos séculos. Esse longo processo de elaboração levou, tendo por marco a obra do pensador britânico John Locke (1632-1704), à emergência de uma tradição que, de muitas maneiras, definiu a modernidade e permitiu algumas das maiores conquistas experimentadas pelo gênero humano.

Como diria o pensador brasileiro José Guilherme Merquior (1941--1991), o liberalismo é difícil de ser definido, mas, grosso modo, podemos entendê-lo como um movimento político que pretendeu ampliar a prerrogativa do indivíduo, consagrar seus direitos fundamentais e protegê-lo, tanto quanto possível, do arbítrio. Essa tradição liberal diversificou-se em inúmeras correntes, tendências internas e escolas, falando linguagens diferentes e divergindo em questões sensíveis de grande importância, sem perder o seu significado essencial.

De acordo com a obra clássica de Merquior "*O Liberalismo Antigo e Moderno*", podemos didaticamente identificar algumas dessas tendências gerais através da História, quase todas com sucessores e defensores contemporâneos. A jornada de Merquior começa com o que ele chama de "protoliberalismo". Alicerçando-se em fontes filosóficas e institucionais, como o Iluminismo, e a prevalência, em maior ou menor grau, da razão e da ideia de progresso, lideranças políticas e intelectuais caminharam em uma direção progressivamente desvinculada da rígida fidelidade à tradição e da penetração da ortodoxia religiosa na organização do Estado. Esse "protoliberalismo" se traduziria, fundamentalmente, na defesa de um sistema constitucionalista e de um certo nível de liberdade religiosa e econômica. Era um fenômeno essencialmente inglês do século 18, sintetizado em uma monarquia de poder limitado e um bom grau de liberdade civil e religiosa. Estava baseado nas ideias contratualistas de Locke, enraizadas no direito natural, constituindo-se no movimento do *whiggismo*, o partido que se opôs aos *tories* – mais interessados na manutenção dos privilégios de uma elite agrária.

Dessa raiz brotou o liberalismo clássico, uma vasta gama de ideias que se materializam na defesa de um Estado constitucional e de uma ampla margem de liberdades civis – plataforma básica para todos os desdobramentos que viriam a seguir e que continuam a aparecer. Outros ramos se teriam desenvolvido, na interpretação de Merquior, a exemplo do liberalismo conservador e do liberalismo social. O primeiro, o liberalismo conservador, tendo nas críticas do estadista irlandês Edmund Burke (1729-1797) à Revolução Francesa um de seus arquétipos, associa a preocupação com os princípios liberais da valorização de uma maior autonomia do indivíduo, de constitucionalismo e sistema representativo, bem como de economia de mercado, a uma preocupação semelhante com certo gradualismo nas transformações sociais e com o ensejo a apreciar a ordem e o processo contínuo de desenvolvimento das instituições e costumes, com proporcional desapreço ao pensamento abstrato dos revolucionários. Já o que se define por liberalismo social ou social-liberalismo adveio de uma aceitação maior da atuação do Estado por parte de pensadores que concordaram com arranjos de segurança social mais apurados, e também inscreveram-se em um universo considerado mais "progressista" em política, sem chegar a ter uma concepção estatizante própria dos inimigos mais pronunciados do liberalismo ou uma concepção autoritária em matéria de política.

Seja como for, essa pluralidade manteve o liberalismo como um palco vibrante de debates, suscitando os temas e preocupações mais relevantes para pensar sobre nossa vida em sociedade e nossa organização política. Sua própria natureza estimulava e estimula a discussão e o enriquecimento através dos contrastes.

Mesmo assim, em especial a partir do começo do século 20, o liberalismo sofreu investidas violentas, com o propósito de desacreditá-lo e destruí-lo, a partir da emergência das democracias de massa, do socialismo e do totalitarismo. Igualmente diversificadas, escolas de pensamento puseram-se a apontá-lo como o maior vilão contemporâneo, como o mais grave de todos os problemas. Liberais esforçaram-se

INTRODUÇÃO

desde o primeiro minuto desse combate, nem sempre travado pelos adversários de forma honesta, para demonstrar que as ideias e instituições do liberalismo eram diretamente responsáveis pelos sucessos amealhados na esfera econômica e pela melhoria inédita na qualidade de vida das populações ao redor do mundo. A tarefa, por mais que lutassem, sempre se provou difícil e tempestuosa.

Em 1983, o empresário brasileiro Donald Stewart Jr. fundou no Rio de Janeiro o Instituto Liberal (IL), uma instituição pioneira com o objetivo de divulgar o liberalismo para os leitores de língua portuguesa. Sua expansão pelo Brasil deu-se através da criação de institutos análogos em diversas capitais brasileiras, sucedida pela constituição de núcleos municipais no interior dos diferentes estados, filiados aos respectivos institutos das capitais estaduais e de acordo com o princípio federativo.

O trabalho inicial do Instituto concentrou-se por algum tempo na tradução, edição e publicação de livros e panfletos, já que eram muito poucos os textos sobre liberalismo existentes no Brasil. O Instituto publicou pela primeira vez no país obras de diversos autores internacionais, como os ícones da Escola Austríaca de Economia, bem como editou trabalhos de autores nacionais.

Simultaneamente o IL passou a promover palestras, colóquios e seminários. Os Institutos Liberais regiam-se por estatutos idênticos, mas desenvolviam ações autônomas, cada um buscando sua vocação e a melhor forma de divulgar as vantagens do liberalismo. Suas atividades eram coordenadas por um Conselho Nacional e mantinham fidelidade a uma declaração de princípios, subscrita por cada IL quando se constituía e se filiava ao Conselho – e que reproduziremos adiante neste livro.

Posteriormente, a maioria dos institutos foi sendo reincorporada ao Instituto do Rio de Janeiro. Porém, a partir dos anos 2000, a semente plantada pelo trabalho de décadas do IL gerou formidáveis frutos, com a criação de diversos outros institutos autônomos em defesa da liberdade no Brasil, como o Instituto Mises Brasil, os Institutos de Formação de Líderes, o Instituto Millenium, entre muitos outros parceiros institucionais do IL que existem até hoje.

Em 2013, uma nova gestão sob a liderança do economista Rodrigo Constantino (1976-), presidente do Conselho da instituição desde então, e do advogado e professor universitário Bernardo Santoro (1982-), primeiro presidente da Diretoria Executiva nessa nova fase, renovou os quadros do IL com o propósito de adaptar a instituição aos desafios impostos por uma nova geração de tecnologia audiovisual, adaptando o histórico material produzido às novas mídias digitais.

O Instituto passou a desenvolver, com um grande time de colunistas e publicações constantes – representando diferentes escolas dentro do espectro do liberalismo –, uma avaliação quase diária dos acontecimentos que chamam a atenção do noticiário e da sociedade. Hoje, na presidência da Diretoria Executiva, tenho a honra de organizar este volume, em parceria com a prestigiosa editora portuguesa Almedina, destinado a condensar, através de uma seleção de breves textos – alguns inéditos, outros produzidos pelo IL ao longo de sua história, com ênfase para os labores dos colunistas que vêm desafiando os males do pensamento antiliberal através da Internet nos últimos anos –, os principais aspectos teóricos do liberalismo. Esses artigos expressam perspectivas diferentes e mesmo tendências distintas dentro do liberalismo, ilustrando sua diversidade interna. Também são compostos com estilos diferentes – alguns adotam uma estrutura tipicamente acadêmica, outros um estilo mais livre e ensaístico. O objetivo é que este trabalho possa servir como um primeiro contato, tanto com essa corrente de pensamento, quanto com o trabalho que o IL vem desenvolvendo historicamente, bem como possa proporcionar um elo renovado entre os defensores da liberdade em todo o mundo lusófono.

Os problemas enfrentados pela liberdade em nossos países são muito antigos e têm origens difíceis de confrontar e extirpar. Porém, o brado pela liberdade não fica atrás, sendo ouvido desde recuados tempos na brava civilização portuguesa. Que este livro seja mais um capítulo de nosso trabalho para mantê-lo vivo e fazer com que cada vez mais torne-se impossível recusar-se a ouvi-lo.

LUCAS BERLANZA CORRÊA
Presidente da Diretoria Executiva do Instituto Liberal

A "DECLARAÇÃO DE PRINCÍPIOS"

Abaixo foi Proposta no 1º Encontro de Institutos Liberais, Realizado no Rio de Janeiro em Junho de 1988

Os Institutos Liberais do Brasil foram criados com o propósito de explicar e divulgar as vantagens da sociedade organizada segundo os princípios do liberalismo. O liberalismo é uma doutrina voltada para a melhoria das condições materiais do gênero humano. A erradicação da pobreza e da miséria será mais rápida e mais amplamente alcançada através da livre interação dos indivíduos através da liberdade.

Liberdade: entendida como ausência de coerção de indivíduos sobre indivíduos, isto é, que a ninguém seja permitido recorrer à força ou à fraude para obrigar ou induzir alguém a fazer o que não deseja.

A escolha da liberdade como valor supremo não decorre de razões de natureza mística ou metafísica; decorre do fato de que um sistema baseado na liberdade propicia um maior desenvolvimento das potencialidades individuais e uma maior produtividade do trabalho humano, sendo, portanto, do interesse de todos os habitantes do mundo. O pensamento econômico e a experiência histórica não conseguiram, até hoje, sugerir um outro sistema social que seja tão benéfico para as massas quanto o liberalismo. Um sistema baseado na liberdade pressupõe, necessariamente, uma ampla garantia ao direito de propriedade.

Propriedade: entendida como o direito de o indivíduo dispor livremente de seus bens materiais, de sua capacidade de trabalho, de seu corpo e de sua mente.

O liberalismo pressupõe a existência de paz, para que a cooperação social e a divisão do trabalho possam florescer plenamente; para que a competição possa ser a mais ampla possível. Se a competição for limitada às fronteiras nacionais, seus efeitos serão benéficos; se for ampliada para que prevaleça entre um grupo de países, seus efeitos serão melhores ainda; se for estendida a todo o planeta, seus efeitos serão o máximo que o homem pode almejar nas condições vigentes de conhecimento tecnológico e de disponibilidade de capital. O liberalismo reconhece a inviabilidade da liberdade total, anárquica, e acata o conceito de liberdade compatível com a convivência social baseada no intercâmbio espontâneo entre os indivíduos. Reconhece, assim, para que a liberdade possa produzir os seus efeitos, a imperiosa necessidade de uma ordem geral.

Ordem: entendida como o respeito a um conjunto de normas gerais de conduta, legitimamente geradas pelos cidadãos, às quais todos, inclusive o governo, têm que se submeter.

O liberalismo pressupõe, portanto, a existência de um Estado organizado que detenha o monopólio da coerção e de um governo, encarregado de administrar o aparato estatal de compulsão e coerção. O papel essencial do governo é o de impedir – eventualmente punindo-o – que um cidadão possa usar de violência ou fraude para atingir seus objetivos; é o de proteger e preservar a vida, a liberdade, a propriedade e a saúde dos indivíduos; é o de manter o ambiente institucional e o respeito às regras, de modo a que possam florescer os talentos e as capacidades individuais. Em resumo: é o de promover a ordem e a justiça.

Justiça: entendida como a aplicação eficaz das normas gerais de conduta a casos concretos, particulares. A aplicação da justiça implica que haja a igualdade de todos perante a lei, que não sejam concedidos privilégios a pessoas ou grupos e que sejam respeitadas as minorias. O ser humano é a menor das minorias.

O regime liberal, no plano político, se caracteriza por garantir a liberdade de expressão, de locomoção, de crença, de reunião e pela institucionalização da democracia.

Democracia: entendida como a liberdade para escolher as pessoas que irão exercer as funções de governo e que, portanto, irão deter o comando do aparato de coerção e compulsão.

Para que haja liberdade de escolha, é indispensável que haja eleições periódicas, que os indivíduos possam se organizar em torno de ideias e princípios que considerem mais adequados para a sociedade, e que possam formar partidos políticos de qualquer natureza. Essa liberdade de escolha precisa estar protegida por salvaguardas, de forma a impedir que um partido político, eventualmente no poder, venha a utilizar o aparato de coerção para suprimi-la; uma eventual maioria política não pode ter o direito de suprimir eleições ou de impedir a formação e a atuação de partidos políticos. O regime liberal, no plano econômico, se caracteriza por assegurar o funcionamento da economia de mercado.

Economia de mercado: entendida como liberdade de iniciativa, como responsabilidade individual, como o direito de entrada no mercado para produzir os bens e serviços que os consumidores desejam. Significa liberdade de contrato representada pelo estabelecimento de preços, salários e juros, sem restrições de qualquer natureza.

O livre funcionamento de uma economia de mercado implica que não sejam concedidos a pessoas ou grupos privilégios tais como subsídios, reserva de mercado, monopólio, licenças cartoriais e protecionismos de qualquer espécie. Implica que prevaleça sempre a soberania do consumidor.

Os Institutos Liberais pretendem contribuir para a divulgação das vantagens do liberalismo através da publicação de livros e textos, da realização de seminários, cursos e palestras, e da proposição de políticas alternativas a serem adotadas pelos eventuais ocupantes do poder.

Os Institutos Liberais pretendem, portanto, contribuir para mudar a ideologia dominante em nosso País – o intervencionismo –, de forma a criar as condições que haverão de permitir que o Brasil se transforme no país rico, próspero, livre e desenvolvido que inegavelmente pode vir a ser.

1.

AFINAL, O QUE É O LIBERALISMO?

Og Leme

Por liberalismo pode-se entender três coisas: 1. O liberalismo é uma visão de mundo, aquilo a que os alemães chamam de *weltanschauung*, de acordo com a qual a vida humana apenas faz sentido em liberdade; 2. É uma doutrina, isto é, um conjunto sistematizado de ideias, valores, princípios e conhecimentos sobre a importância radical da liberdade e das instituições que a tornam possível; 3. É um movimento político, partidário ou não, favorável ao estabelecimento de uma ordem liberal baseada naquelas instituições garantidoras dos direitos individuais.

Mas por que os liberais são liberais? Três são as fontes principais das convicções liberais: 1. A ordem liberal é, entre as alternativas de organização social, a mais compatível com a condição humana; 2. É a que mais eficazmente enseja a busca da identidade pessoal, o desenvolvimento das potencialidades individuais e a busca da felicidade pessoal; 3. É a mais compatível com a prosperidade material, pois há comprovada correlação entre liberdade e crescimento econômico. Essas três convicções são passíveis de demonstração teórica e verificação empírica. São, portanto, frutos da razão e da evidência histórica e não da fé.

A essa altura, faz-se necessário um esclarecimento sobre a afirmação contida no parágrafo anterior de que a ordem liberal é, das organizações sociais alternativas, a mais compatível com a condição humana. O espaço é pequeno para tão grande assunto, mas vamos tentar a empreitada, com o apoio do pensamento do liberal espanhol José Ortega Y Gasset (1883-1955), genial criador de frases, como esta que vai nos ajudar: "o que me é dado, quando me é dada a vida, não é senão afazer"[1].

---

[1] GASSET apud MARÍAS, Julian. Ortega, circunstancia y vocación. Madrid: Alianza Editorial, 1984.

A primeira parte da frase é a pura e inexorável fatalidade para todos os animais, inclusive para o Homem, mas, para este, com a enorme diferença de que a vida também lhe é dada, mas não lhe é dada pronta, e sim em "afazer", conforme esclarece a segunda parte do enunciado. Todos os animais, exceto o Homem, são puro instinto e genética: tudo se passa como se todos soubessem quem são, para que vieram, qual seu papel e aparentemente aceitam a sina de estarem a serviço do todo, isto é, da espécie. Se o mesmo ocorresse com a espécie humana, cada um de nós estaria fatalmente a serviço do governo, supostamente representando a totalidade dos indivíduos, e subordinados a seus propósitos, de quem seríamos disciplinados súditos. Não é o caso: dadas as circunstâncias de que nós, seres humanos, devemos buscar a nossa identidade, desenvolver as nossas vocações e potencialidades e correr atrás da nossa felicidade, devemos passar da situação de súditos para a situação de senhores, de modo que possamos ter um ambiente compatível com a nossa necessidade de construir a parte da nossa vida que não nos é dada, de acordo com nossos próprios critérios de felicidade. Em síntese, nós, seres humanos, para quem "a vida nos é dada", lutamos pela conquista de um espaço de liberdade para a construção, com autenticidade, daquilo que não está pronto. E esta é a tarefa que podemos delegar ao governo: a criação de um espaço de autonomia para que possamos buscar a nós mesmos e tratarmos de ser felizes à nossa maneira, protegidos da ameaça de sermos meros instrumentos dos propósitos de outras pessoas.

Falamos de liberdade várias vezes até aqui. Mas, de que liberdade estamos falando? A liberdade é um valor e nessa condição pode ser objeto de uma infindável discussão metafísica; mas podemos também tratá-la como fato, tornando-a objetiva: liberdade é a ausência de coerção de indivíduos sobre indivíduos. Portanto estamos falando de um conceito objetivo de liberdade; objetivo e relativo. Os liberais não têm por bandeira a liberdade absoluta, como os anarquistas. Edmund Burke soube colocar o problema em sua própria perspectiva: *"liberty must be limited, to be possessed"*.[2] Até a liberdade, disse Burke, deve ser limitada para poder ser usufruída. Limitar a liberdade equivale

---

[2] In: https://www.enotes.com/topics/letter-sheriffs-bristol/quotes/liberty-must-limited--order-possessed. Acesso em 15 de jan. 2021.

a enunciar o que pode e o que não pode ser feito; equivale a definir normas gerais de justa conduta que, por sua vez, levam à necessidade da existência de algum tipo de autoridade acima de todos os indivíduos, responsável pelo eficaz cumprimento de normas gerais de justa conduta universal. Mas não deixa de remoer sempre a consciência liberal o questionamento: se não podemos confiar em nenhum de nós para governar a si mesmo, como pode qualquer um de nós ser escolhido para administrar a vida dos outros?

Ao contrário do anarquista, que não admite a existência de autoridades governamentais, o liberal, na sua condição de anarquista frustrado, aceita-as como freio à concentração de poderes – geradora potencial de monopólio no mercado e de tirania na política. Para os liberais, a liberdade absoluta é autofágica. É mister limitá-la, mas, ao aceitar a existência de governo, que também é concentração de poder, o liberal vê-se diante da desconfortável e dificílima tarefa de conciliar a convivência da liberdade pessoal com a presença de autoridades detentoras de poderes especiais, como o do uso monopolístico da força. A ideia é intuitiva: um economista liberal canadense que dirigia seu carro numa autoestrada em direção a Vancouver, onde participaria de um encontro periódico do *Fraser Institute*[3], cruzou com um imponente caminhão, cujo para-choque ostentava a seguinte frase, fruto da sabedoria popular: "Cuidado! O governo é perigoso e anda armado!".

A solução prática para esse problema da convivência da liberdade com o governo está na ordem liberal, que minimiza as tarefas e poderes do setor público e do processo político, descentralizando-os tanto quanto possível (subsidiariedade) e que depende principalmente de duas instituições: o Estado de Direito e a economia de mercado.

O Estado de Direito é a solução institucional liberal para a ameaça representada pela existência de governo. No Estado de Direito, a autoridade das regras substitui a regra das autoridades; o Estado de Direito é o império da lei, do constitucionalismo, da igualdade de todos em face da lei (isonomia) e da eficácia do sistema judiciário que a todos deve garantir o acesso aos tribunais para a defesa de seus direitos, bem como a todos deve assegurar que os transgressores das leis serão indiciados, processados e, afinal, condenados, se julgados culpados.

---

[3] Importante *think tank* canadense que defende ideias liberais.

O Estado de Direito e sua consequência institucional, o constitucionalismo, visam a coibir os abusos dos poderes públicos, entre os quais incluem-se a discriminação e o tratamento privilegiado. A Constituição Brasileira de 1988 acata o Estado de Direito em seu artigo primeiro e, a partir desse ponto, esmera-se em violar repetidas vezes o espírito do princípio da isonomia, distribuindo privilégios, discriminando, criando pseudodireitos e desastrosas obrigações ou impedimentos de elevadíssimo custo social, além de atropelar grotescamente a lógica e o bom senso.

O Estado de Direito, numa ordem liberal, é a mais importante das instituições e produz frutos entre os quais um se destaca: a economia de mercado. A economia de mercado é decorrência lógica do Estado de Direito e, na realidade, é a única forma de organização econômica inteiramente compatível com ele.

O que é uma economia de mercado? É um tipo de organização social para a solução de problemas econômicos que pressupõe o império da lei, a eficácia dos direitos de propriedade, a autonomia responsável dos agentes econômicos, a liberdade "de entrada" no mercado, o funcionamento de um mecanismo de preços relativos (que são a bússola dos agentes econômicos) e a limitação da iniciativa governamental apenas a situações em que se verifiquem externalidades, bens públicos e monopólios naturais. Os liberais têm consciência de que a economia de mercado não é perfeita, e tem falhas, mas estão convencidos de que as autoridades públicas são ainda mais imperfeitas.

Além das instituições do Estado de Direito e da economia de mercado, que tão bem caracterizam a ordem liberal, pois ambos contribuem para o individualismo e a consequente minimização do tamanho do Estado, cabe ao princípio da subsidiariedade complementar a equação da ordem liberal, pois sua adoção leva à descentralização dos poderes públicos e privados. A ordem liberal caracteriza-se, então, pela limitação do setor público e do processo político de decisões coletivas e pela descentralização dos poderes.

Em que consiste o princípio da subsidiariedade? Significa deixar o poder decisório com o agente mais próximo e mais diretamente interessado na solução dos problemas. Isso leva, na prática, a deixar com o indivíduo – e não com o setor público – a solução dos problemas que ele possa resolver de maneira satisfatória. Isto é, a aplicação do princípio da subsidiariedade leva ao individualismo e Adam Smith (1723-1790) já nos mostrou em 1776 que a busca autônoma e responsável dos interesses pessoais redunda em benefícios para toda a comunidade. Leva também ao municipalismo e, num segundo tempo, ao federalismo: apenas cabe aos estados confederados aquilo que os municípios não possam fazer a contento, da mesma maneira que a União não deve procurar fazer o que os estados podem realizar de maneira adequada. Vão além as consequências da institucionalização da subsidiariedade: voto distrital no processo político, pluralismo sindical no mercado de trabalho e outros pluralismos, regime competitivo na economia de mercado, multiplicidade de partidos políticos no mercado político etc.

2.
DIFERENÇAS ENTRE O PROCESSO DEMOCRÁTICO E A ORDEM LIBERAL

Og Leme

A democracia e o liberalismo têm objetivos diferentes: a primeira está preocupada com o problema de quem deve ocupar os poderes coercitivos do Estado, que devem ser do povo e exercidos indiretamente por seus representantes; os liberais, por sua vez, estão mais preocupados em reduzir os poderes do Estado. Daí a importância capital que os democratas dão à legitimidade da representação e à igualdade, ao passo que a liberdade é a bandeira dos liberais.

Democracia e liberalismo podem estar em conflito: igualdade pressupõe mais governo e a violação do princípio da isonomia, pois tornar pela lei iguais pessoas que são desiguais equivale, obviamente, a violar o princípio da igualdade em face da lei. Por outro lado, liberdade, que é a bandeira do liberalismo, requer menos governo. Norberto Bobbio (1909-2004)[1], em seu livro *"Liberalismo e Democracia"*, refere-se de maneira sugestiva a esse problema; mas o problema não termina aí: o exercício da democracia pode não apenas levar à tirania da maioria, como pode levar à rebeldia da minoria quando esta pode dispor de forte poder de *lobby*.

Da mesma maneira que democracia e liberalismo podem estar numa relação dialética ou antinômica, podem também dar-se as mãos e, quando isso acontece, tem lugar um sistema liberal-democrático. O ideal de um sistema liberal-democrático foi a grande inspiração dos *Founding Fathers* da independência e da Constituição dos Estados Unidos: Jefferson (1743-1826), Washington (1732-1799), Mason (1725--1792) e outros. Dois grandes desafios eram a criação de um governo contido em suas atribuições e a conciliação de liberdade e igualdade. O arguto observador francês Alexis de Tocqueville (1805-1859) teve

---

[1] Filósofo político, historiador das ideias e político italiano.

sensibilidade suficiente para levantar dúvidas, no século 18, em seu livro "*A Democracia na América*", sobre a preservação de um sistema que lhe parecia fascinante, mas potencialmente frágil.

A percepção de Tocqueville mereceu o aval da história: o exercício da democracia nos Estados Unidos vem colocando em perigo a ordem liberal concebida pelos "Pais Fundadores" desde o "*New Deal*"[2] do Presidente Roosevelt (1882-1945) no começo dos anos de 1930. Essa degradação institucional vem sendo objeto de estudos sistemáticos por um grupo de economistas norte-americanos liderados por James Buchanan (1761-1868) e Gordon Tullock (1922-2014), criadores da Escola das Escolhas Públicas. Esses estudos mostram que os servidores públicos, os políticos e os ocupantes de cargos eletivos não deixam de serem humanos pelo fato de serem guindados à posição de poder; dessa maneira, tendem, às vezes, a colocar seus interesses pessoais acima dos chamados interesses "superiores" do país. Por outro lado, grupos da sociedade civil, interessados em benefícios e privilégios para si, pressionam e, às vezes, acabam levando as autoridades públicas a conceder-lhes benesses em detrimento do resto da população. Essa degradação institucional constitui uma agressão aos ideais do Estado de Direito e à eficiência da economia de mercado.

O sucesso dos grupos de pressão junto ao Congresso norte-americano, com a finalidade de obter privilégios, tem sido facilitado pelo fato de os benefícios concentrarem-se nos integrantes daquele grupo, enquanto os respectivos custos diluem-se entre os contribuintes. A concentração dos benefícios constitui poderoso estímulo para o *lobby* dos interessados diretos, ao passo que a diluição de custos não anima a reação contrária dos contribuintes que pagarão a conta final.

Consciente desse indesejável estado de coisas, Friedrich Hayek (1899-1992) concebeu sua demarquia[3] na esperança de levar o processo

---

[2] Programa econômico ressaltado pelo papel atribuído à intervenção estatal.

[3] O regime da demarquia diferiria do regime das contemporâneas democracias liberais porque separaria o Congresso atualmente existente, onde há uma representação dos eleitores através dos parlamentares com a função de debater e criticar o governo e disputar o poder, do Poder Legislativo propriamente dito. Os deputados e senadores como conhecidos atualmente passariam a não mais dispor do poder de propor e estabelecer leis, o que caberia exclusivamente a uma Assembleia Legislativa autônoma. Os membros dessa Assembleia seriam eleitos anualmente para um mandato não-renovável de 15 anos

democrático e a ordem liberal a um convívio mais satisfatório. Como é sabido, o sonho hayekiano não teve êxito até agora. Como curiosidade, vale a pena lembrar que Simon Bolivar (1783-1830)[4] sugeriu algo muito parecido com a demarquia de Hayek na sua proposta de Constituição para a Venezuela.

Interessante observação sobre a fragilidade da liberal-democracia norte-americana é feita por Milton (1912-2006)[5] e Rose Friedman (1910-2009) no livro *"Free to Choose"*. De acordo com o casal Friedman, o Partido Socialista norte-americano jamais alcançou 2% dos votos nas eleições, contudo, a despeito de não haver chegado ao poder pela força do voto, conseguiu que, através dos anos, todo o programa do partido, de 1926, se tornasse realidade. De fato, a prática norte-americana resultou em "conquistas sociais" que ultrapassam o programa socialista de 1926 – isto é, Tocqueville estava coberto de boas razões quando levantou a hipótese da fragilidade da liberal-democracia norte-americana.

Como ainda não se descobriu um caminho para uma convivência da democracia e a ordem liberal que preserve satisfatoriamente a integridade de ambas, a solução prática para o problema continua sendo a redução do tamanho do Estado e a descentralização dos poderes públicos.

---

e deveriam estar desvinculados de qualquer partido político, antes e depois do período em que ocupariam o cargo, para sempre.

[4] Militar e líder político venezuelano envolvido em diversos processos de independência das antigas colônias espanholas.

[5] Economista que se tornou referência da Escola de Chicago de Economia.

3.

COMO O DESENVOLVIMENTO ECONÔMICO PROPORCIONOU A RIQUEZA DAS NAÇÕES?

Og Leme

O desenvolvimento econômico é um processo social do qual resulta a prosperidade material, mas, é também um valor, a par, por exemplo, com a liberdade, a paz e a justiça; trata-se de um *novo* fenômeno social e de um *novo* valor. A primeira notícia sobre ele, exposta de maneira consciente, explícita, abrangente e sistemática foi vista em *"A Riqueza das Nações"*, livro de Adam Smith, de 1776, de surpreendente atualidade.

De fato, o fenômeno do desenvolvimento é uma das marcas da *modernidade*: a consciência de que os seres humanos têm razões para crer que a progressiva melhoria das suas condições de vida é possível. Antes, predominava a ideia de que a estagnação econômica – o estado estacionário – seria uma condição natural insuperável, de modo que a melhoria de algumas pessoas apenas era possível com a degradação da situação de outras: uma economia de soma zero.

Desde o momento em que se tomou consciência de que a estagnação era fatalidade inelutável e que, portanto, podia ser superada por uma situação de prosperidade crescente, começaram os esforços para a compreensão do fenômeno e a busca de meios capazes de estimulá-lo, ainda que apenas a partir da década de 1940 iniciaram-se estudos e pesquisas mais sistemáticos sobre ele. Nos anos de 1950 o tema já havia virado moda e uma verdadeira enxurrada de publicações passou a invadir o mercado livreiro e a ocupar o tempo de um grande número de estudiosos, estudantes e intelectuais diletantes. O tempo encarregou-se de mostrar que a grande maioria dessas publicações não tinha, afinal, o menor valor. Adam Smith tinha muito mais a oferecer.

A grande "virada" na história dos estudos sobre desenvolvimento econômico deu-se nas décadas dos anos de 1950 e 1960, e três nomes merecem destaque: Solomon Fabricant (1906-1989), do N.B.E.R. de Nova York, T. W. Schultz (1902-1998), da Universidade de Chicago e

John Cairncross (1913-1995), economista inglês, num estudo elaborado para o FMI ou o Banco Mundial.

Fabricant publicou, em 1953, sua análise de 85 ou 86 anos da história econômica norte-americana, com base em séries estatísticas que terminavam em 1952. Sua conclusão era esta: durante esse longo lapso de tempo, os acréscimos havidos no PIB dos EUA superavam os acréscimos dos insumos necessários para produzi-los: a soma dos aumentos havidos nos fatores trabalho, capital e recursos naturais era menor do que a soma dos aumentos havidos no PIB – isto é, a soma dos fatores parecia menor do que a soma do produto final, um caso típico de sinergia. Que haveria passado?

Diante dessa perplexidade, o prof. T. W. Schultz levantou a hipótese de que, a serem estatisticamente confiáveis esses dados, a explicação do resíduo estaria na melhoria da eficiência da economia americana nesse longo período de quase 100 anos. Schultz foi mais adiante: essa maior eficiência ter sido o resultado da melhoria da qualidade do fator trabalho deu-se graças a investimentos feitos na educação e saúde: trabalhadores mais educados e mais hígidos podem ser mais produtivos. Várias teses de PhD foram feitas na Universidade de Chicago para testar as hipóteses de Schultz e todas elas confirmaram ou, pelo critério de Karl Popper (1902-1994)[1], não as desmentiram. Aprendeu-se, então, que valia a pena investir na saúde e na educação do agente humano e que a noção de capital (no sentido de *stock*) devia ser expandida, a fim de incorporar a noção de capital humano. Nessa linha de investigação, destaca-se a contribuição de Gary Becker (1930-2014), ex-aluno de Schultz, ambos ganhadores do Prêmio Nobel.

Adam Smith reconhecia em seu livro de 1776 a importância da qualificação dos agentes humanos. O economista inglês John Cairncross, em sua excelente monografia, enfatizava a possibilidade da substituição entre os fatores de produção. Graças a Fabricant, Schultz, Becker e Cairncross dava-se um grande passo no entendimento do processo de crescimento econômico.

O passar do tempo permitiu sabermos que Adam Smith tinha razão com relação a outro aspecto do processo de desenvolvimento: o arcabouço institucional. Estariam bem mais orientadas no caminho

---

[1] Ver a Galeria de Autores ao final deste livro.

da riqueza as nações capazes de especialmente assegurar a liberdade econômica individual e o respeito aos direitos de propriedade. Estudos contemporâneos evidenciam a procedência da intuição do pensador escocês. Mais recentemente, tomaram vulto os estudos sobre a contribuição das instituições para o desenvolvimento econômico.

Em síntese, o que se sabe hoje a respeito do processo que leva à riqueza das nações é o seguinte: o desenvolvimento econômico é fruto do Estado de Direito e da economia de mercado, que asseguram a integridade da iniciativa privada e da qualidade do capital humano, fruto de investimentos em educação e saúde.

Temos, então, as instituições configurantes da paisagem e os agentes individuais qualificados e com seus direitos pessoais respeitados. Temos cenários e atores. Falta o enredo, o *script*, a história. Aqui está o divisor de águas entre liberais e não liberais. Para os liberais, o processo gerador de riqueza é, obviamente, resultado da ação humana, mas não da ação humana deliberada. Para os liberais, os esforços individuais pelo bem-estar pessoal acabam gerando a melhoria de todos. Predomina, no espírito liberal, a autonomia da iniciativa individual e, quando isso ocorre em clima condizente com o respeito à propriedade privada, floresce o bem-estar geral. Pelo menos, é essa a lição da história. Para os não liberais, faz-se necessária a presença governamental, de maneira que a sua vontade deliberada produza e conduza, em graus variáveis de intervenção na economia, a riqueza nacional. Para os liberais, o *script* apenas torna-se conhecido *a posteriori*, ao passo que para os não liberais ele deve ser definido *a priori* pelos detentores dos poderes públicos.

Qual é a lição da história? A de que há uma expressiva correlação entre liberdade econômica individual e desenvolvimento econômico e de que há uma correlação entre a preservação da liberdade econômica individual e a existência de instituições capazes de assegurá-la, isto é, o Estado de Direito e a economia de mercado. Isto posto, a riqueza das nações depende de haver de fato um Estado de Direito e seu filho dileto e dependente, a economia de mercado. Sem esquecer, é claro, a qualidade do capital humano.

Mais recentemente, vem crescendo nos Estados Unidos a consciência a respeito de mais um elemento importante na equação do processo de desenvolvimento econômico e do problema da pobreza. Nos Estados Unidos, desde a inauguração dos programas de *welfare* e de combate específico à pobreza, já foram gastos cinco trilhões de dólares, ou pouco mais, na "guerra à pobreza", através de vários programas governamentais. Como resultado – direto ou indireto –, a pobreza não diminuiu; na realidade, aumentou um pouco. Mas isso não é o pior: aparentemente, esses programas que consumiram mais de cinco trilhões de dólares acabam gerando um novo tipo de pobreza – a pobreza comportamental, estimuladora do desemprego profissional e da mãe solteira. Seu resultado tem sido a degradação da conduta pessoal e da própria instituição da família. Um de seus subprodutos é o aumento da criminalidade, com a participação crescente dos filhos de mães solteiras ou de famílias desfeitas.

4.

SE O LIBERALISMO É TÃO BOM, COMO SE EXPLICA SUA SUBSTITUIÇÃO PELO ESTADO-LEVIATÃ?

Og Leme

É comum, no final das minhas palestras sobre o liberalismo e as virtudes da ordem liberal, que alguém me pergunte: "Muito bem, então, por que a ordem liberal do século 19, que perdurou até a Primeira Guerra Mundial, foi progressivamente substituída, em graus diferentes e em praticamente todos os países, por diferentes tipos de estatismo? Se o liberalismo era tão bom, como se explica sua substituição pelo Estado-leviatã?" Foram vários os motivos, conforme passo a relatar.

O primeiro deles ocorreu – e ainda persiste em boa dose – no campo das ideias, conforme observação pertinente de Hayek, e refere-se à prática de um racionalismo exacerbado. De acordo com ela, o que não pode ser explicado racionalmente ou não decorre da ação inteligente propositada do homem não merece crédito. Como a ordem liberal fundamenta-se, em considerável medida, em instituições e práticas sociais espontâneas originárias da ação humana não deliberada – como são a linguagem, o dinheiro, o mercado, o direito consuetudinário, os usos, costumes e tradições –, ela passou a ser questionada e substituída por equivalentes sucedâneos sintéticos, forjados propositadamente nas pranchetas dos engenheiros sociais. O Esperanto[1] foi proposto como idioma universal e os nossos imortais da Academia Brasileira de Letras não se cansam de propor regras gramaticais que engessem definitivamente o nosso belo e mutante idioma. São ridículos os acordos Brasil-Portugal sobre normatização e controle da nossa escrita e da nossa fala, cada vez menos dispostas a aceitar as ideias com que são ameaçadas por esses puristas ingênuos.

---

[1] Idioma artificialmente criado pelo oftalmologista polonês judeu Ludwik Lejzer Zamenhof (1859-1917).

A economia de mercado tem sofrido mais, muitíssimo mais, do que a linguagem espontânea que falamos e modificamos no nosso cotidiano. Durante o século 20, várias formas e graus de planejamento econômico tentaram ocupar o lugar até então exercido por agentes individuais livres, motivados por interesses pessoais e guiados pelos preços relativos dos bens e serviços. O mais espantoso é que isso tenha ocorrido mesmo após Ludwig von Mises (1881-1973) e Hayek terem demonstrado, na década de 1920, a impossibilidade do cálculo econômico numa economia centralmente planejada. Em outras palavras, os dois grandes economistas austríacos previram o fracasso inevitável de economias conduzidas por autoridades estatais carentes de preços de mercado para guiá-las. Acertaram em todos os casos onde esse tipo de intervenção econômica governamental teve lugar.

O liberalismo floresceu muito mais nos países onde prevalecia o direito consuetudinário do que em países ligados ao positivismo jurídico, como ocorre com o Brasil. O direito espontâneo consuetudinário é gestado, na realidade, pela livre interação dos membros de uma sociedade através do tempo; ele emerge dos usos, costumes e tradições e é descoberto – e não criado – pelos juízes e legisladores que o transformam em lei e o sistematizam. Contrariamente, o direito positivo acabou convertendo-se na prática viciosa de considerar lei aquilo que as assembleias legislativas produzem e é sancionado pelo presidente do país. Os leitores interessados no assunto podem ler o excelente livro de Bruno Leoni (1913-1967) – jurista italiano já falecido – *"Law and Freedom"*.

O destino do dinheiro não foi mais feliz. Ele foi criado para diminuir aquilo que os economistas chamam de custos de transação. Ele serve de meio de troca, unidade de conta e de meio de entesouramento. Sua vigência depende sobretudo de crédito, isto é, ele vige enquanto os usuários acreditarem nele, de forma que ele é aceito corriqueiramente nas transações diárias no mercado. O dinheiro pode ter credibilidade sem ter sido criado pelo governo; a história encarrega-se de mostrar a viabilidade do dinheiro "privado". Por outro lado, o fato de ser fruto do monopólio estatal não assegura a sua credibilidade. Existe hoje um número crescente de economistas liberais simpatizantes da privatização do dinheiro. Os leitores interessados no problema podem ler o livro de Hayek, *"Desestatização do Dinheiro"*. Em síntese, a crítica liberal indaga: "por que manter monopólio estatal do suprimento de dinheiro?".

Passemos agora a examinar a malignidade de outro tipo de deformação intelectual prevalecente no século 20, o holismo-animista, complemento do racionalismo exacerbado, formando com ele uma dupla letal.

O holismo-animista trata os membros individuais de uma comunidade como se fossem um agregado, um todo. Pior ainda, um todo com atributos humanos: memória, honra, propósitos etc. No holismo-animista os indivíduos são substituídos por uma entidade abstrata – o país – que adquire concretude e virtudes humanas, entre as quais a capacidade de ter propósitos próprios e mais importantes do que os dos membros individuais da comunidade. Resulta daí uma sociedade parecida com a dos animais gregários, na qual os cidadãos estão a serviço do país e, portanto, diferentemente de uma ordem social onde os governantes estejam a serviço dos cidadãos. Em síntese, o holismo-animista gera sociedades não liberais nas quais os cidadãos são sufocados pelos interesses do "país": *Deutschland über alles!* A crítica liberal alerta contra os fantasmas holistas-animistas que tanto sofrimento causaram durante o século 20.

Não foram apenas o exagero racionalista e o surrealismo holista-animista que comprometeram a prática liberal no século 20. Houve pelo menos três fenômenos históricos que igualmente alimentaram o estatismo: as guerras, as crises econômicas e o ideal do desenvolvimento econômico. O estado de guerra é uma situação excepcional que coloca direitos individuais de quarentena e privilegia os propósitos do Estado. É o caldo de cultura, o ágar-ágar do holismo-animista, que faz crescer o governo à custa da liberdade dos cidadãos. Não há ordem liberal que resista a uma situação de guerra – e o século 20 teve muitas, de várias escalas e duração, diferentes lugares e os mais variados motivos. Como guerra e liberalismo não são compatíveis, sobrou o pior, no século 20, para o liberalismo.

Além das guerras do século 20, houve a Grande Depressão de 1929 para conspirar contra o liberalismo. A ideia subversiva – o adjetivo pareceu-me apropriado – que surgiu na chamada "Crise dos Anos 30" foi a de que o mercado, deixado livre, acabava criando sua própria ruína. Assim sendo, a ação deliberada e racional das autoridades era reclamada para disciplinar o mercado, evitando as suas impropriedades. O mercado falhava devido, em parte, à falta de poderes do FRS (*Federal Reserve System*), o Banco Central americano, para enfrentar os ciclos econômicos.

Além de uma suposta falha de mercado, associada à suposta falta de poderes por parte do FRS, que conjuntamente responderia pela crise de 1929, criou-se a ideia de que para sair da crise fazia-se necessária uma ação estatal mais enérgica no mercado, para reanimar a debilitada demanda agregada. A solução seria o aumento dos gastos públicos, ideia keynesiana[2] assimilada pelo Presidente Roosevelt e que serviu de fundamento de política econômica para o *New Deal*.

Foi exatamente em meados dos anos de 1930 que surgiu o que hoje se conhece como macroeconomia, de inspiração keynesiana, formulada na base de relações funcionais entre grandes agregados: consumo (C), investimento (I), poupança (S) e renda nacional (Y). Como esses agregados são, conforme o nome sugere, somas de consumo, investimentos e poupanças individuais, surge o problema de saber quem seria o sujeito da ação. Não é difícil concluir que em matéria de política econômica seria o governo, uma conclusão inteiramente compatível com a ideia do holismo-animista que fundamenta as políticas anticíclicas dominantes no século 20.

No campo econômico houve outro fenômeno de enorme importância na expansão do estatismo: a busca deliberada do desenvolvimento econômico. Para os liberais, o processo econômico gerador de prosperidade material decorre da livre ação dos agentes econômicos; é um subproduto espontâneo, não deliberado da busca, pelos agentes individuais, de seus próprios interesses particulares. Essa ideia do caráter não propositado do desenvolvimento econômico está exposta no livro *"A Riqueza das Nações"*, de 1776, do escocês Adam Smith.

Durante o século 20, especialmente após a Segunda Guerra Mundial e a experiência soviética em planejamento econômico, proliferaram os esforços dos economistas para analisar e entender o fenômeno da prosperidade. Simultaneamente, acumularam-se progressivamente as tentativas de criação de instrumentos "técnicos" para a ação deliberada

---

[2] Referente às ideias do economista John Maynard Keynes (1883-1946), provavelmente o economista de maior impacto em meados do século 20.

do governo na geração e na condução do desenvolvimento econômico, desde matrizes de insumo-produto a modelos matemáticos extremamente sofisticados de planejamento econômico. Na realidade, tratou-se de enorme desperdício de tempo, talento e dinheiro; a história encarregou-se de mostrar que Adam Smith estava certo: a riqueza das nações decorre da ação individual autônoma num ambiente social respeitador dos direitos de propriedade e dos contratos livremente firmados entre cidadãos livres. A evidência empírica disponível é clara: a melhoria das condições materiais de vida dos povos depende da existência da liberdade, especialmente da liberdade econômica. Esta, por sua vez, depende de instituições que tornem eficazes os direitos humanos, especialmente a liberdade, os direitos de propriedade e a busca individual da felicidade. Essas instituições são o Estado de Direito e a economia de livre mercado.

5.

LIBERALISMO NO BRASIL

Lucas Berlanza

O maior país da América do Sul e quinto maior do mundo é notório por certa soma de lugares-comuns, como o seu futebol e suas festas populares. É também, entretanto, igualmente notório por problemas incontestáveis, entre eles o fato de ser uma das economias mais fechadas e regulamentadas do planeta. Do ponto de vista comercial, o Brasil, até 1993, abriu sua economia de forma mais rápida que o restante do globo, em virtude da redução do protecionismo no primeiro governo eleito diretamente após um regime militar que perdurou por duas décadas, o do Presidente Fernando Collor (1949-) – que, no entanto, foi destituído através de um processo de *impeachment*. A partir de 1993, esse processo de abertura sofreu uma reversão, voltando a acelerar em relação ao resto do mundo no intervalo entre 1998 e 2004, tendo o país, em seguida, voltado a retardar o processo (INSTITUTO BRASILEIRO DE ECONOMIA, 2013). Quaisquer que sejam os índices considerados, o fechamento da economia brasileira é uma característica ressaltada em comparação com o restante do planeta.

Com intervalos relativamente breves, a tônica na conduta econômica do Brasil tem sido a aposta no modelo do Estado interventor, tutelando e promovendo o desenvolvimento econômico diretamente. Existem características culturais, historicamente verificadas por diversos intelectuais brasileiros, que possibilitam tentativas de interpretação acerca das causas dessa realidade – entre elas, fundamentalmente, a prevalência do fenômeno do patrimonialismo. A despeito disso, ao mesmo tempo em que o Brasil convive com essa adversidade histórica, por paradoxal que pareça, o país tem uma longeva tradição liberal.

Se por liberalismo entendermos o fenômeno histórico, materializado nos últimos séculos, de formalização institucional, prática e doutrinária, de restrições ao poder arbitrário, em especial oriundo da autoridade estatal, conferindo proteção à dimensão do indivíduo – em um primeiro momento, baseando-se na tradição britânica do Partido Whig, através da apologia do constitucionalismo, para depois tornar-se cada vez mais complexo e dividir-se em diferentes correntes e tendências, bem como ocupar-se de diferentes dimensões da liberdade –, é possível dizer, conforme o escritor Euclides da Cunha (1866-1909), que o liberalismo protagonizou a fundação do Brasil como nação independente, tendo inspirado muitos dos forjadores da emancipação em relação a Portugal (MACEDO, 1995, p. 117).

Essa tradição liberal jamais cessou de existir e parece haver significativas razões para sustentar que, apesar dos constantes golpes militares, dos ciclos ditatoriais e dos aspectos crônicos de estatismo de sua economia – com ênfase ao período posterior à década de 1930, em que se vê marcado pela ditadura personalista e burocratizante de Getúlio Vargas (1882-1954) –, o Brasil pode ter conseguido, em certa medida, reverter os períodos mais autoritários sem jamais ter sucumbido ao totalitarismo propriamente dito, tal como verificado em alguns países do velho mundo. Essa tradição liberal tem mantido atuação constante, ainda que sua relevância tenha sido bastante oscilante e, em diversos períodos, particularmente dentro da etapa republicana da história brasileira, sua representação na sociedade caracterize-se pela desorganização e pela ineficiência. Tal atuação tem-se verificado tanto no campo intelectual quanto no campo político-partidário.

O propósito deste artigo é apresentar uma breve síntese da presença do liberalismo no Brasil, desde o período que antecede imediatamente à sua independência, em 1822, até os dias atuais. De início, serão tecidas brevíssimas considerações acerca de algumas das interpretações clássicas construídas por ensaístas, pensadores e sociólogos brasileiros para identificar na cultura nacional o fenômeno do patrimonialismo e outros entraves persistentes ao enraizamento mais pleno das propostas liberais, preocupações que se tornaram parte da agenda teórica de que os liberais brasileiros ocuparam-se ao longo das últimas décadas. Logo em seguida, serão analisados os diferentes períodos da história política do país até o momento atual, destacando-se nomes de liberais que registraram contribuições relevantes ao desenvolvimento dessa corrente de opinião e confrontando-os com os problemas com que tiveram que lidar na realidade política por eles vivida. Por fim, será dado destaque ao quadro corrente, levando a conhecer alguns dos principais nomes de personalidades e instituições que presentemente dedicam-se a defender os princípios do liberalismo.

5.1. DESAFIOS CULTURAIS DO LIBERALISMO NO BRASIL

Antes de apreciar a tradição liberal brasileira, cabe pontuar algumas análises de ensaístas sociais brasileiros acerca dos entraves ofertados pela cultura nacional para o enraizamento mais efetivo do liberalismo. Entre esses intérpretes ocupa posição de destaque o sociólogo Gilberto Freyre (1900-1987), autor do clássico *"Casa Grande & Senzala"*, que identificava as relações entre os principais grupos formadores do Brasil – os portugueses, os indígenas e os negros – dentro da "monocultura latifundiária" (FREYRE, 1990, p. 12) como o berço mais significativo de sua cultura.

Essa estrutura social era marcada, segundo Freyre, pela organização patriarcal, sujeitando escravos, mulheres e filhos à autoridade do senhor de engenho, conquanto este último estivesse submetido à Coroa. A família assim formada teria sido, para o autor, a "unidade colonizadora" (FREYRE, 1990, p. 14) do país. Essa família configurava-se dentro do sistema de latifúndio, em um complexo social que mesclava catolicismo popular, compadrismo e patriarcalismo polígamo. Muitos intelectuais anteriores e posteriores a Freyre enxergaram nessa estrutura a imposição de dificuldades ao florescimento de um autêntico *self-government*, a exemplo da tradição norte-americana, devido à existência de grandes porções de terra controladas por autoridades fortes, com intensa submissão hierárquica, a despeito da incomparável miscigenação que deu origem à imensa diversidade do povo brasileiro.

Por outro lado, autores como Raymundo Faoro (1925-2003) contemporizam a tese de Freyre, sem necessariamente negá-la, ressaltando que o patriarcalismo senhorial da época colonial brasileira exibia uma subordinação um pouco mais significativa à metrópole lusa e, em outras palavras, ao poder central, o que aumentou em grau quando o antigo modelo administrativo de divisão do território em capitanias hereditárias e sesmarias cedeu lugar a governos gerais localizados na própria colônia.

De qualquer modo, o aspecto central da crítica de Faoro, contida em seu livro *"Os Donos do Poder: Formação do patronato político brasileiro"* e acompanhada nesse aspecto geral, embora criticada em aspectos específicos, por autores influenciados pela escola de Max Weber (1864-1920) como Ricardo Vélez Rodríguez (1943-) e Antonio Paim (1927-), é a de que o Brasil experimenta uma herança patrimonialista, manifestada ao longo de sua história econômica pela prevalência de um capitalismo de Estado ou capitalismo politicamente orientado. As práticas econômicas e comerciais estiveram em medida significativa atreladas a um estrato social burocrático encastelado no corpo do Estado, o que, em parte, deriva da ausência de feudalismo desde a época de ligação com Portugal.

Para esses autores, a ausência do feudalismo faz com que a nobreza e a burguesia nunca tenham "poder suficiente para se contrapor ao poder inquestionável do monarca. Assim, os nobres, mais do que de uma tradição que independesse da Coroa, dela recebiam o prestígio, sendo praticamente funcionários do príncipe" (RODRÍGUEZ, 2006, p. 42). A consequência desse fato social português para o Brasil foi a formação, neste último país, de

> um Estado mais forte do que a sociedade, em que o poder centrípeto do rei, no período colonial, e do imperador, ao longo do século XIX, ou do Executivo, no período republicano, criou forte aparelho burocrático alicerçado no sentimento de fidelidade pessoal (RODRÍGUEZ, 2006, p. 77)

Desse modo, para Faoro,

> o estamento burocrático, fundado no sistema patrimonial do capitalismo politicamente orientado, adquiriu o conteúdo aristocrático, da nobreza da toga e do título. A pressão da ideologia liberal e democrática não quebrou, nem diluiu, nem desfez o patronato político sobre a nação (FAORO, 2000, p. 379).

Conciliando-se a essa leitura e também dialogando com Freyre, o sociólogo Sérgio Buarque de Holanda (1902-1982), em seu *"Raízes do Brasil"*, argumenta que houve no Brasil o desenvolvimento secular de um "espírito de facção" na política, estimulado pela autoridade do proprietário de terras, e de uma espécie de mentalidade familiar e relacional que se associou ao patrimonialismo para afastar o Brasil dos princípios de impessoalidade e de separação entre o interesse privado e a máquina estatal. Roberto DaMatta (1936-) enxerga na cultura brasileira uma síntese de aristocracia e tribalismo com elementos da modernidade, o que favorece sua extrema diversidade e atrapalha a imposição absoluta de propostas totalitárias e "ideias-força" unificadoras, mas também incentiva a economia consideravelmente estatizada e serve de empecilho para a agenda liberal.

Para além das teorias de todos esses autores, há um fato histórico específico que, segundo especialmente Antonio Paim, reforça os condicionantes antiliberais existentes na cultura brasileira – o que, para este autor, ao contrário de Faoro, é considerado uma prova da possibilidade de modificar esse estado de coisas, uma vez que fatos históricos em sentido contrário poderiam afetá-lo. Trata-se da atuação política de Sebastião José de Carvalho e Melo (1699-1782), o Marquês de Pombal, líder reformista português durante o reinado de D. João V (1689-1750). Inspirado pelo sucesso britânico, Pombal absorveu desse sucesso, conforme relata Paim, a importância atribuída à ciência para o progresso, mas não se apropriou da tradição liberal-representativa desenvolvida pelos ingleses.

Isso significou, para Portugal e para o Brasil, a ênfase em um modelo mercantilista que deu sustentação ao capitalismo politicamente orientado e ao patrimonialismo, apontado pelos autores citados anteriormente, ao mesmo tempo em que deu a esse patrimonialismo uma justificativa cientificista e modernizante que seria explorada por correntes autoritárias e antiliberais no país em futuro ainda relativamente distante, como o positivismo e a base de apoio da ditadura Vargas. Como ressalta Paim, "a modernização realizada por Pombal não compreendia a reforma das instituições políticas. Estas continuaram adstritas ao absolutismo monárquico" (PAIM, 2018, p. 33). A adesão pombalina ao mercantilismo fez com que a modernização brasileira apenas reforçasse uma tradição de desvalorização do lucro e da riqueza em geral, permanecendo certa hostilidade ao empresariado privado. Isso

> deu à burocracia estatal uma grande supremacia em relação aos outros grupos sociais. O Estado português, que era tipicamente um Estado patrimonial, isto é, parte do patrimônio do Príncipe e não um órgão a serviço

da sociedade, passou a atribuir-se a função de promover a modernização (predominantemente econômica) como algo que deveria beneficiar diretamente àquela burocracia (PAIM, 2018, p. 34)

O liberalismo brasileiro, como se pode perceber, teve e tem de lidar com um legado repleto de aspectos desfavoráveis. Contudo uma vez que Pombal desenvolveu certa modernização econômica, ainda que passível de críticas significativas, bem como ajudou a formar uma elite brasileira instruída na Universidade de Coimbra após suas reformas educacionais, foram criadas condições oportunas à emancipação nacional e ao surgimento da primeira agenda teórica dos liberais brasileiros: a instalação no país do sistema representativo. Foi principalmente a essa intenção que a tradição liberal brasileira inicialmente dedicou-se, convivendo simultaneamente com os problemas anteriormente elencados e com uma inspiração bibliográfica extraída fundamentalmente do liberalismo francês, de Benjamin Constant de Rebecque (1767-1830) aos liberais doutrinários da escola de François Guizot (1787-1874).

5.2. LIBERAIS DO PERÍODO ANTERIOR À INDEPENDÊNCIA

As ideias do liberalismo penetraram no Brasil antes da Independência, que a secundaram e fundamentaram. Através da atuação secreta da Maçonaria no Brasil e em Portugal, em fins do século 18, os pensadores iluministas, de corte liberal, influenciaram os movimentos nativistas que eclodiram em diferentes regiões, a exemplo da Inconfidência Mineira, em Minas Gerais, cujo ícone Tiradentes (1746-1792) seria recuperado posteriormente pela República como um herói nacional. Suas formulações doutrinárias e propostas, entretanto, eram algo difusas e não lograram êxito em registrar impacto significativo na tradição política posterior.

Talvez uma das referências mais importantes desse liberalismo deslocado do núcleo do que viria a ser o primeiro Império independente, com visões autonomistas e regionalistas, seja a figura de Joaquim do Amor Divino Rabelo e Caneca (1774-1825), conhecido como frei Caneca, um intrépido panfletário de Recife, capital de Pernambuco, que se associou, entretanto, muito mais às ideias do dito radicalismo democrático de

Jean Jacques Rousseau (1712-1778) – da matriz mais revolucionária do Iluminismo francês – que ao pensamento dos iluministas escoceses ou às bases da monarquia britânica, por exemplo. Caneca, embora sua ordenação tenha sido anterior à fundação desta instituição, esteve ao lado dos sacerdotes do Seminário de Olinda, que foram influenciados pelas reformas pombalinas e uniam a religião com a fé na ciência e seu potencial de promoção do progresso. Os rousseaunianos do Brasil do século 18, contrapartes dos franceses que atiçaram a emblemática Revolução que atacou a Igreja em suas etapas mais radicais, eram, paradoxalmente, sacerdotes.

Caneca participou da Revolução Pernambucana de 1817 e, depois da Independência, da Confederação do Equador, outra revolta do Nordeste do Brasil, pela qual foi executado em janeiro de 1825. Defendeu sua plataforma política, basicamente, no jornal *Typhis Pernambucano*. Essa plataforma era muito mais regionalista que de abrangência nacional, porque Caneca sustentava a franca independência do Nordeste e de Pernambuco em relação ao projeto emancipacionista em torno da Coroa no Rio de Janeiro. Para ele, as províncias deveriam ter a mais intensa autonomia, podendo escolher até subtrair-se da monarquia constitucional e fundar Repúblicas. Por isso, para Antonio Paim, "o ponto de vista constitucional" de Caneca "tem o propósito de esmagar e vencer o ponto de vista monárquico", pois "não era fruto da necessidade de coexistirem, na sociedade, pontos de vista e interesses diversos" (PAIM, 2018, p. 57).

Para Caneca, cada província podia "seguir a estrada que bem lhe parecesse; escolher a forma de governo que julgasse mais apropriada às suas circunstâncias; e constituir-se da maneira mais conducente à sua felicidade" (CANECA, 1875, p. 55). Infelizmente para ele, essa doutrina embebida da fonte de Rousseau foi propícia a provocar revoluções, mas o projeto vencedor de independência seria um projeto que englobasse diferentes interesses em torno de uma unidade política sobre todo o território nacional – e esse projeto foi construído ao redor do símbolo unificador da Coroa e da figura de D. Pedro I (1798-1834).

Ainda assim, mesmo antes do processo de independência, a formulação liberal inglesa também influenciava lideranças da América portuguesa. Uma delas era Hipólito José da Costa (1774-1823), nascido no extremo sul do Brasil, que editava de Londres, onde passou a residir, o jornal "*Correio Braziliense*", conseguindo prevalecer sobre a censura governamental e divulgar, através de seu veículo, as ideias que fundamentavam a monarquia constitucional britânica. Mais do que realizar um trabalho importante de fundamentação doutrinária e histórica para o pensamento liberal clássico no Brasil e em Portugal, Hipólito, que pertencia à elite formada na Universidade de Coimbra na esteira das reformas pombalinas, também foi pioneiro ao procurar sustentar a defesa dessas ideias em tradições políticas lusitanas. Na concepção de Hipólito, a monarquia portuguesa, de certo modo, tinha uma legitimidade que remontava ao fundador da nacionalidade, Afonso Henriques (1106, 1109 ou 1111-1185), escolhido pelas Cortes de Lamego. Ele apontou até uma suposta superioridade da Coroa lusitana em relação à legitimidade da monarquia britânica. Esta última, no decorrer de sua evolução, superou a portuguesa ao deixar de ser "monarquia hereditária absoluta" (PAIM, 2019, p. 21), como em Portugal, para tornar-se mista, "porque o poder Legislativo reside no Parlamento, compreendendo-se por tal o Rei, a Casa dos Lordes e os Comuns" (COSTA *apud* PAIM, 2019, p. 21). Hipólito já desejava evitar a desordem das revoluções e a balbúrdia identificada por ele no pensamento rousseauniano, estabelecendo seu endosso à tradição de um liberalismo classicamente entrelaçado com o assentamento de uma institucionalidade capaz de se perenizar.

Antes da Independência, que Hipólito apoiou ao final, falecendo ainda no início da história do Império brasileiro, outros dois nomes podem ser destacados. Um deles é o de Silvestre Pinheiro-Ferreira (1769-1846). Embora tivesse nascido em Lisboa e, por consequência, não fosse brasileiro de nascença, Ferreira foi figura destacada no governo do rei de Portugal e do Brasil, D. João VI (1767-1826), pai de D. Pedro I. Pouco antes de sua presença em posição de destaque no reinado, havia eclodido em Portugal a Revolução do Porto, em 1820, que exigia a realização de reformas liberais e constitucionalistas e o retorno do rei, refugiado no Brasil da invasão das tropas napoleônicas desde 1808, à capital portuguesa. Em momento de grande tensão política, coube a Silvestre Pinheiro-Ferreira, como pensador, formular uma teorização a respeito da transição da monarquia tradicional para a monarquia constitucional. Sua obra "*Manual do Cidadão em um Governo Representativo*" foi extremamente influente no Brasil do século 19 para fundamentar a construção das instituições do Estado imperial. Dizia Pinheiro-Ferreira:

> Se os jurisconsultos tivessem avaliado a importância desta observação, teriam concluído sem hesitar que a jurisprudência da representação não pode ser outra que a do mandato. Quando se tratava de fixar os direitos e deveres dos mandatários ou representantes, quaisquer que fossem, era na natureza dos interesses que se deveriam procurar os motivos; mas, perdendo de vista esta ideia tão simples ou omitindo a palavra "interesses" e conservando a de pessoa, caíram em graves erros, mormente quando trataram de direito constitucional e de direitos e deveres dos agentes diplomáticos. (PINHEIRO-FERREIRA *apud* PAIM, 2018, p. 73).

A obra de Silvestre Pinheiro-Ferreira, com tais palavras, enunciava que o sistema representativo, principal preocupação dos liberais brasileiros na transformação do regime monárquico português em uma monarquia constitucional independente que abrangesse todo o território da antiga América portuguesa, deveria ser fundamentado na representação de diferentes interesses no corpo parlamentar. Essa ideia se desenvolveu, posteriormente, para a compreensão de que os interesses deveriam estar representados por partidos políticos. A ênfase nessa teoria seria um dos fatores que permitiriam, apesar dos desafios culturais de teor antiliberal já mencionados, uma considerável estabilidade política no segundo reinado do Império brasileiro.

Finalmente, cabe ressaltar a personalidade de José da Silva Lisboa (1756-1835), o Visconde de Cairu. Este personagem histórico é prestigiado como o primeiro economista brasileiro por gerações de intelectuais. Sua terra de berço foi a cidade de Salvador, onde realizou seus primeiros estudos. Já conhecia, aos oito anos, a gramática latina, dedicando-se aos estudos filosóficos e estudando música e piano. Foi depois enviado aos cursos jurídicos e filosóficos da Universidade de Coimbra. Profundamente religioso, estudou as Escrituras e inteirou-se do pensamento escolástico. Tornou-se, como seria sempre, um crítico contundente da Maçonaria, vista por ele como um celeiro do pensamento revolucionário, apesar de sua grande influência no Brasil.

Tornou-se secretário da Mesa de Inspeção no estado da Bahia, responsável por fiscalizar e supervisionar tudo que dizia respeito à vida econômica da região, particularmente classificando os açúcares e tabacos. Ao final da vida, Cairu já demonstrava que não aprovava a existência desse tipo de órgão público, com seus moldes de interferência na economia, ao pontuar no Senado, em 10 de maio de 1827, que a má situação da agricultura "induziu El-rei D. José, no ministério do célebre Carvalho, a criar Mesas de Inspeção nos portos principais deste Estado, cuidando que assim repararia os danos, impondo taxas e sancionando abusos" (BELCHIOR, 2000, p. 35). Aquele foi, no entanto, o começo de uma expressiva trajetória junto à administração pública.

Alguns documentos dos arquivos antigos do Conselho Ultramarino, em Portugal, revelam que o ilustre baiano já defendia a outorga de prêmios aos inventores e introdutores de novas máquinas e fábricas, em demonstração de seu entusiasmo pelo desenvolvimento econômico e técnico brasileiro. Em ofício de 28 de março de 1799, Cairu propôs a premiação de Joaquim Ignácio da Sequeira Bulcão, futuro Barão de São Francisco, por ter sido "o primeiro proprietário que adotara novos processos de moagem de cana" (BELCHIOR, 2000, p. 33). Em 1815, assumiu a função de supervisionar as obras que seriam impressas, cargo em que teve basicamente uma atuação de censor, dado que ele e seus pares temiam o que consideravam "escritos incendiários". Vale destacar que, com o tempo, suas ideias acabaram ficando mais afeitas ao espírito inglês nesse particular, tendo elogiado a liberdade de imprensa britânica como fator que permitiria o desenvolvimento das forças da inteligência.

Na última década do século 18, Silva Lisboa travou contato com as obras de Adam Smith (1723-1790) e Jean-Baptiste Say (1767-1832), iniciando a fase mais rica de sua trajetória intelectual. Seu temperamento conservador reagiu sobressaltado à Revolução Liberal do Porto, em 1820, que demandava a contenção dos poderes do rei. Temia um desdobramento ao estilo francês, considerado por ele a pior hipótese possível. Posteriormente, tendo defendido a manutenção da união entre Brasil e Portugal, concordou com a percepção brasileira de que os portugueses pretendiam adotar medidas antibrasileiras e sustentou a Independência, trabalhando pelo reconhecimento estrangeiro do novo país livre. Como parlamentar no Império, fulminava o federalismo e era contrário à liberdade religiosa, tendo feito também certas concessões ao seu liberalismo econômico, como ao apoiar a existência de corporações de ofício no país, por entendê-las restritas e capazes de aprimorar as artes. A despeito disso, Cairu também defendia uma percepção mais justa e humanitária dos escravos.

Muitos autores apontam que a influência teórica de Cairu foi relevante para que D. João VI abrisse os portos brasileiros ao comércio com as nações amigas, um marco para os defensores brasileiros do liberalismo econômico. Apesar dos aparentes paradoxos de sua mentalidade, ele foi um introdutor essencial das ideias da economia inglesa de Adam Smith e do pensamento do velho partido Whig de Edmund Burke no território brasileiro. Significativa parcela de suas contradições justifica-se entendendo que, sob a mediação da filosofia do Ecletismo, importação francesa que norteou a ortodoxia filosófica durante o Império, Cairu arquitetou uma síntese entre a Economia clássica e o pensamento liberal de Smith, aspectos da modernização estatal e centralizadora do Marquês de Pombal e da instrução coimbrã e referências conceituais e retóricas de atmosfera feudal e tradicionalista, ecoando a sacralidade da religião católica e do imperador. Sua mentalidade era um amálgama compreensível em um mundo e uma sociedade em transformação, mas tudo isso acomodado por um ingrediente inafastável: a obra de Edmund Burke, que Cairu traduziu para o português, compondo os célebres *"Extratos das Obras Políticas e Econômicas de Edmund Burke"*.

A penetração da temperança burkeana na elite brasileira e sua introdução na educação formal do próprio futuro monarca do país independente, a partir do esforço de Cairu, mais do que demonstrar que a tradição conservadora britânica não foi alheia aos formadores do Brasil, ao contrário do que apregoam os defensores de um exclusivismo de influência dos autores ibéricos, atesta que os constituintes da nova nação, em sua maioria, cultivavam a perspectiva de absorver inovações inevitáveis sem danificar completamente uma necessária noção de conjunto, de alicerces a serem estatuídos, propiciando coesão e algum grau de previsibilidade nas regras e relações, indispensável à civilização.

5.3. LIBERALISMO NA FUNDAÇÃO DO IMPÉRIO

A independência do Brasil está intrinsecamente relacionada à Revolução Liberal do Porto, de 1820. Nos anos anteriores, durante o reinado de D. João VI, o centro do Império português estava no Brasil, enquanto Portugal experimentava dificuldades. O Brasil havia sido elevado à categoria de Reino Unido a Portugal, conquistando relativo senso de autonomia e unidade, sem deixar de estar integrado formalmente à sua antiga metrópole. Diversos desenvolvimentos, a exemplo da abertura dos portos, verificaram-se, especialmente nos arredores da antiga Corte, no Rio de Janeiro. O Reino do Brasil, em comparação com o Reino de Portugal, seu "irmão" mais velho, era visto como mais próspero.

A revolução liberal portuguesa determinou o retorno de D. João a Portugal e a convocação das chamadas Cortes de Lisboa, em 1821, que funcionariam como uma espécie de parlamento constituinte. Ao partir, D. João manteve seu filho e sucessor D. Pedro I como Príncipe Regente, comandando o reino do Brasil. Ao longo do processo, aos olhos dos representantes brasileiros, ficou demonstrado que as pretensões dos parlamentares portugueses eram de dissolução do senso de unidade brasileiro e fragmentação do poder entre as províncias, submetendo ainda algumas delas ao governo de juntas militares. Mesmo para os liberais brasileiros, simpáticos às pretensões gerais da Revolução do Porto, particularmente os que estavam ligados à Maçonaria do Rio de Janeiro – entre os quais se destacavam lideranças como Joaquim Gonçalves Ledo (1781-1847) e José Clemente Pereira (1787-1854) –, essas propostas eram vistas como antibrasileiras. Os principais estadistas nacionais, a exemplo do Visconde de Cairu e de José Bonifácio de Andrada e Silva (1763-1838), conhecido como Patriarca da Independência, pretendiam manter a união entre os dois reinos, mas a sucessão dos fatos nas Cortes de Lisboa fez com que se convencessem a produzir um movimento gradual de emancipação em torno da figura do Príncipe Regente, transformando-o em imperador e convertendo o Reino do Brasil em um Império independente.

Cabe uma análise da presença de ideias liberais nesse círculo de personalidades que constituíram o Primeiro Império e dirigiam o país na montagem da primeira carta magna brasileira, a Constituição de 1824, que vigorou até 1889. A liderança central seria o próprio D. Pedro I. O primeiro monarca brasileiro era um autêntico português de Portugal, nascido no Palácio Nacional de Queluz, em Sintra, um distrito de Lisboa, em 1798. Sua origem firmemente lusitana, ainda que tivesse apenas nove anos quando sua família partiu para aportar ao novo país, foi uma das causas de afastamentos e tensões que tumultuaram seu reinado até um impasse definitivo que o levaria à abdicação. A personalidade de D. Pedro I era considerada muito voluntariosa e, em 1823, ele dissolveu à força a Assembleia Constituinte brasileira, da qual, mesmo assim, saíram aspectos gerais da Constituição. Contudo, apesar disso, é notável sua caracterização como um monarca que admitia a inevitabilidade da agenda liberal – por ele tratada genericamente pela alcunha de "ideias novas".

D. Pedro I foi influenciado por obras como as do pensador liberal francês Benjamin Constant e do napolitano Caetano Filangieri (1753--1788). Filangieri defendia que os velhos princípios feudais europeus eram responsáveis pela miséria na Europa, com o esbanjamento do luxo das aristocracias e nobrezas em detrimento do grosso da população, e o ideal para remediar isso seria uma "revolução ordenada", provocada pelas próprias autoridades, de modo a abrandar as leis e estabelecer a justiça. O príncipe também foi leitor de Edmund Burke, assim como o Visconde de Cairu, apesar de a erudição não ser a característica mais ressaltada por seus biógrafos (SOUSA, 2015, p. 115).

D. Pedro I tinha a percepção de que as instituições monárquicas antigas não poderiam subsistir no século 19, exatamente da mesma maneira, porque chegaram até ele. O reino – fosse o português, fosse o Império brasileiro – precisaria ser algo que não fosse a abolição completa da tradição e das instituições existentes, isto é, algo que não aniquilasse completamente o seu poder e a posição de sua família, mas também não algo que se mantivesse aferrado a um passado superado e irresgatável. Seria nos autores liberais, a exemplo de Constant, que encontraria o que julgou a chave para a concretização de seus desejos.

O Primeiro Reinado foi um período breve de turbulências e tensões, mas também marcou a consolidação da Independência – ainda que não em definitivo da unidade nacional, que seguiria enfrentando desafios pelo período Regencial até o advento do Segundo Reinado.

As divergências entre José Bonifácio e o grupo maçônico de Gonçalves Ledo foram a tônica desde o início daquele período, quando este último passou a pressionar por um juramento do imperador de que aceitaria a Constituição que surgiria da Assembleia Constituinte brasileira, fosse qual fosse. Era uma situação similar às discussões que antecederam a partida de D. João, por ocasião do interesse dos revolucionários do Porto de fazerem uma Constituição e forçarem o rei a aceitá-la. Por nobre que fosse a intenção de estabelecer regras constitucionais e limitar o arbítrio, foi de uma Constituinte como aquela que surgiram, justamente, as medidas antibrasileiras que suscitaram a Independência. Avesso a esse tipo de risco, Bonifácio não queria que, diante de toda uma engenharia institucional que ele considerava necessária para consolidar o novo país, o imperador fosse refém de uma mentalidade política que ele considerava abstrata e agitadora.

Os liberais maçons acreditavam que toda a soberania nacional, toda a institucionalidade da nação em nascimento, deveria ser criada sob a autoridade dessa própria nação em si mesma. Bonifácio, ao contrário, acreditava que, na verdade, todos os fatos deram-se em torno de D. Pedro I, com todas as mobilizações tendo sido feitas em torno de sua individualidade como representante simbólico da pátria. Nas circunstâncias da época, o Patriarca da Independência via nisso um pacto já consumado entre a nação e o imperador, que Constituinte alguma poderia ameaçar, subordinar ou dissolver sob pena de estar traindo o projeto original. A Constituinte e D. Pedro I deveriam estar em pé de igualdade no novo regime de construção nacional, não podendo, por exemplo, os liberais encaminharem o país para uma República. A monarquia constitucional já seria, por si só, um limite que nenhum constituinte poderia questionar.

Feita a Independência, já não se tratava mais de discutir os pontos de consenso entre as forças que a realizaram, mas as suas divergências, e estas, somadas às intrigas pessoais e abismos de temperamento, eram mais significativas do que poderiam transparecer anteriormente, a começar pela abrangência social da visão de Bonifácio, que, apesar de a princípio não desejar uma Constituinte imediata, defendia a extinção da escravatura, horizonte de pensamento de que não cogitavam as lideranças mais preocupadas com o formalismo institucional, que pregavam o liberalismo dos americanos ou dos ingleses, mas não a liberdade para seres humanos que consideravam suas propriedades privadas. A elite política não parecia preparada para o olhar de Bonifácio, nesse aspecto, à frente de seus contemporâneos.

O imperador, ainda sobre a Constituição que esperava ver construída pela Assembleia de 1823, pontificou, provavelmente sob influência de Bonifácio, que deveria ser:

> uma Constituição sábia, justa e executável, ditada pela razão e não pelo capricho, que tenha em vista tão somente a felicidade geral, que nunca pode ser grande, sem que esta Constituição tenha bases sólidas, bases que a sabedoria dos séculos tenha mostrado que são as verdadeiras, para darem uma justa liberdade aos povos e toda a força necessária ao Poder Executivo. Uma Constituição em que os três poderes sejam bem divididos, de forma que não possam arrogar direitos que lhes não compitam, mas que sejam de tal modo organizados e harmonizados, que se torne impossível, ainda pelo decurso do tempo, fazerem-se inimigos, e cada vez mais concorram de mãos dadas para a felicidade geral do Estado. Afinal, uma Constituição, que pondo barreiras inacessíveis ao despotismo, quer real, quer aristocrático, quer democrático, afugente a anarquia e plante a árvore daquela liberdade à cuja sombra deve crescer a união, tranquilidade e independência deste Império, que será o assombro do mundo novo e velho. (SOUSA, 2015, p. 464).

A filosofia que orientou a construção da primeira Constituição brasileira, abraçada pelo imperador, era a de evitar as Constituições consideradas "metafísicas" e "inexequíveis" (SOUSA, 2015, p. 465), rechaçando uma influência excessiva do pensamento de Rousseau. A Constituição rendia-se ao regime da monarquia hereditária e estabelecia quatro poderes: o Executivo, o Legislativo, o Judiciário e o Moderador, baseados na obra de Benjamin Constant. Quanto aos três poderes tradicionais, o primeiro, o Poder Executivo, ficou nas mãos do imperador, que nomeava seus ministros, executores de suas ordens, bem como os presidentes de províncias, cargo equivalente ao dos atuais governadores de estados. Mais tarde, no Segundo Reinado, na década de 1840, sem que a Constituição fosse alterada, o sistema político sofreu uma evolução de viés parlamentarista, cabendo ao imperador a nomeação de um gabinete ministerial sob comando de um Presidente do Conselho de Ministros, com função análoga à do Primeiro-Ministro nos parlamentarismos tradicionais, com quem o imperador partilhava, na prática, o exercício do Poder Executivo, podendo os ministros serem responsabilizados por seus atos, enquanto o imperador era legalmente irresponsável.

O Poder Legislativo era composto pela Câmara dos Deputados e pelo Senado, sendo os deputados eleitos por voto censitário e os senadores nomeados pelo imperador, escolhidos em uma lista tríplice de mais votados. Já o Judiciário também era nomeado pelo imperador, possuindo os juízes cargo vitalício, suspenso apenas por sentença ou por decisão do próprio monarca. O voto estava restrito a homens maiores de 25 anos, com renda elevada, a princípio em eleições indiretas, em que se escolhiam aqueles que votariam nos deputados e senadores; mais tarde, a lei Saraiva, na reta final do Império, estabeleceria as eleições diretas. Já os candidatos precisavam ter uma renda ainda maior e não poderiam ser escravos libertados. Também precisavam ser católicos, dado que o Catolicismo era a religião oficial do país; a estrutura da Igreja Católica, no entanto, estava administrativamente subordinada ao governo, no sistema conhecido como Padroado, estopim para problemas no final do Império, notadamente a Questão Religiosa, que indispôs D. Pedro II (1825-1891) com o clero quando este decidiu punir sacerdotes que interditaram irmandades cujos membros fossem maçons. A Constituição também determinava a manutenção do Conselho de Estado, órgão composto por conselheiros diretos escolhidos pelo imperador, e mantinha o Rio de Janeiro como capital do Brasil.

A respeito do Poder Moderador, foi objeto das mais intensas discussões ao longo do período monárquico. Na França, Benjamin Constant temia que o poder das oligarquias políticas desfigurasse as regras constitucionais, fazendo-se necessário um poder diferente de todos os outros para subjugá-los em caso de conflagração.

A liberdade política precisaria ser constrangida na crise por um instrumento que protegesse as liberdades individuais e a Constituição da iminente dissolução. A separação dos poderes, inspirada na obra do Barão de Montesquieu (1689-1755), teria que conviver com um poder superior aos demais, que caberia aos monarcas constitucionais. Para o esquema funcionar, Constant acreditava que esse poder não poderia se confundir com nenhum dos outros, nem com o Executivo; o rei teria que ser passivo, sem governo, um chefe e representante do Estado.

> O Poder Executivo, o Poder Legislativo e o Poder Judiciário são três molas que devem cooperar, cada uma de seu lado, ao movimento geral; mas quando essas molas se perturbam e se cruzam, se entrechocam e se

entravam, é necessária uma força que as recoloque em seu lugar. Essa força não pode estar em uma das molas, pois ela se serviria dela para destruir as demais. É preciso que esteja fora, que seja neutra, para que a sua ação se aplique necessariamente em todos os lugares onde seja necessário que ela seja aplicada, e para que ela seja preservadora, reparadora, sem ser hostil. A monarquia constitucional cria esse poder neutro na pessoa do chefe de Estado. O verdadeiro interesse desse chefe não é, de modo algum, que um dos poderes derrube o outro, mas que todos se apoiem, se compreendam e ajam em concerto. (GUANDALINI JR., 2016, p. 31).

A inspiração em Benjamin Constant, adaptando suas conceituações e preocupações, quanto à política francesa, ao contexto brasileiro, é evidente no texto constitucional de nossa monarquia. Porém a Constituição brasileira não reproduziu fielmente os seus conceitos. Em primeiro lugar, ela também dava ao monarca, formalmente, a chefia do Poder Executivo, ainda que o exercesse apenas através dos ministros. Há uma sutil intromissão de um caráter mais ativo em sua função do que Constant teria naturalmente desejado. Ao mesmo tempo, a irresponsabilidade foi conferida, no Brasil, à pessoa do monarca e não ao Poder Moderador em si, como abstração. Isso significa que, chefiando o Executivo, o imperador também tornava-se, aplicando os termos literalmente, irresponsável pelo que decidisse na esfera do Executivo; sendo assim, no Brasil os ministros poderiam ser punidos pelos seus atos de referenda do Executivo, mas o artífice do poder, seu líder e mentor – o próprio monarca – não o poderia jamais.

5.4. OS "LIBERAIS MODERADOS" E O SEGUNDO REINADO

O temperamento de D. Pedro I provocou profundas resistências na sociedade. Alguns episódios foram marcantes para deteriorar sua popularidade, como o assassinato do panfletário liberal, nascido na Itália, Líbero Badaró (1798-1830), crítico contumaz do imperador e editor do jornal *"Observador Constitucional"*. Quando D. Pedro I abdicou do trono, em 7 de abril de 1831, sob forte pressão, o episódio ficou conhecido entre aquela geração de políticos, englobando lideranças como Bernardo Pereira de Vasconcellos (1795-1850), Evaristo da Veiga (1799-1837) e Diogo Feijó (1784-1843), como uma "revolução liberal".

Apesar de não se constituírem em agremiações partidárias, como na política moderna, o Brasil dividiu-se em três grandes grupos políticos durante o período em que, aguardando a maioridade do então futuro monarca D. Pedro II, passou a ser governado por regentes que não dispunham do Poder Moderador, em uma turbulenta experiência próxima à República. O primeiro era o grupo dos chamados "caramurus" ou restauradores, que desejavam o retorno de D. Pedro I ao poder. Com a morte de D. Pedro I, que lutou contra o absolutismo em Portugal em seus últimos anos de vida, esse grupo desapareceu.

O segundo era o dos chamados "liberais exaltados" ou "liberais radicais", que lideraram revoltas provinciais que eventualmente assumiam posições separatistas. Por fim, existia o grupo dos "liberais moderados", cuja proposta era assentar as instituições liberais de abrangência nacional sob a égide da Coroa brasileira, respeitando, sob esse aspecto, o projeto original dos fundadores do Império.

Quando D. Pedro II ascendeu ao trono, com o famoso Golpe da Maioridade – o único golpe de Estado que ocorreu sob a Constituição imperial –, em 1840, tornando-se oficialmente imperador antes do tempo previsto legalmente, inaugurou-se o período do Segundo Reinado. Foram cerca de cinco décadas de relativa estabilidade institucional, em que o grupo dos chamados "liberais moderados" dominou e estabeleceu a ortodoxia política.

Os "liberais moderados", durante o Segundo Reinado, dividiram-se em dois grupos: o Partido Conservador (ou "Saquarema") e o Partido Liberal (ou "Luzia"). Como verifica-se, em geral tanto os conservadores quanto os liberais eram, no Brasil, diferentes tendências internas ao liberalismo. Para esclarecer a diferença básica entre os dois é oportuno observar dois exemplares icônicos: Paulino José Soares de Sousa (1807-1866), o Visconde de Uruguai, um dos mais relevantes teóricos saquaremas, e Aureliano Tavares Bastos (1839-1875), representante dos luzias.

Em seu livro *"Ensaio sobre o Direito Administrativo"* Uruguai comparou as experiências administrativas de países como a França, a Inglaterra e os Estados Unidos ao Brasil, uma nação muito jovem e que precisava inspirar-se em outros modelos e tradições para arquitetar algumas de suas instituições. Ele referiu-se aos adversários luzias como adeptos da "opinião chamada liberal" porque afirmou, em nota, para provável surpresa de alguns incautos contemporâneos, que a sua posição é que seria a verdadeiramente liberal (SOUZA, 1862, p. 15). As referências teóricas que Uruguai citava, das quais se servia sem moderação para fundamentar suas posições, vinham marcadamente do liberalismo francês, de Benjamin Constant e Alexis de Tocqueville, aos liberais doutrinários franceses como François Guizot. Na opinião de Uruguai, as instituições francesas do liberalismo doutrinário, pela sua originalidade e relativa independência de um longo processo histórico de formação, tinham maior aplicabilidade ao contexto sócio-político brasileiro. Ele desenvolveu esse raciocínio sempre comparando o pensamento constitucional e político vigente nos demais países com o debate jurídico local, procurando sustentar o que seria aplicável ao contexto brasileiro e o que não seria.

Algumas instituições claramente estabelecidas pela lei fundamental brasileira – como o Senado vitalício, o Conselho de Estado, o Poder Moderador e a centralização política, com a possibilidade de ação do monarca sobre as províncias a partir dos presidentes de província nomeados pelo poder central – eram necessárias ao estado social brasileiro, na visão de Uruguai e dos saquaremas.

Para Uruguai, as reformas descentralizadoras feitas pelo Ato Adicional de 1834 haviam colocado o Poder Legislativo central exageradamente refém de decisões das Assembleias Provinciais, emperrando o processo político, tornando necessária a Lei Interpretativa do Ato Adicional, formalizada em 1841 pelos saquaremas. Ele julgava também que as províncias, desejando mais poder, haviam reduzido a força dos municípios. Além disso, o ponto mais importante era que as eleições do Império seriam afetadas pela falta de desenvolvimento do *self-government* entre nós, sobretudo em virtude da escassa comunicação entre as regiões, da falta de instrução dos brasileiros, da enorme decantação entre as concentrações demográficas e do domínio que as parcialidades políticas locais exerciam sobre a máquina política, sufocando oposições.

Os saquaremas acreditavam ser preciso adequar os princípios, notoriamente os princípios liberais, às circunstâncias sociais, históricas, culturais e geográficas do Brasil. Isso, a seu ver, demandava uma centralização política capaz de evitar o poder das oligarquias locais, garantindo a circulação dos partidos no poder e protegendo as liberdades dos opositores. Para Uruguai, naquele momento da História, a liberdade dos indivíduos cidadãos – com que, como liberal, ele estava preocupado – estava mais ameaçada pelo mandonismo local que pelo governo central, e por isso este último deveria concentrar maior abrangência e poder.

Ao contrário, os luzias, como Tavares Bastos, estavam mais diretamente influenciados pela democracia americana e pela monarquia inglesa. Geralmente defendiam a extinção do Conselho de Estado e do Senado vitalício e a necessidade da referenda ministerial ao exercício do Poder Moderador (alguns caminharam para posições republicanas, mas o partido era, em si, monárquico). Sua principal bandeira, porém, era combater a centralização e defender a pureza de aplicação do Ato Adicional de 1834, considerado por eles um dos edifícios legais mais relevantes e admiráveis da história brasileira.

Para Tavares Bastos, a centralização seria uma prática política retrógrada. A obra da geração que combateu D. Pedro I, para ele, teria que ter sido completada com a confederação das províncias, a supressão do Conselho de Estado e a fusão das atribuições do Poder Moderador e do Poder Executivo, tornando a monarquia uma instituição inteiramente inofensiva. Os saquaremas como Uruguai eram, a seu ver, homens sem fé nos destinos da democracia e na missão providencial da América. Desde o começo de seu livro mais importante, "*A Província*", Tavares enalteceu os países anglo-saxônicos como modelos em que o Brasil poderia perfeitamente inspirar-se e conclamou seu partido a combater a política excessiva da ordem e da centralização para defender a liberdade.

A concepção de Tavares Bastos advogava a existência de um progresso da humanidade em direção ao maior exercício das liberdades, bem como postulava que a centralização, política ou administrativa, representaria um entrave nefasto a esse progresso. Os EUA constituíam, em sua opinião, um exemplo notável de uma tendência, que se manifestava no mundo inteiro, em direção à descentralização, que também avançaria na França, onde estaria mais atrasada. A Lei Interpretativa do Ato Adicional teria sido um retrocesso do Brasil, um protesto de uma mentalidade arcaica contra os avanços liberais conquistados na própria América. Para ele, as deficiências das províncias em matéria de transportes e correios, por exemplo, adviriam da sufocação empreendida sobre elas pelo Estado central. Ao contrário do que diziam os saquaremas, a seu ver era a centralização de poder que manipulava as eleições, impedindo que houvesse vida democrática real nas províncias e municípios. Ao argumento saquarema de que o povo estava deseducado para a vida democrática, ele opunha o argumento de que esse povo permaneceria deseducado sob a égide de um sistema por ele considerado opressor.

A Federação verdadeira, a exemplo dos Estados Unidos, libertaria os espíritos e mobilizaria as disposições no Brasil. Na opinião de Tavares, baseado no que fizeram os americanos, todas as províncias brasileiras, devendo ser muito mais livres do que o eram, precisariam adotar a ampla liberdade religiosa, a liberdade de imprensa, o direito de reunião e o respeito sagrado à propriedade privada. A Federação real pressuporia que os elementos constitutivos do país seriam regiões com poderes políticos autônomos e até Constituições próprias, sem por isso desfazer-se a união entre eles. Para ele, os problemas observados em consequência das franquias descentralizadoras concedidas às províncias brasileiras foram derivados da falta de experiência com o sistema representativo, cabendo aos saquaremas como Uruguai a responsabilidade por abdicarem da evolução democrática e liberal por preconceito e afobação.

Os saquaremas entendiam que os partidos locais tiranizavam as polícias e a justiça, de forma que esses dispositivos deveriam permanecer sob controle central. Repercutiam tardiamente, em certa medida, a leitura de José Bonifácio, que entendia que a América portuguesa poderia correr o risco de fracionar-se em pequenas Repúblicas despóticas se o Império e o imperador não conservassem certo nível de centralização. Os luzias, ao contrário, entendiam que o poder central era tirânico e as províncias deveriam ser fortalecidas.

Durante a maior parte do Segundo Reinado, essas correntes de opinião eram as protagonistas da disputa política, com suas diferentes alas internas, bem como com as motivações políticas provinciais e municipais nem sempre repercutindo os grandes debates nacionais. O regime aristocrático, o voto censitário e a prática da escravidão funcionavam simultaneamente a um esforço pelo enraizamento de instituições representativas inteiramente baseadas na tradição liberal do século 19. Existiam correntes tradicionalistas antiliberais, mas elas eram extremamente minoritárias.

Nas últimas décadas do Império, saquaremas e luzias foram afetados por um movimento suprapartidário chamado abolicionismo, que defendia a abolição urgente da escravatura, sem pagamento de indenização aos proprietários. Entre os abolicionistas, destacava-se a figura de um luzia que se tornou referência para os liberais brasileiros, Joaquim Nabuco (1849-1910). Politicamente, Nabuco definia-se como um "liberal inglês". "Quando entro para a Câmara" disse ele,

> estou inteiramente sob a influência do liberalismo inglês, como se limitasse às ordens de Gladstone; esse é em substância o resultado de minha educação política: sou um liberal inglês – com afinidades radicais, mas com aderências *whigs* – no Parlamento brasileiro; esse modo de definir-me será exato até o fim, porque o liberalismo inglês, gladstoniano, macaulayiano, perdurará sempre, será a vassalagem irresgatável do meu temperamento ou sensibilidade política (NABUCO, 1998, p. 177)

Libertar os escravos e tornar todos os habitantes do Brasil efetivamente seus cidadãos, tornou-se a causa da vida de Joaquim Nabuco, tendo ido ao Vaticano encontrar-se com o papa Pio IX (1792-1878) para pedir um manifesto contra a escravidão. O abolicionismo era, para ele, uma força social acima dos partidos correntes, que previa uma vasta obra a ser feita para adiante da própria oficialização de um Brasil sem escravos.

O entendimento central expresso por Nabuco era o de que a escravidão era mais do que um fato isolado no Brasil; era elemento essencial de sua formação como sociedade, a força motriz dos seus atrasos e das suas infâmias. Justamente porque no Brasil a escravidão não promoveu, como nos Estados Unidos, uma divisão política entre Norte e Sul – desmoronando em uma violentíssima Guerra Civil – e uma tensão racial tão profunda que cingisse quase completamente o povo em metades apartadas, envolvendo, ao contrário, uma dose muito maior de mistura e assimilação, é que ela se teria enclausurado na alma do país com uma naturalidade muito mais longeva.

As reformas que combateram a escravidão foram feitas através de legislações graduais, desde a proibição do tráfico até a extinção absoluta desse regime laboral. A maioria dessas reformas foi feita durante governos saquaremas, inclusive a última, a Lei Áurea, responsável por extinguir a escravidão, assinada em 13 de maio de 1888 durante o gabinete ministerial de João Alfredo (1835-1919), adversário político de Nabuco, mas que recebeu seu apoio nessa causa.

Entre os liberais monarquistas do final do Império também merece destaque a figura de André Rebouças (1838-1898), engenheiro e inventor que foi influenciado por suas leituras de Adam Smith e Jean Baptiste Say. De um ponto de vista prático, Irineu Evangelista de Sousa (1813- -1889), o Visconde de Mauá, foi pioneiro em diversos empreendimentos no Brasil, entusiasta do capitalismo e da Revolução Industrial.

5.5. O LIBERALISMO REPUBLICANO E OS CICLOS AUTORITÁRIOS

Uma conjunção de fatores, incluindo o crescimento da filosofia positivista de Auguste Comte (1798-1857) e o desenvolvimento de uma insatisfação nos meios militares, que passaram a envolver-se diretamente na política, levou a um golpe militar em 15 de novembro de 1889, depondo a monarquia, exilando a Família Imperial e proclamando a República como forma de governo.

Diferentes correntes de opinião formavam a elite republicana que deu início a esse período. Os positivistas, tanto ortodoxos quanto heterodoxos, estavam entre elas. Paradoxalmente, no Brasil, apesar do espírito antimilitarista dessa doutrina, o positivismo ocupou papel de destaque na mentalidade das Forças Armadas. Ao mesmo tempo, a intromissão dos militares na política levou ao desenvolvimento de correntes autoritárias como o chamado "jacobinismo" florianista, composto por entusiastas do Presidente Floriano Peixoto (1839-1895). Os liberais republicanos, muitos deles organizados em torno do minoritário Partido Republicano desde 1870, formavam uma terceira corrente. A despeito de os dois primeiros governos republicanos terem sido governos militares e autoritários, constituindo o período que ficou conhecido como "República da Espada", os liberais conquistaram influência, inclusive atraindo parte da elite dos partidos monárquicos tradicionais para constituir a nova classe política, a exemplo de Afonso Pena (1847-1909) e Rodrigues Alves (1848-1919), que chegaram a ser presidentes da República.

Essa influência foi suficiente para que a Constituição de 1891, a primeira Constituição republicana, não consagrasse a ditadura ou o positivismo explicitamente. Eliminando os títulos de nobreza e estabelecendo a separação oficial entre a Igreja e o Estado, a República transformou as províncias em "estados" de uma Federação, ao menos nominalmente; entretanto, na prática, muitos desses estados, sem uma tradição de grande autonomia, permitiram gradualmente que suas atribuições fossem repassadas ao poder central (SALDANHA, 1978, p. 109), bem como todo o sistema somente funcionou graças a um pacto que reforçava a posição do presidente da República, pacto este formalizado pelas políticas do segundo presidente civil, Manuel Ferraz de Campos Sales (1841-1913).

Republicano histórico, Campos Sales era um liberal oligárquico, defensor do presidencialismo, mas também havia sido filosoficamente influenciado pelo positivismo, tal como diversos liberais de sua época. Como visto anteriormente, desde Silvestre Pinheiro-Ferreira, os liberais brasileiros da monarquia sustentaram o sistema representativo parlamentar, que, no Império, com base na obra desse teórico português, serviria à representação dos interesses, corporificados em partidos políticos (ainda que não exatamente iguais aos partidos modernos). Admitindo-se, como queriam os positivistas, que a política está completamente subordinada, como todos os demais aspectos complexos da vida social, a uma base científica que pode ser positiva e minuciosamente conhecida, as correntes de opinião e o enfrentamento político-partidário típico das democracias liberais se tornariam aborrecidas fantasias da infância metafísica humana, comportamentos arcaicos e desordenados que precisam ser substituídos pelo "saber positivo". Essa é a razão por que o impacto positivista enfraqueceu o liberalismo republicano.

Assumindo para pacificar o sistema político depois da República da Espada e o turbulento governo civil de transição de Prudente de Moraes (1841-1902), Sales queria implementar medidas financeiras impopulares para sanear o quadro orçamentário brasileiro. Para tanto, a saída foi um acordo entre a presidência e as oligarquias estaduais, garantindo a uma a posição das outras e vice-versa, com o apoio das oligarquias ao presidente através das representações dos estados no Parlamento. Para Campos Sales, a política e a representação ficariam em segundo plano em relação à administração e a seus propósitos técnicos. Ao mesmo tempo, foram institucionalizadas medidas arbitrárias de contenção dos opositores, como a Comissão Verificadora dos poderes, que simplesmente controlava a posse, no Parlamento, de parlamentares oposicionistas, independentemente do resultado das eleições.

Esse período que sucedeu à República da Espada, chamado de República Oligárquica, foi marcado por constantes decretações de estados de sítio, fraudes eleitorais e intervenções armadas em estados politicamente mais fracos (PAIM, 2018, p. 157). Não havia diversificação partidária, sendo o regime basicamente de partido único, meramente regionalizado. Havia um Partido Republicano em cada estado, sem que isso implicasse uma clara diferenciação programática das correntes de opinião. Se politicamente o liberalismo de Campos Sales apresentava influências positivistas e a política por ele costurada não favorecia verdadeiramente o sistema representativo, economicamente ele contava com o ministro da Fazenda Joaquim Murtinho (1848-1911), que adotou uma política de contenção da emissão de moeda e renegociação da dívida externa para solucionar a desastrosa situação econômica. Murtinho era influenciado pelo pensamento econômico liberal, acreditando que a intervenção estatal causaria mais prejuízos que benefícios. O presidente seguinte, Rodrigues Alves, realizou diversas obras, principalmente na capital da época, que ainda era o Rio de Janeiro, e manteve-se fiel à disposição de resistir à proteção estatal ao preço do café. Os governos posteriores, de maneira geral, adotaram esta última política, definida no encontro conhecido como Convênio de Taubaté, representando, na prática, mais um episódio do patrimonialismo brasileiro.

Apesar de ter apoiado o golpe republicano e ter tido uma atuação bastante questionada como Ministro da Fazenda no governo Deodoro da Fonseca (1827-1892) – por adotar uma política de incremento da emissão de moeda – se o liberalismo for considerado como um movimento político, Rui Barbosa (1849-1923) é provavelmente o liberal mais relevante da República Oligárquica. Inspirando boa parte das lideranças liberais brasileiras do século 20, Rui Barbosa tornou-se um adversário recorrente do regime estabelecido, enfrentando, ao mesmo tempo, os artifícios oligárquicos dos grupos que estavam no poder e o pensamento militarista de outros grupos de oposição. Rui Barbosa é considerado um autêntico polímata, exercendo funções como as de jornalista, diplomata, tradutor e orador. Por sua atuação na Conferência de Haia ficou conhecido como "Águia de Haia". Formado no Império como um político luzia, Rui Barbosa era admirador do liberalismo anglo-saxônico e acreditava que transformações formais e legais, sobretudo na área do Direito, poderiam proporcionar as mudanças de que o Brasil necessitava. Tornou-se ativo crítico dos estados de sítio e dos instrumentos autoritários de que as autoridades faziam uso no Brasil, defendendo o legalismo e a autonomia do Poder Judiciário, bem como a realização de uma ampla reforma eleitoral, que incluiria a adoção do voto secreto, inexistente na República Oligárquica. Em sua segunda disputa eleitoral, em 1919, Rui Barbosa já não se restringia a discutir questões institucionais e formais, abordando bandeiras da chamada "questão social", tais como a regulamentação do trabalho de menores e a proteção contra acidentes de trabalho (PAIM, 2018, p. 184).

Joaquim Francisco de Assis Brasil (1857-1938), além de republicano histórico, foi outro liberal destacado do período. No extremo sul do país, assumiu a liderança do combate à ditadura que se implantou em seu estado, o Rio Grande do Sul, sob a orientação política do Castilhismo, uma adaptação local do pensamento positivista alicerçada na figura de Júlio de Castilhos (1860-1903), que se tornou a formulação doutrinária do autoritarismo mais bem-sucedida da ainda jovem República. Pode-se acrescentar ainda o nome do jurista João Arruda (1861-1943), que, após a morte de Rui Barbosa, tornou-se um importante teórico liberal em São Paulo na década de 1920. Coube a João Arruda, no frontispício de seu livro *"Do Regime Democrático"*, ressaltar a divisa de Patrick Henry (1736-1799): "o preço da liberdade é a eterna vigilância", que se tornaria lema dos liberais brasileiros do pós-Segunda Guerra.

No final da década de 1920, o autoritarismo, que era praticado pelas oligarquias republicanas, mas conjugado a um formalismo liberal, adquiriu diferentes proporções doutrinárias, fortalecendo novas correntes políticas abertamente antiliberais, ainda que rivais entre si, como no resto do mundo. Não obstante isso, a palavra "liberal" continuava gozando de certa popularidade, posto que uma articulação de forças políticas descontentes com o sistema vigente compôs uma chapa eleitoral para desafiar o candidato da oligarquia dominante e deu-lhe o nome de "Aliança Liberal". Infelizmente, para os liberais, o líder escolhido para representar a Aliança Liberal foi Getúlio Vargas, do Rio Grande do Sul, cuja formação era autoritária, marcada pelo Castilhismo. A Revolução de 1930 derrubou a República Oligárquica.

Em vez de convocar uma nova Constituinte, Vargas tornou-se presidente provisório e passou a governar discricionariamente.

Em 1932, correntes liberais que apoiaram a Revolução de 1930 e correntes egressas da oligarquia anterior uniram-se em São Paulo para reivindicar uma Assembleia Constituinte, provocando o que ficou conhecido como Revolução Constitucionalista. Vargas reprimiu a revolta daquele estado, mas uma Constituinte foi feita em 1934, mantendo-o, por eleição indireta, no poder. Novas eleições estavam previstas para 1937, com as correntes liberais aglutinadas em torno da candidatura de Armando de Salles Oliveira (1887-1945), ligado ao setor empresarial e governador de São Paulo. Ele havia integrado os círculos liberais apoiadores da revolução que levou Vargas ao poder, mas não admitia o autoritarismo. Para Salles, os comunistas e ditadores de todas as espécies precisavam ser combatidos em nome da democracia liberal. Sua candidatura seria apoiada pelo partido chamado União Democrática Brasileira, fundado para dar suporte à sua eleição. Infelizmente para seus apoiadores, os planos foram frustrados por um golpe de Vargas que dissolveu o Parlamento, cancelou as eleições e estabeleceu, em 1937, a ditadura nacionalista e estatizante denominada Estado Novo.

O Estado Novo é o período de maior eclipse da tradição liberal brasileira. A ditadura de Vargas reforçou todos os aspectos patrimonialistas e cientificistas da cultura política nacional, fomentando uma industrialização desenvolvida pelo Estado. Os liberais foram desarticulados, perseguidos e exilados, e o ditador assumiu amplos poderes sobre o país, construindo uma máquina política que sobreviveria ao seu regime e manteria seus aliados futuramente como ocupantes do poder. Na reta final da ditadura, em 1943, parte da elite do estado de Minas Gerais assinou o célebre *Manifesto dos Mineiros*, uma reivindicação politicamente liberal do fim da ditadura, alegando que o Brasil não necessitaria do comando autoritário de Vargas para se desenvolver.

Também por volta desse período começou a destacar-se a figura de Eugênio Gudin (1886-1986). Gudin foi o mais icônico apoiador do liberalismo econômico na metade do século 20, exercendo grande influência sobre a geração seguinte de economistas brasileiros. Como Ministro da Fazenda, durante o breve governo de Café Filho (1899-1970), Gudin advogou a responsabilidade fiscal e o equilíbrio monetário. Ele foi também membro da Sociedade Mont Pélerin e representou o

Brasil na Conferência de Bretton Woods. Era um dos pouquíssimos brasileiros admiradores da Escola Austríaca de Economia em sua época e frequentemente citava os trabalhos de representantes eminentes dessa escola, como Ludwig von Mises e Friedrich Hayek, ainda que não rejeitasse influências do pensamento de John Maynard Keynes. Tornaram-se famosos os debates econômicos travados entre ele e Roberto Simonsen (1889-1948), defensor do desenvolvimento por via estatal. Simonsen foi o vencedor prático do debate, com a ditadura Vargas e a maioria dos governos subsequentes adotando, em alguma medida, suas formulações.

Quando se encerrou a ditadura Vargas, a Constituição de 1946 passou a reger um sistema político multipartidário. Entretanto havia três partidos realmente relevantes em termos nacionais. Dois deles, o PTB e o PSD, eram egressos da máquina política de Getúlio Vargas, mantendo o populismo varguista como a corrente política mais poderosa daquele período. De início, em 1945, uma ampla parcela da oposição a Vargas uniu-se no terceiro partido, a União Democrática Nacional (UDN), que incluía até uma corrente socialista. No entanto, ao longo do tempo, a UDN tornou-se principalmente o abrigo de correntes liberais e conservadoras de oposição ao varguismo. Alguns partidos menores, como o partido parlamentarista Partido Libertador, que tinha em um médico do Rio Grande do Sul e apoiador de Assis Brasil, Raul Pilla (1892-1973), sua mais notável referência, bem como a corrente da democracia cristã, tinham o hábito de apoiar a UDN.

Apesar da saída dos socialistas, a UDN nunca foi um partido absolutamente unívoco do ponto de vista ideológico, com alas internas e distinções de acordo com a região do país. Uma parcela da UDN, conhecida como "bossa nova", apresentava maior aproximação com um pensamento economicamente interventor. Outra ala, conhecida como "chapa branca", distinguia-se por fazer alianças pragmáticas com as correntes varguistas. Seu liberalismo econômico exibia eventuais limitações. Por exemplo, paradoxalmente ou não, o monopólio estatal do petróleo no Brasil foi oficialmente proposto por um udenista, Olavo Bilac Pinto (1908-1985). A ala mais contundente na oposição ao comunismo e ao varguismo era conhecida como "banda de música".

Influenciados pelo tenentismo – em síntese, um movimento político do final da República Oligárquica em que militares de baixas patentes organizavam rebeliões difusas contra o sistema político estabelecido –, bem como acreditando que soluções de força eram necessárias para desmontar o edifício político-econômico construído por Getúlio Vargas e levado adiante por seus herdeiros políticos, os liberais udenistas foram capazes de, eventualmente, apoiar iniciativas militares consideradas golpistas contra seus adversários. Aliás, os primeiros candidatos presidenciais apoiados pela UDN, ambos derrotados, foram militares egressos do tenentismo: o brigadeiro Eduardo Gomes (1896-1981) e Juarez Távora (1898-1975), este último notabilizando-se pela defesa do municipalismo.

Entre os líderes civis da UDN podem-se citar nomes como Octavio Mangabeira (1886-1960), Afonso Arinos (1905-1990), o governador de Minas Gerais Milton Campos (1900-1972), Pedro Aleixo (1901-1975) e Aliomar Baleeiro (1905-1978). No entanto, o líder mais carismático e popular da história da UDN, considerado personagem central na história do século 20 brasileiro, foi Carlos Frederico Werneck de Lacerda (1914-1977).

Sendo ele próprio comunista na juventude, Lacerda converteu-se ao Catolicismo por influência de intelectuais como Alceu de Amoroso Lima (1893-1983) e Gustavo Corção (1896-1978). Mais tarde, outros pensadores da religião, especialmente o americano Fulton Sheen (1895-1979), teriam influência sobre ele, inclusive sobre seu uso dos meios de comunicação para dirigir seus discursos demolidores contra tudo que considerasse uma ameaça à civilização e à prosperidade da pátria. Carlos Lacerda assumiu uma postura visceralmente anticomunista, afirmando que na doutrina que esposou na juventude havia elementos incompatíveis com a civilização ocidental, como o mergulho na estatização das estruturas e sua subordinação irrestrita ao Estado como protagonista e dirigente de toda a sociedade. Passou a enxergar na doutrina comunista o perigo de uma ditadura pior do que as outras, muito mais organizada e, em consequência, muito mais difícil de derrubar. Essa posição fazia com que, em matéria de relações internacionais, a maior preocupação de Lacerda fosse estar sempre avesso aos interesses da União Soviética, sustentando abertamente uma aliança democrática e ocidental com os Estados Unidos contra o totalitarismo soviético. Em sua fase madura, entre os anos de 1950 e 1960, suas maiores inspirações teóricas e políticas residiam no liberalismo antioligárquico de Rui Barbosa, no conservadorismo simpático à ideia de uma "civilização cristã" livre, ao estilo do premiê britânico Winston Churchill (1874-1965), e, em especial, no conjunto partidário e ideológico que reergueu a Alemanha após a Segunda Guerra Mundial: a democracia cristã do chanceler Konrad Adenauer (1876-1967) e o ordoliberalismo alemão (ou "economia social de mercado") de autores como William Röepke (1899-1966) e Ludwig Ehrard (1897-1977). Isso significava, fundamentalmente, que Lacerda pregava a intenção de fazer da UDN um partido orgânico, capaz de mobilizar a opinião pública para construir um regime liberal-democrático autêntico e defender a herança da civilização judaico-cristã ocidental, e que, em linhas gerais, ele difundia as teses da descentralização do poder, do municipalismo, da tolerância ao capital estrangeiro como parceiro do desenvolvimento nacional, da livre iniciativa e da abolição do imposto sindical.

As tensões entre a UDN de Carlos Lacerda e os partidos varguistas, com a participação do movimento comunista e a atmosfera polarizadora da Guerra Fria, conduziram a um atrito definitivo em 1964, quando o Presidente João Goulart (1919-1976), entre outras iniciativas que incrementaram o estresse, aliou-se à extrema esquerda e rompeu a hierarquia das Forças Armadas, anistiando militares amotinados. A solução encontrada pelas forças políticas de oposição para equacionar a situação foi um golpe, chamado por seus defensores de "contragolpe" ou "contrarrevolução", que depôs o presidente e contou com o apoio da maioria dos liberais brasileiros, particularmente da UDN.

A intenção inicial era que um governo, capitaneado pelo presidente militar Humberto de Alencar Castelo Branco (1897-1967), eleito indiretamente, conduzisse eleições para um novo presidente civil. Nessas eleições, o nome de Carlos Lacerda despontava para a presidência como um dos favoritos, o que permitiria, pela primeira vez, que a UDN governasse diretamente o Brasil – a única vez em que o partido havia vencido eleições nacionais foi ao apoiar Jânio Quadros (1917-1992), que não era filiado à UDN e renunciou ainda em seu primeiro ano de governo.

O governo Castelo Branco concedeu espaço a economistas de visão mais liberal e simpática ao capital estrangeiro, muitos deles influenciados por Eugênio Gudin, conseguindo reduzir significativamente a inflação. Algumas figuras com visão mais liberal chegaram a ter relevância ao longo do período militar, como Octavio Gouveia de Bulhões (1906-1990), Mário Henrique Simonsen (1935-1997) e Helio Beltrão (1916-1997), porém, em termos gerais, após o governo Castelo, o regime sofreu um endurecimento político e uma estatização progressiva da conduta econômica. Com o núcleo militar, apoiado por círculos civis, alegando a necessidade de purgar o país do comunismo e da corrupção, o Brasil, em vez de convocar novas eleições diretas, adotou um regime autoritário que se converteu, sobretudo a partir de 1968, em uma ditadura – ainda que, ao contrário da ditadura Vargas, houvesse sucessão presidencial regular, sempre entre militares, o que fez com que essa ditadura não fosse personalista. O liberalismo político novamente perdeu espaço e Carlos Lacerda perdeu seus direitos políticos.

O fim do regime militar e o início da Nova República, organizada em torno da Constituição de 1988, fez com que se organizassem tentativas de fundar partidos nominalmente liberais. Um exemplo, fundado em 1985, seria o Partido da Frente Liberal (PFL) do senador Jorge Bornhausen (1937-), que havia sido membro da UDN. Outro seria o Partido Liberal (PL), fundado por Álvaro Valle (1934-2000), que concorreu à presidência em 1989 e 1994, respectivamente com os empresários Guilherme Afif Domingos (1943-) e Flávio Rocha (1958-). Porém o primeiro partido mudou de nome, rejeitando a designação de "liberal" e adotando a de "Democratas", similar ao partido Democrata dos Estados Unidos. O segundo desapareceu, fundindo-se ao PRONA, partido nacionalista e antiliberal comandado pelo médico Enéas Carneiro (1938-2007). Tais fatos atestam a fragilidade e a tibieza do liberalismo nas primeiras décadas da Nova República.

A candidatura presidencial mais bem sucedida com uma plataforma liberal foi a de Fernando Collor de Mello, que conquistou a presidência nas primeiras eleições diretas do Brasil desde 1960, em 1989. No governo, Collor iniciou reformas modernizantes, mas foi envolvido em escândalos de corrupção e adotou medidas econômicas intervencionistas, como o confisco de poupanças, que tiveram profundo efeito traumático, vindo a sofrer um processo de *impeachment*, o primeiro concretizado na história brasileira. A corrente política predominante na Nova República foi mesmo a social-democracia. Nos governos do social-democrata Fernando Henrique Cardoso (1931-), entretanto, diante da necessidade de equilibrar as contas e enfrentar a hiperinflação, houve apoio de liberais ao presidente para a realização de importantes reformas econômicas. O Plano Real, que logrou êxito em estabilizar a moeda, iniciado no governo anterior, do Presidente Itamar Franco (1930-2011), foi conduzido com a participação de economistas de orientação bastante liberal, como Gustavo Franco (1956-).

O mais representativo líder liberal desse período, entretanto, que combateu o que considerava aspectos estatizantes e intervencionistas da Constituição de 1988 e era também discípulo de Eugênio Gudin, foi certamente Roberto Campos (1917-2001). Tornando-se político depois da atuação dos economistas da Escola de Chicago no Chile, governado pela ditadura militar de Augusto Pinochet (1915-2006), e em época de plena ascensão, no plano internacional, de lideranças como Ronald Reagan (1911-2004) e Margaret Thatcher (1925-2013), bem como de um crescente consenso internacional quanto à necessidade de reformas liberais, foi um caso muito peculiar de parlamentar brasileiro que endossou abertamente as teses de economistas como os austríacos Ludwig von Mises e Friedrich Hayek ou americanos como Milton Friedman. Chamado pelos críticos, tal como os autores que citava e elogiava, de "neoliberal", "entreguista" ou, em adaptação anglicista pejorativa de seu nome, "Bob Fields", Roberto Campos terminou sua carreira sendo realmente um campeão de bandeiras como a austeridade monetária, a privatização das empresas estatais, a redução das regulamentações econômicas e a abertura do Brasil ao comércio exterior. Economista e diplomata, Campos teve uma vasta trajetória de serviços prestados ao Estado brasileiro como funcionário, tomando parte na elaboração de projetos técnicos, na criação de instituições e exercendo a função de ministro no governo Castelo Branco, bem como atuando como embaixador, antes de suas fases finais como senador e deputado. Jamais conseguiu tornar-se um líder popular ou criar algo próximo a um movimento de massa em seu entorno. No entanto, através de suas colunas jornalísticas, aparições televisivas e discursos na tribuna, já contando de longa data com a aversão dos socialistas, sociais--democratas, trabalhistas e todos os setores imagináveis da esquerda nacional, o político e pensador Roberto Campos conseguiu amealhar admiradores de uma faixa social mais escolarizada, acostumados a acompanhar seus trabalhos, e teve êxito em inspirar uma geração de defensores das teorias econômicas liberais. Uma das críticas mais recorrentes do icônico liberal era à tendência escapista dos líderes brasileiros, que sempre responsabilizam as potências estrangeiras ou as "forças ocultas" da elite pelos insucessos do próprio país. Essas tendências teriam prevalecido até o governo João Goulart, ao qual Campos serviu como embaixador em Washington, travando contato direto com o Presidente americano John Kennedy (1917-1963). Quer como embaixador, quer como economista, Roberto Campos estabeleceu relações com os principais líderes mundiais.

Ainda dentro do período da Nova República, no campo exclusivamente teórico, destaca-se a obra de importantes pensadores liberais. José Guilherme Merquior foi um crítico literário, cientista político, diplomata e escritor que se tornou célebre por polemizar contra o socialismo e o Marxismo. Merquior foi discípulo do intelectual francês Raymond Aron (1905-1983) e acreditava em uma agenda política que chamava de "social-liberalismo". Embora ele reconhecesse a importância de Mises e Hayek na denúncia do problema do cálculo econômico sob o sistema socialista, advogava políticas keynesianas e acreditava que elas haviam salvado o capitalismo e o liberalismo. Merquior foi um grande historiador do pensamento liberal, particularmente em sua obra *"O Liberalismo Antigo e Moderno"*. O jurista Miguel Reale (1910-2006), em sua fase madura, foi outro importante intelectual brasileiro que se considerava adepto do social-liberalismo, assim como o professor, advogado e político Marco Maciel (1940-).

Antonio Paim (1927-) é uma notável referência das ciências sociais e da historiografia do liberalismo brasileiro. Cursou os estudos superiores em Filosofia na União Soviética, quando era simpatizante do comunismo. É autor de dezenas de artigos acadêmicos e livros referenciais, além de ter prefaciado e colaborado com reedições de obras de diversos outros autores. Seu clássico *"História do Liberalismo Brasileiro"*, reeditado em 2018, é trabalho de impacto acerca do tema. Entre seus pupilos, destaca-se Ricardo Velez Rodríguez (1943-), que teve breve passagem pelo Ministério da Educação e desenvolveu profundos estudos sobre o pensamento de Alexis de Tocqueville, a influência dos liberais doutrinários franceses sobre a elite brasileira, o problema do patrimonialismo e a natureza do Castilhismo. Paim relaciona ainda Alberto Oliva (1950-), Francisco de Araújo Santos (1935-),

Roque Spencer Maciel de Barros (1927-1999), João de Scantimburgo (1915-2013), Gilberto de Mello Kujawski (1929-) e Celso Lafer (1941-) como intelectuais brasileiros que se debruçaram sobre as diferentes vertentes do liberalismo.

Ainda no campo dos intelectuais relevantes nas últimas décadas, é forçoso ressaltar dois nomes. Um deles, o do embaixador José Osvaldo de Meira Penna (1917-2017). Ecoando a crítica de Edmund Burke, Meira Penna defendia o velho *whiggismo* britânico, herdeiro das liberdades e da desconcentração de poderes possibilitadas pela Magna Carta de 1215, contrapondo seu legado ao da mentalidade revolucionária francesa e do jacobinismo, que teria fornecido as raízes do socialismo e do nacionalismo exacerbado. Influenciados por esse modelo, os países da América Latina viveriam sempre à sombra do terror jacobino "de esquerda" ou do autoritarismo bonapartista "de direita". Em vez de institucionalizar a liberdade, como fizeram os liberais de linha britânica ou escocesa e os "pais da Pátria" americana de 1776, que teriam conciliado a ordem e a liberdade numa estrutura legal, esses países preferiram o modelo romântico de Rousseau, que os condenaria a uma tensão entre o despotismo dos caudilhos e o democratismo dos agitadores. Além de Meira Penna, também pode-se destacar Ubiratan Borges de Macedo (1937-2007), que definiu o liberalismo como um fenômeno histórico em vez de uma doutrina abstrata e examinou pioneiramente o liberalismo monárquico, bem como prestou significativa atenção à abordagem liberal acerca do problema do conceito de "justiça social", utilizando para tanto as considerações de Hayek.

Em 2002, com a eleição de Luiz Inácio Lula da Silva (1945-) e a ascensão do Partido dos Trabalhadores (PT) ao poder, o liberalismo experimentou novo eclipse, com as correntes de esquerda atingindo grande esplendor. Por outro lado, nos últimos anos, somando-se o trabalho de diversas organizações aos escândalos de corrupção e os problemas econômicos provocados pelos governos do PT, diferentes vertentes do liberalismo conquistaram ampla popularidade, sobretudo entre jovens, empregando os meios virtuais para divulgar suas ideias. O fenômeno, que englobou também o resgate de um pensamento conservador, ficou conhecido popularmente como "Nova Direita", por demarcar o reaparecimento dessas ideias de uma forma mais ostensiva e numerosa, após um período de relativo ostracismo.

Na esteira desse fenômeno, ao menos um partido identificado com bandeiras liberais, o Partido Novo, foi fundado em 2011, concorrendo à presidência em 2018 com o engenheiro João Amoêdo (1962-), que conquistou 2,5% dos votos válidos. Na mesma eleição, entretanto, dois fatos são dignos de nota: o Partido Novo venceu a eleição no estado de Minas Gerais, levando ao poder o governador Romeu Zema (1964-), bem como parlamentares que declaram abertamente sua adesão ao liberalismo foram eleitos através de outras legendas; o segundo fato é que um grupo de economistas liberais, capitaneados por Paulo Guedes (1949-), egresso da Escola de Chicago de Milton Friedman (1912-2006), assumiu o Ministério da Economia no governo presidencial de Jair Bolsonaro (1955-), eleito, em parte, em consequência de uma vasta onda de rejeição à esquerda e ao PT.

5.6. O LIBERALISMO BRASILEIRO NA ATUALIDADE

Desde a década de 1980, o liberalismo brasileiro, embora enfrentando, conforme assinalado, uma fase de desprestígio no período da Nova República em que a política partidária tornou-se, nacionalmente, uma disputa entre os sociais-democratas do Partido da Social Democracia Brasileira, de Fernando Henrique, e o Partido do Trabalhadores, de Lula, adentrou uma etapa inédita: a da sua defesa teórica empreendida por instituições. Pela primeira vez na história do país, passaram a existir institutos, grupos de estudo e organizações estudantis com o único propósito de difundir as ideias políticas e econômicas do liberalismo, apesar da longeva tradição liberal brasileira aqui apresentada.

Já na década de 1970 existiam liberais influenciados pelas ideias da Escola Austríaca, a exemplo do empresário e engenheiro Henry Maksoud (1929-2014), que chegou a redigir um projeto de Constituição para o Brasil baseado na proposta de Friedrich Hayek de instalação do regime por ele batizado de "demarquia". Nessa época, Maksoud trouxe o próprio Hayek ao Brasil diversas vezes e divulgou ideias liberais através da televisão e de um periódico, a revista *"Visão"*, que adquiriu em 1974.

No entanto, a primeira instituição criada com essa exclusiva função de divulgar o liberalismo foi o Instituto Liberal, fundado no Rio de

Janeiro em 1983, pelo empresário de origem canadense Donald Stewart Jr, convertido ao pensamento liberal devido às suas leituras da obra de Hayek. Desde sua origem, o Instituto Liberal funcionou como um núcleo capaz de reunir autores de tendências distintas dentro do liberalismo, tendo por primeiro diretor acadêmico Og Francisco Leme (1922-2004) e como um de seus principais apoiadores o empresário Salim Mattar (1948-). Para Paim, coube à instituição criada por Stewart, "pelo menos em parte, a intensa mobilização que o empresariado brasileiro passou a desenvolver nos últimos anos em prol da abertura econômica, da privatização e da extinção dos monopólios estatais" (PAIM, 2018, p. 347). Ainda segundo aquele autor, o esforço de Stewart foi decisivo no ciclo de mobilizações para tentar efetivar "a substituição do tradicional patrimonialismo brasileiro por meio do qual o Estado domina a economia" (PAIM, 2018, p. 347).

O Instituto Liberal, em primeiro lugar, tinha o propósito de traduzir livros, porque Donald relatava que estava incomodado com a carência de indicações de literatura liberal e libertária nos materiais didáticos das universidades. A Escola Austríaca, sem dúvida, foi a mais beneficiada com esse esforço, até então conhecida por apenas alguns círculos, como o dos discípulos de Eugênio Gudin, porém o Instituto Liberal também retomou os vínculos do liberalismo brasileiro com as principais escolas econômicas liberais no exterior, como a escola de Chicago e a teoria da Escolha Pública, de James Buchanan Jr. (1919-2013). O propósito de Donald era similar ao de Hayek ao criar a Sociedade Mont Pélerin. Além de reunir e facilitar a troca de ideias, ele precisava trazer algumas das ideias a um grande público que as desconhecia, bem como a lideranças de diversos setores da sociedade, do setor acadêmico ao setor político. Assim como Hayek, Stewart acreditava que a transformação da sociedade para rumos mais liberais precisaria começar pela reforma de suas ideias predominantes e, portanto, era esse o campo que precisava ser atacado inicialmente pelos ativistas do liberalismo.

Com seu incentivo, surgiram Institutos Liberais em diferentes estados, reunidos em 1988 para estabelecer uma Declaração de Princípios, que refletia as balizas que todos deveriam defender para que se reconhecessem como aliados, cada um articulando-se com os projetos e iniciativas que lhes parecessem mais adequados. A maioria desses institutos posteriormente desapareceu, mas o Instituto Liberal original permanece em atividade. Em 2013, o economista Rodrigo Constantino, escritor, polemista e comentarista político, assumiu a presidência do Conselho da instituição, levando o Instituto Liberal a investir no acompanhamento cotidiano dos acontecimentos políticos a partir de análises de viés liberal. Nesse período, o Instituto Liberal teve diferentes presidentes da Diretoria Executiva, tendo sido o primeiro o advogado e professor Bernardo Santoro, que foi um importante articulador de iniciativas liberais e libertárias no começo do século.

Apesar do desaparecimento dos demais institutos liberais, iniciativas similares foram desenvolvidas, especialmente no século 21, quando se organizavam resistências intelectuais e políticas aos governos do PT. O Instituto Millenium, fundado em 2005, também reúne intelectuais para promover valores e princípios voltados a uma sociedade livre, como a liberdade individual, o direito de propriedade, a economia de mercado, a democracia representativa, o Estado de Direito e os limites institucionais à ação do governo.

O Instituto Mises Brasil, fundado em 2007 e presidido por Helio Beltrão (1967-), filho do liberal homônimo, tornou-se uma instituição de grande renome, organizando um curso de pós-graduação em Escola Austríaca e dedicando-se exclusivamente à divulgação dessa corrente econômica e filosófica. Diversos intelectuais ligados ao pensamento liberal frequentam ou frequentaram seus círculos. O mais experiente entre eles é o economista Ubiratan Jorge Iorio (1946-), que já integrou o Banco Central do Brasil e o Instituto Brasileiro de Economia da Fundação Getúlio Vargas, no Rio de Janeiro, além de ter sido pesquisador do Instituto Brasileiro de Mercado de Capitais. Além de Iorio, podem ser mencionados o historiador Alex Catharino (1974-) e o cientista político Bruno Garschagen (1975-). O primeiro deles é editor da LVM Editora, uma iniciativa formada por personalidades ligadas ao Instituto Mises Brasil para publicar livros voltados às ideias liberais, libertárias e conservadoras, tanto nacionais quanto internacionais. O segundo escreveu um livro que se tornou recordista em vendas: *"Pare de Acreditar no Governo: Por Que os Brasileiros Não Confiam nos Políticos e Amam o Estado"*, justamente criticando os paradoxos da cultura política patrimonialista brasileira.

Esses institutos e diversos outros movimentos e grupos de estudo estão reunidos na Rede Liberdade, que pretende conjugar esforços entre eles. Segue um exame dos principais membros da Rede ainda não mencionados.

O movimento Livres, que reúne alguns economistas ligados ao Plano Real, como Elena Landau (1958-) e Pérsio Arida (1952-), é mais identificado com tendências que vão do social-liberalismo ao libertarianismo, e tem por mote a expressão "liberal por inteiro"; os membros do Livres acreditam que outras entidades e organizações dedicadas ao liberalismo sustentam versões incompletas do pensamento liberal, que deveria ocupar-se mais de questões relativas, por exemplo, às minorias. O movimento Acorda Brasil participou das manifestações pelo *impeachment* de Dilma Rousseff e defende o Estado de Direito, o federalismo, a independência entre os poderes, a liberdade individual e o empreendedorismo, tendo por cofundador o descendente da Família Imperial brasileira, eleito deputado federal em 2018, Luiz Philippe de Orléans e Bragança (1969-). O Centro de Liberdade Econômica da Universidade Mackenzie, em São Paulo, realiza importantes conferências, inclusive com convidados internacionais, acerca do pensamento liberal, particularmente no campo econômico. O grupo ProLiber tem o objetivo de divulgar e difundir propostas liberais para os problemas brasileiros. O Clube Farroupilha, no Rio Grande do Sul; o Clube Ajuricaba, no Amazonas; o Instituto Democracia e Liberdade, em Curitiba; os Institutos Liberais de Alagoas, São Paulo, Triângulo Mineiro, Minas Gerais e Paraíba (todas instituições mais recentes e independentes do Instituto Liberal original); o Grupo de Estudos Dragão do Mar, no Ceará, um dos mais antigos e tradicionais do país; a Juventude Libertária de Sergipe; o Instituto Liberdade (antigo Instituto Liberal do Rio Grande do Sul); o Instituto Liberdade e Justiça, em Goiás; o Instituto Carl Menger, em Brasília; e o Instituto Líderes do Amanhã, no Espírito Santo, são diferentes membros da Rede Liberdade que divulgam o liberalismo em seus respectivos estados, entre congressos, publicações, conferências e esforços para formação de lideranças. Com essa última finalidade, pertencem à Rede Liberdade também as diversas filiais estaduais do Instituto de Formação de Líderes, voltado a formar lideranças no campo empresarial. No meio estudantil, atua o *Students*

For Liberty Brasil, vinculado também à organização internacional homônima.

O liberalismo gaúcho conta ainda com o Instituto Atlantos, que realiza palestras e eventos gratuitos e abertos ao público em diferentes áreas do conhecimento, em pelo menos cinco das maiores faculdades da capital gaúcha. Há ainda o Instituto de Estudos Empresariais (IEE), uma instituição fundada em 1984 que realiza, desde 1988, o Fórum da Liberdade, o maior evento liberal de todo o país, que recebe convidados nacionais e internacionais, incluindo líderes políticos que não defendem o liberalismo, como os candidatos à presidência da República em anos eleitorais. Em 2007, o Instituto recebeu o *Templeton Freedom Award Grant* como uma das mais promissoras instituições globais para defesa da liberdade. Já em 2013, foi reconhecido pela revista *Forbes* como o *think tank* que realiza o maior evento de discussão de ideias da América Latina. Foi classificado também como uma das 150 organizações que mais influenciam transformações políticas, sociais e econômicas do mundo no ranking 2013 do *Global Go to Think Tanks*, organizado pela Universidade da Pennsylvania.

Existe ainda o Instituto Liberal do Nordeste, um dos mais antigos entre os jovens institutos liberais, atualmente sem ligação com a Rede Liberdade, e outras instituições locais, como o Instituto Libercracia, em Pernambuco. Também desvinculado da Rede, o Movimento Brasil Livre (MBL) é um movimento nacional que protagonizou manifestações de rua contra o governo da ex-Presidente Dilma Rousseff (1947-), expressando publicamente uma identificação com as agendas do liberalismo e elegendo candidatos ligados à sua coordenação por diferentes partidos. Ao longo do governo Jair Bolsonaro, o MBL passou a assumir em seu ativismo uma postura de oposição ao presidente.

5.7. CONSIDERAÇÕES FINAIS

No campo acadêmico e intelectual, o liberalismo está longe de ser majoritário, mesmo na área econômica. Entretanto existem instituições organizadas e trocando experiências, bem como compartilhando iniciativas com o propósito de promover sua divulgação teórica de forma mais consistente, o que é inédito na história brasileira. O nome do economista liberal Ludwig von Mises foi visto em manifestações de rua, exibido em cartazes e panfletos.

Esse quadro soma-se a uma tradição liberal nativa que remonta aos antecedentes da fundação do Brasil como pátria independente. Essa tradição convive com desafios culturais ao seu pleno enraizamento na sociedade e na condução das instituições, fazendo com que o Brasil vivencie, de tempos em tempos, ciclos de intensificação do autoritarismo e rupturas institucionais. Contudo desde que o país surgiu em caráter oficial, em 1822, não houve nenhum período histórico em que não houvesse liberais atuantes, quer do ponto de vista político, quer do ponto de vista econômico, lutando para que as ideias fundamentais do liberalismo prosperassem perante todos os grandes obstáculos.

O eventual sucesso do liberalismo brasileiro depende, em parte, de não perder de vista os esforços e contribuições dessa tradição. Ao mesmo tempo, a percepção estrangeira acerca do liberalismo no Brasil será deficiente se não tomar conhecimento de sua relativa antiguidade, acreditando que se trataria de uma importação completamente nova de que o país jamais havia tomado conhecimento. Esta breve síntese procura contribuir para que esses dois importantes objetivos sejam alcançados.

REFERÊNCIAS

ARRUDA, João. *Do Regime Democrático*. Brasília: Imprenta,: Brasília, Câmara dos Deputados, Coordenação de Publicações, 1982.

BASTOS, Aureliano Cândido Tavares. *A Província*. Rio de Janeiro: B. L. Garnier, 1870. Disponível em https: <//www2.senado.leg.br/bdsf/handle/id/220526>. Acesso em: 04 dez. 24/06/ 2020.

BELCHIOR, Elysio de Oliveira. *Visconde de Cairu*: Vida e Obra. 2ª ed. Rio de Janeiro: Confederação Nacional do Comércio, 2000.

BERLANZA, Lucas. *Lacerda*: A Virtude da Polêmica. Campinas: LVM Editora, 2019.

CAMPOS, Roberto. *A Lanterna na Popa,*. Vol. 2 v., Rio de Janeiro: Topbooks, 1994.

CANECA, Frei Joaquim do Amor Divino. "Typhis Pernambucano". 10 jun.1824. In: *Obras Políticas e Literárias*. Recife: Tipografia Mercantil, 1875/1876.

DAMATTA, Roberto. *O que faz do Brasil, Brasil?* Rio de Janeiro:, Rocco, 1986.

FAORO, Raymundo. *Os Donos do Poder*: Formação do Patronato Político Brasileiro. Vol. 2. (10ª ed.). São Paulo: Globo/Publifolha, vol. 2., 2000.

FERREIRA, Silvestre Pinheiro. *Manual do cidadão em um governo representativo ou Princípios de direito constitucional, administrativo e das gentes*. Paris: Rey e Gravier, 1834. Disponível em: <http://www2.senado.gov.br/bdsf/handle/id/555729>. Acesso em: 24/06/202004 dez. 2020.

FRANCO, Afonso Arinos de Melo. *Rodrigues Alves*: Apogeu e Declínio do Presidencialismo., Brasília: Senado Federal, 2001. Coleção biblioteca básica brasileira. Disponível em: <http://www2.senado.leg.br/bdsf/handle/id/1053>. Acesso em: 04 dez. 2020.

FREYRE, Gilberto. *Casa Grande & Senzala*: Formação da família brasileira sob o regime da economia patriarcal. São Paulo: Círculo do Livro, 1990.

GUANDALINI JR., Walter. *O poder moderador*: ensaio sobre o debate jurídico-constitucional no século XIX. Livraria Resistência Cultural EditoraCuritiba: Editora Prismas, 2016.

HOLANDA, Sérgio Buarque de. *Raízes do Brasil*. São Paulo: Cia. Dompanhia das Letras, 2015.

INSTITUTO BRASILEIRO DE ECONOMIA. "O Brasil ainda é uma economia fechada e isso não é bom para o desenvolvimento". *Revista Conjuntura Econômica*,. Rio de Janeiro, vol. 67, nº. 11 (nov. 2013), pp. 6-9. ISSN 0010-5945. Disponível em: <http://bibliotecadigital.fgv.br/ojs/index.php/rce/article/view/21267>. Acesso em: 04 dez.23 Jun. 2020.

LISBOA, José da Silva. *Extratos das obras políticas e econômicas do grande Edmund Burke.*. Lisboa, Portugal: Nova Impressão da viúva Neves e Filhos, 1812. Disponível em: <https://www.literaturabrasileira.ufsc.br/documentos/?id=202156>. Acesso em: 04 dez. 2020.

MACEDO, Ubiratan Borges de. *Liberalismo e justiça social*. São Paulo: Ibrasa, 1995.

MANIFESTO DOS MINEIROS, 1943. Disponível em <http://www.dhnet.org.br/direitos/anthistbr/estadonovo/mineiros_1943.htm>. Acesso em: 04 dez. 2020.

MERQUIOR, José Guilherme. *O Liberalismo Antigo e Moderno*. Rio de Janeiro: É Realizações, 2014.

NABUCO, Joaquim. *Minha Formação*. Brasília: Senado Federal, Secretaria Especial de Editoração e PublicaçãoConselho Editorial, 1998. Coleção biblioteca básica brasileira. Disponível em: <https://www2.senado.leg.br/bdsf/handle/id/1019>. Acesso em: 04 dez. 2020.

PAIM, Antonio. *História do Liberalismo Brasileiro*. Campinas: LVM Editora, 2018.

PAIM, Antonio. *Personagens da política brasileira*. São Paulo: Scriptum Editorial e Comunicação, 2019.

RIZZINI, Carlos. *COSTA, José Hipólito da Costa e o. Correio Braziliense*. São Paulo: Companhia Editora Nacional, 1957.

RODRÍGUEZ, Ricardo Vélez. *Patrimonialismo e a realidade latino-americana*. Rio de Janeiro:, Documenta Histórica, 2006.

SALDANHA, Nelson. *O pensamento político no Brasil*. Rio de Janeiro: Forense, 1978.

SOUSA, Otávio Tarquínio de. *História dos Fundadores do Império do Brasil,*. Vol. 1: (José Bonifácio). Brasília: Senado Federal, 2015.

SOUSA, Otávio Tarquínio de. *História dos Fundadores do Império do Brasil,*. Vol. II2: (A Vida de D. Pedro I.), Tomo 1º. Brasília: Senado Federal, 2015

SOUZA, Paulino José Soares de. *Ensaio sobre o direito administrativo*. Rio de Janeiro: Typographia nacional, 1862. Disponível em: <https://sistemas.stf.jus.br/dspace/xmlui/handle/123456789/346>. Acesso em: 24/06/04 dez. 2020.

6.

LIBERALISMO E LIBERDADE
NO PENSAMENTO PORTUGUÊS

Ricardo Vélez Rodríguez

6.1. ANTÓNIO BRÁZ TEIXEIRA (1936-): LIBERDADE E NEGOCIAÇÃO DE INTERESSES À LUZ DA JUSTIÇA

A experiência jurídica constitui um tipo de experiência que, junto com a religião, merece especial atenção do nosso autor. Diferentemente desta, que se abre à escatologia e à transcendência, a experiência jurídica projeta-se sobre o mundo e sobre os conflitos entre as pessoas.

É definida da seguinte forma no ensaio "*Experiência jurídica e ontologia do Direito*":

> A experiência jurídica aparece-nos constituída por um conjunto, complexo mas unitário, de dados, de que se destaca, em primeiro lugar, a sua estrutura antinômica, a natureza ou dimensão conflitual das relações jurídicas, o envolver uma questão prática, um problema referente à conduta, em que existe um conflito entre diversos sujeitos, que carece de ser resolvido ou composto, de ser satisfeito, de modo a obter a paz social. Este tipo particular de experiência [...] revela-se constituído por dados que se referem não só a pessoas e a realidades da vida ou coisas do mundo, como também a valorações, a necessidades e pretensões, envolvendo questões concretas que é necessário resolver ou decidir. É por isso que constituem dados imediatos da experiência jurídica, por um lado, os conflitos de interesses e, por outro, o critério de valor – o sentido do justo e do injusto – a que se recorre para a respectiva solução (TEIXEIRA, 1987, pp. 27-28).

O nosso autor destaca o caráter cultural da realidade jurídica, criação humana referida a valores, princípios ou ideais, inserida no contexto da historicidade em que se desenvolve a vida do homem. Eis a maneira em que Braz Teixeira sintetiza esse aspecto do Direito, de forma muito próxima, aliás, a como Miguel Reale (1910-2006) interpreta essa realidade:

> Como realidade cultural [frisa Braz Teixeira] o Direito não pertence ao mundo físico nem biológico, em que impera a causalidade e o determinismo, nem ao domínio psíquico, nem sequer ao dos seres ideais, em que se situam as realidades lógicas e matemáticas, pois enquanto estas são intemporais e abstratas, o direito é concreto, variável no tempo e no espaço e, como realidade humana, é profundamente marcado pela temporalidade e pela historicidade essenciais ao próprio homem. Como criação cultural, o Direito não é um dado, uma realidade pré-existente que o homem encontre no mundo ou na natureza, nem uma realidade estática, mas sim espírito objetivado, projeção espiritual do homem, algo que está aí para ser pensado, conhecido e vivido e cuja existência depende, por isso, da relação cognitiva e vivencial que o homem com ele estabelece e mantém, a qual lhe dá vida e conteúdo e atualiza, dinâmica e criadoramente, o sentido que nele está latente e lhe é conferido pela referência a valores, princípios ou ideais (TEIXEIRA, 1987, p. 29)

Braz Teixeira considera que o Direito, enquanto realidade cultural, objetiva-se em normas, "constituindo uma ordem reguladora da conduta ou do agir humano na sua interferência intersubjetiva, na sua convivência ou na sua vida social" (TEIXEIRA, 1987, pp. 29-30); refere-se, assim, à atividade prática do homem e não à atividade teorética, e pressupõe, fundamentalmente, a liberdade,

> porquanto só enquanto o homem é livre no seu agir, quando pode escolher o seu comportamento e optar entre diversas condutas possíveis, tem sentido que se lhe ordene que aja de certo modo e se responsabilize e puna pelo desrespeito pela ordem recebida ou imposta. Assim, o seu domínio próprio é o da liberdade de agir [...]. Ao Direito, como realidade cultural, é, pois, inerente um sentido ou um conteúdo axiológico, uma relação entre a liberdade e determinados valores, princípios ou ideais (TEIXEIRA, 1987, pp. 29-30)

Significativa contribuição dá Braz Teixeira à reflexão acerca da forma em que são atualizados os valores no contexto da experiência jurídica. Nesse particular, atribui grande importância ao papel do magistrado, aquele que tem a missão de tornar vivo o valor da justiça. A respeito, escreve:

Deve notar-se que, do ponto de vista da Justiça, é mais decisiva a aplicação da lei, porquanto é então que, em concreto, o Direito se realiza e o próprio de cada um se afirma e define, o que, obviamente, não impede um juízo sobre a justiça ou a injustiça da lei em si. Desta conclusão uma outra deriva: a de que é mais decisivo o papel do juiz do que o do legislador, da jurisprudência do que da lei. De igual modo, o costume, como mediador mais direto do que a lei entre o sujeito e a norma, [...] poderá garantir melhor do que aquela uma solução justa. Por outro lado, esta visão da Justiça vem pôr a claro a inadequação do modo de entender a sentença como mero processo lógico-formal; [...] o juízo de legalidade que o juiz profere é condicionado, precedido e, em larga medida, determinado por um juízo de justiça, de natureza intuitivo-emocional, ditado pelo sentimento da justiça (TEIXEIRA, 1986, p. 128)

O Direito tenta regular ou ordenar a conduta relacionada à condição social do homem, às relações com os outros homens e com as coisas, "na medida em que estas últimas relações possam interessar ou afetar os outros" (TEIXEIRA, 1987, p. 30). O Direito possui, portanto, o caráter de realidade social e de bilateralidade, ao envolver as relações interpessoais, "implicando direitos e deveres de uns perante os outros" (TEIXEIRA, 1987, p. 30). O Direito é, além disso, uma realidade social heterônoma,

uma vez que a regulamentação ou a ordenação da conduta que se propõe estabelecer é imposta do exterior aos sujeitos, por um outro sujeito dotado do poder de estabelecer e impor critérios, regras ou normas de conduta ou de comportamento (TEIXEIRA, 1987, p. 30)

Na análise que o nosso autor realiza do Direito como ordem normativa ressaltam, de um lado, a sua extensa e profunda cultura jurídica e, de outro, o sábio equilíbrio de quem muito refletiu sobre a problemática humana, do ângulo da solução dos conflitos à luz do ideal de justiça. Além dos seus clássicos estudos no terreno da Filosofia do Direito, é conhecida, também, a importantíssima contribuição dada por Braz Teixeira no terreno do Direito fiscal e tributário[1], ou no da teoria do Estado[2], especificamente no que diz respeito à guerra e ao papel das corporações.

---

[1] Cf. Teixeira, 1967; 1969.
[2] Cf. Teixeira, 1955; 1956.

Gostaria de destacar que, no terreno da historiografia das ideias sociais e jurídicas, espelha-se, de modo claro, a sensatez e o equilíbrio que animam a reflexão do nosso pensador[3], bem como a sua indiscutível atualização, segundo transparece no seu ensaio intitulado "*A justiça no pensamento contemporâneo*"[4].

Finalizando, chamarei a atenção para a concepção de Braz Teixeira acerca da sociedade como pluralidade de interesses em conflito, regulados pelo Direito na busca do bem comum, preservando a liberdade à luz do valor da justiça.

6.2. ANTERO DE QUENTAL (1843-1891): ESPIRITUALISMO, DETERMINISMO E LIBERDADE

Antero salienta que "é no terreno da ideia de espontaneidade que se resolve a antítese determinismo/liberdade" (QUENTAL, 1931, p. 123.). Em segundo lugar, lembra que a caraterística fundamental do espírito consiste em que a sua ideia básica, a espontaneidade, envolve as ideias de força e causa. A espontaneidade seria, pois, a capacidade da força-espírito para se determinar a si mesma. Levando em consideração, em terceiro lugar, que é pela força-causa do espírito que pode ser explicada a realidade do mundo natural, Antero conclui que é daquele tipo de força da qual deveremos deduzir a natureza íntima de todas as forças, inclusive as mais elementares. Em quarto lugar, o autor salienta um fato que para ele é evidente: não há, no mundo natural, ser totalmente passivo; todos os seres, mesmo os mais simples, possuem certa espontaneidade, que não é mais nada do que a tendência teleológica a realizar o próprio fim.

Para Antero, é claro que há alguma coisa de espontâneo "e um acordo do ser com a sua verdade profunda e com a sua infinita virtualidade" (QUENTAL, 1931, p. 123), mesmo nos fenômenos que se nos revelam como os mais elementares no campo da matéria, terreno no qual parece reinar o determinismo mecânico. Essa secreta finalidade não pode ser explicada pelo simples fluir dos fenômenos, como se os antecedentes

---

[3] Cf. Teixeira, 2001a, pp. 177-191.
[4] Cf. Teixeira, 2001b.

determinassem a finalidade dos consequentes: o fenômeno antecedente é só condição para que se produza o consequente. A propósito, frisa Antero: "A causa do fenômeno está na mesma natureza do ser onde ele se dá, ou antes, do qual ele é essencial modalidade" (QUENTAL, 1931, p. 123).

Da anterior análise o nosso autor conclui que a distância existente entre os seres do mundo natural e o espírito não é intransponível. Esse pouco de espontaneidade que os seres naturais têm assemelha-os ao espírito. Em que consiste, propriamente, a liberdade?

> A liberdade [frisa Antero] [...] é, pois, a espontaneidade quando plena, isto é, quando o ser, não já espontâneo apenas na sua atividade exteriormente condicionada [...], o é ainda nessa mesma condicionalidade, criando conscientemente os motivos das suas determinações e criando-os em vista do próprio fim. Neste ponto culminante, o motivo da determinação identifica-se com a essência e o fim do ser que se determina: este, conformando-se com o motivo, conforma-se exclusivamente consigo mesmo (QUENTAL, 1931, p. 123)

Trata-se da dimensão transcendental da atividade humana, que constitui o fundamento da moral. Antero não duvida em atribuir ao agir humano, desta forma considerado, um valor ideal e absoluto. O nosso sentimento de liberdade provém da nossa união a esse centro que unicamente se revela através da consciência, mediante a razão.

É o que ele salienta no texto a seguir:

> Este ser, que está todo em cada um dos seus atos, cuja essência se substitui ao universo, e cuja atividade não reconhece outros limites senão as leis da sua própria natureza, realiza por certo o ideal de ser livre. É por isso, também, que é um ser só ideal. [...] Só pela razão somos verdadeiramente (QUENTAL, 1931, p. 124)

A grandeza humana, em que pesem as nossas limitações de seres condicionados pelo organismo, pelos instintos, pelas relações exteriores, consiste em podermos nos identificar com o próprio ideal. Em síntese, a nossa grandeza de seres humanos provém do nosso valor moral, que, por sua vez, se alicerça nessa dimensão transcendental do nosso agir.

A evolução universal, à luz do relacionamento natureza/espírito, assume uma caraterística de unidade e de progressiva caminhada até a realidade do espírito, que em último termo comanda todo o processo. "A cadeia universal das inexistências – frisa Antero – na sua prodigiosa espiral de espirais aparece-nos como a ascensão dos seres à liberdade, na qual descobrimos a causa final de tudo" (QUENTAL, 1931, p. 126). O autor atribui as seguintes características à evolução universal: a) ela não é uma lei imposta de fora à natureza. Baseia-se, pelo contrário, na "virtualidade infinita do ser" (QUENTAL, 1931, pp. 127-128), que está presente mesmo nas realidades mais simples, como as moléculas; b) Essa evolução dirige-se "a um fim, à realização dessa virtualidade, à plenitude e perfeição do ser" (QUENTAL, 1931, pp. 127-128); c) De outro lado, a evolução universal não é uma lei fatal, cega, mas trata-se de uma lei racional, análoga à razão; d) A evolução universal pode caracterizar-se, também, como "a aspiração profunda de liberdade, que abala as moles estelares como agita cada uma das suas moléculas" (QUENTAL, 1931, pp. 127-128) ; e) Trata-se de um processo "não já puramente formal e aparente, mas real, substancial, é um verdadeiro progresso" (QUENTAL, 1931, pp. 127-128) , que consiste em que "cada nova esfera de desenvolvimento traduz um aumento de ser" (QUENTAL, 1931, pp. 127-128) ; f) Esse aumento de ser, em que consiste o cerne dessa evolução universal, dá-se graças a um gradual desdobramento da infinita virtualidade que possui a natureza, consistindo essa virtualidade no fato de o ser-causa estar "imanente nas formas limitadas" e juntar "ao tipo inferior preexistente esse quid novo e diverso, com que produz o tipo superior" (QUENTAL, 1931, pp. 127-128); g) Este tipo superior não é uma pura formalidade mas "é-o substancialmente e em toda a verdade" porque "é mais rico de ideia" e "contém mais ser" (QUENTAL, 1931, pp. 127-128); h) No processo evolutivo o tipo superior explica o inferior, pois "é para aquele que este gravita" (QUENTAL, 1931, pp. 127-128); i) Por último, frisa Antero, "se o ideal supremo, que a tudo atrai, para que tudo gravita, é razão, vontade pura, plena liberdade, a evolução só será perfeitamente compreendida definindo-se como a espiritualização gradual e sistemática do universo" (QUENTAL, 1931, pp. 127-128).

Em síntese, podemos afirmar que a evolução é para Antero, fundamentalmente, um processo de progressiva espiritualização do universo. É, ao mesmo tempo, um processo de humanização das coisas, pois a máxima manifestação do espírito acontece na consciência humana.

Antero conclui este arrazoado assim: "O universo aspira com efeito à liberdade, mas só no espírito humano a realiza" (QUENTAL, 1931, p. 130).

Antero salienta que "o progresso da Humanidade é [...] essencialmente um fato de ordem moral" (QUENTAL, 1931, p. 130). O progresso, portanto, pressupõe o contínuo exercício da razão e da vontade humanas, para conseguir o aprimoramento moral. A respeito, diz nosso poeta-pensador: "sem o esforço sempre renovado do pensamento para a razão, da vontade para a justiça, de todo o ser social para o ideal e a liberdade, o caminho andado escorrega debaixo dos pés" (QUENTAL, 1931, p. 130). Em outro lugar, afirma, em relação à forma como entende o progresso, que a sua essência

> está justamente nessa intervenção, cada vez mais larga e intensa, do espírito na humanidade [...]. A criação da ordem racional e o alargamento indefinido do domínio da justiça, tal é a definição do progresso. Fato da liberdade, ele consiste intimamente num desdobramento incessante da energia moral, numa reação contínua da vontade sob o estímulo do ideal, e é por isso que a virtude é a verdadeira medida do progresso das sociedades (QUENTAL, 1931, p. 130)

6.3. LIBERALISMO, RELIGIÃO E HISTÓRIA SEGUNDO ALEXANDRE HERCULANO (1810-1877)

Herculano critica a forma como se concentrou o poder nas mãos do monarca, esquecendo as antigas tradições de liberdades locais, originárias da Idade Média. A rejeição do absolutismo é um traço constante em sua obra. Eis a forma em que Joaquim Veríssimo Serrão (1925-2020)[5] sintetiza a crítica histórica feita por Herculano ao surgimento do absolutismo português:

> O apego à Monarquia, como instituição suprema para o bom governo dos povos, nunca foi posto em causa pelo historiador, que via na figura régia o garante do equilíbrio político e social. Mas com a condição de os monarcas guardarem as liberdades que asseguravam a grandeza e a virtude dos cidadãos, não os transformando em súditos e escravos.

---

[5] Historiador português.

A baliza temporal de D. João II para distinguir as duas fases históricas da Nação constitui um dos axiomas de Herculano, que, sendo um medieval de formação, via nos fins do século XV, com a expansão em curso e a tendência para o absolutismo, a grande viragem que alterou gravemente o equilíbrio português (SERRÃO, 1977, pp. 47-48)

Não podemos deixar de encontrar aqui, nesta defesa de Herculano de uma monarquia aberta à defesa da liberdade, um eco do pensamento de Guizot, que considerava ser a Monarquia uma instituição em defesa das liberdades e da representação, constituindo uma garantia contra o despotismo[6].

De acordo com Herculano, consolidou-se o poder em Portugal como propriedade particular do príncipe, o que ensejaria o surgimento do absolutismo a partir do século 15. No volume um da sua *"História de Portugal"* ressalta:

> A liberdade tem consequências inevitáveis; as gerações dos povos livres participam, perante o futuro, da responsabilidade dos poderes públicos ou, antes, a responsabilidade é delas, porque têm sempre força e meios para os revogar aos sentimentos do pudor e do dever quando eles a esquecem. As virtudes ou os crimes dos que as governam; a sua glória ou a sua desonra pertence-lhes. O despotismo, esse não o podem chamar à autoria (HERCULANO, 1914, p. 13).

O historiador português é um liberal no sentido pleno da palavra, abarcando à sua doutrina as três instâncias essenciais da cultura, da política e da economia. É kantiano do ponto de vista cultural, embora não tenha lido jamais a obra do pensador de Königsberg, mas tenha tomado contato com os seus lineamentos gerais muito provavelmente através da obra de Madame de Staël De l'Allemagne, que possibilitou aos portugueses o conhecimento do kantismo[7].

Herculano, outrossim, acredita na livre iniciativa em matéria econômica, embora com ressalvas conservadoras quanto à adoção da técnica, que deve ser adotada sobre um pano de fundo moral. No que tange à política, nosso autor defende, denodadamente, o indivíduo na sua liberdade, contra os avanços do estatismo. Eis um texto bem

---

[6] Cf. Guizot, 1864, pp. 247-271.
[7] Cf. Staël Holstein, 1968

revelador dessa índole liberal ampla. Em carta endereçada a Oliveira Martins (1845-1894), em 10 de dezembro de 1870, escreve Herculano:

> Eu, meu caro democrata e republicano, nunca fui muito para as ideias que mais voga têm hoje entre os moços e que provavelmente virão a predominar por algum tempo no século XX, predomínio que as não tornará nem piores nem melhores do que são. A liberdade humana sei o que é: uma verdade da consciência, como Deus. Por ela chego facilmente ao direito absoluto; por ela sei apreciar as instituições sociais. Sei que a esfera dos meus atos livres só tem por limites naturais a esfera dos atos livres dos outros e por limites factícios restrições a que me convém submeter-me para a sociedade existir e para eu achar nela a garantia do exercício das minhas outras liberdades. Todas as instituições que não respeitarem estas ideias serão pelo menos viciosas. Absolutamente falando, o complexo das questões sociais e políticas contém-se na questão da liberdade individual. [...] Que as leis se afiram pelos princípios eternos do bom e do justo, e não perguntarei se estão acordes ou não com a vontade de maiorias ignaras (HERCULANO apud MARTINS, 1984, p. 229)

Aparece nesses textos um eco da influência recebida por Herculano dos doutrinários e os seus discípulos, como Tocqueville. Não é de claro sabor tocquevilliano essa profissão de fé na defesa da liberdade, semelhante à confissão que fazia o pensador francês de estar sempre do lado daquela, em que pese a tradição despótica que tomou conta do seu país? Lembremos a profissão de fé liberal de Tocqueville, formulada na sua obra *"O Antigo Regime e a Revolução"*:

> Só a liberdade pode tirar os cidadãos do isolamento no qual a própria independência de sua condição os faz viver, para obrigá-los a aproximar-se uns dos outros, animando-os e reunindo-os cada dia pela necessidade de entender-se e agradar-se mutuamente na prática de negócios comuns. Só a liberdade é capaz de arrancá-los ao culto do dinheiro e aos pequenos aborrecimentos cotidianos [...], para que percebam e sintam sem cessar a pátria, acima e ao lado deles. Só a liberdade substitui vez por outra o amor ao bem-estar por paixões mais enérgicas e elevadas, fornece à ambição objetivos maiores que a aquisição das riquezas e cria a luz que permite enxergar os vícios e as virtudes dos homens (TOCQUEVILLE, 1988, pp. 93-95).

Para Herculano, a rejeição do despotismo é um princípio que não admite a menor dúvida. Em carta a Oliveira Martins, datada em 10 de dezembro de 1870, escreve estas palavras, que lembram a rejeição do absolutismo feita por John Locke no seu *"Segundo Tratado sobre o Governo Civil"*. Note-se o sabor empirista do texto, que defende a soberania da nação como um fato:

> Tão ilegítimo acho o direito divino da soberania régia, como o direito divino da soberania popular. A soberania não é direito: é fato – fato impreterível para a realização da lei psicológica, até fisiológica, da sociabilidade, mas, em rigor, negação, porque restrição, nos seus efeitos, do direito absoluto, e cujas condições são, portanto, determinadas só por motivos de conveniência prática e dentro dos limites precisos da necessidade. Fora disto toda a soberania é ilegítima e monstruosa. Que a tirania de dez milhões se exerça sobre o indivíduo, que a de um indivíduo se exerça sobre dez milhões, é sempre a tirania, é sempre uma coisa abominável (HERCULANO apud SERRÃO, 1977, p. 194)

Herculano era um doutrinário de pura cepa. Interessava-lhe não apenas a vida intelectual, mas a sua projeção sobre o mundo da política, a fim de torná-la mais humana. À maneira de Pierre-Paul Royer-Collard ou de Guizot, aspirava transformar as instituições de seu país, tornando--as mais civilizadas, ou seja, pondo-as a serviço do homem, superando, portanto, a velha tradição despótica do absolutismo. Se se afastou da vida pública em alguns momentos da sua vida, fê-lo para reativar a sua reflexão em face da sociedade e voltar à liça levando novas abordagens, que possibilitassem uma renovação das instituições.

6.4. LIBERDADE, ESTOICISMO E UNIVERSALISMO EM FIDELINO DE FIGUEIREDO (1888-1967)

A chamada "Geração de 98" não foi um fenômeno cultural restrito à Espanha. Houve, também, portugueses que participaram de um movimento de ideias semelhante. Um deles foi, sem dúvida, Sampaio Bruno (1857-1915), espírito liberal e antipositivista convicto. O mais importante representante português da "Geração de 98" seria, no entanto, Fidelino de Figueiredo. Um representante tardio, influenciado especialmente por Miguel de Unamuno (1864-1936).

Os traços marcantes dessa geração em Portugal lembram, como aliás aconteceu também com a sua correspondente espanhola, o "movimento de ideias de 70". Em Portugal, esse movimento centrou-se nas famosas Conferências do Cassino, nas quais Antero de Quental pôs a nu a negativa herança do absolutismo luso, portador, como diria mais tarde o próprio Fidelino de Figueiredo, de tacanha alfândega cultural, que fechou o país à ciência moderna e à democracia.

Unamuno destacou-se como o abandeirado da liberdade da "Geração de 98". O exílio em Madri a que foi submetido Fidelino de Figueiredo, por causa do seu espírito liberal, permitiu-lhe conhecer a obra do pensador espanhol, com quem desenvolveu ampla correspondência, tendo recebido dele a inspiração para a sua concepção agônica da existência, bem como a feição de sentidor que caracteriza a sua autobiografia interna. Da sua estada em Madri e da influência ali recebida de Unamuno, Fidelino de Figueiredo trouxe, como destacou António Quadros (1923-1993), o livro "*As duas Espanhas*' (1931), onde concluía haver, na essência da civilização hispânica, um princípio de luta, constituído pela oposição permanente entre a variedade centrífuga e a unificação centrípeta, entre a heterodoxia e o filipismo" (QUADROS, 1990, p. 559). Em Madri, Fidelino foi professor de literatura portuguesa e espanhola na Universidade Central[8].

O fato de ter saído desterrado da sua pátria, por motivos de sectarismo político, condicionou fortemente a feição liberal e antipartidarista da sua obra intelectual. Fidelino insistiu, até o final da sua vida, na necessidade de o intelectual superar os estreitos limites dos condicionamentos partidários. Criticou severamente a obra dos intelectuais engajados no sectarismo político, como Teófilo Braga (1843-1924), por exemplo.

Na primavera de 1931, Fidelino de Figueiredo faz a sua primeira viagem aos Estados Unidos. Na Stanford University, pronunciou uma memorável conferência sobre a interpretação da história espanhola. De volta a Portugal, desenvolveu essa análise em livro que foi a base das três preleções que proferiu no Instituto de Altos Estudos, da Academia das Ciências (à qual pertenceu durante trinta anos), em janeiro de 1932. A sua obra *"As duas Espanhas"* constitui uma das mais profundas análises da história cultural da Espanha. Em 1936, Fidelino faz a sua segunda viagem aos Estados Unidos. Numa série de

---

[8] Cf. Amora, 1979.

conferências que pronunciou na Columbia University, de Nova Iorque, o autor ampliou a sua concepção do caráter espanhol, num estudo comparativo projetado sobre as literaturas espanhola e portuguesa, que constituiu a sua obra *"Pyrenne"*.

A vinculação intelectual de Fidelino de Figueiredo ao Brasil foi prematura. Já em 1913, como se deduz de sua correspondência com Max Fleuiss (1868-1943), Secretário Perpétuo do Instituto Histórico e Geográfico Brasileiro, ingressava nessa instituição. Em 1942, Fidelino de Figueiredo ingressou na Academia Brasileira de Letras. Manuel Bandeira (1886-1968), grande amigo do escritor português, influiu decisivamente na eleição do pensador. Figueiredo entregou treze anos da sua maturidade intelectual ao Brasil, entre 1938 e 1951. Esse fato é revestido capital importância, pois foi profunda a marca que deixou aqui, particularmente na Universidade de São Paulo (USP), onde dirigiu a cadeira de Literatura Portuguesa da Faculdade de Filosofia, Ciências e Letras. Teve discípulos eminentes, como o professor Antônio Soares Amora (1917-1999), que se casou com a filha de Fidelino, Helena, e sucedeu o mestre na direção da cadeira de Literatura Portuguesa. Fato importante das relações intelectuais e humanas de Fidelino com o Brasil foi a doação da sua correspondência passiva ao Centro de Estudos Portugueses da USP. A correspondência passiva de Fidelino de Figueiredo consta de 11.500 espécies e o catálogo completo foi publicado na obra de Julio García Morejón *"Dos coleccionadores de angustias"* (1967, pp. 77-111).

Para Soares Amora, Fidelino de Figueiredo foi um pensador oitocentista. Tanto a sua concepção conservadora do liberalismo político, quanto a sua percepção da realidade social e a preocupação por reivindicar uma dimensão espiritualista do agir político, são manifestações desse espírito, que coloca a obra figueirediana numa dimensão muito próxima daquela de Alexandre Herculano. Outro elemento de semelhança com o historiador português é a visão crítica que Fidelino tem em relação ao homem na sociedade, baseada numa crítica à preterição dos valores espirituais. O nosso autor professava, definitivamente, um liberalismo conservador[9].

---

[9] Cf. Amora, 1979.

O "vasto curiosear deambulatório" achou inspiração, na sua mocidade, na figura de Carlos Fradique Mendes (1834-1888), a quem Fidelino chama de bom tio Fradique e de quem aprendeu a ser cidadão do mundo. Não podendo, ainda, ser observador da vida na terra toda, como Fradique, o moço Fidelino se contentaria com um espiolhar arqueológico da sua Lisboa. O "vasto curiosear deambulatório" levaria o moço Fidelino, anos mais tarde, a procurar as planuras luminosas do Brasil e a levar a sua mensagem humanística também aos Estados Unidos, onde teve oportunidade de se familiarizar com a obra de Alexis de Tocqueville (1805-1859), "A Democracia na América".

Fidelino definia-se, unamunianamente, como livre sentidor:

> Assim, sem dominadoras influências do meio social ou da escola, nem coações domésticas, fui bem um livre sentidor – atitude que Unamuno apõe com neologismo seu a livre-pensador. Pelo contrário, algumas sugestões dos ambientes que frequentava me apoiaram na espontânea tendência (FIGUEIREDO, 1957a, p. 56)

Numa lição de dignidade pode ser sintetizada a vida de Fidelino de Figueiredo. Nada melhor do que fazer minhas, aqui, as suas palavras:

> Se a nossa obstinação em ver na morte o fim de tudo a todos vence, nada ganhamos, porque tudo acaba, mas também nada perdemos em ter vivido com dignidade; se a nossa obstinação é vencida, nada perdemos, porque possuímos uma honrada fé de ofício para exibir como passaporte recomendatório, honrada porque fez da própria honra o seu objetivo único e ignorou todo o cálculo, toda a adulação e todo o medo. *Si vous gagnez, vous ne gagnez rien; si vous perdez, vous gagnez la valeur de votre vie...* (FIGUEIREDO, 1957a, p. 71)

Bela confissão do mais puro estoicismo lusitano.

6.5. LIBERDADE E GOVERNO REPRESENTATIVO EM SILVESTRE PINHEIRO FERREIRA (1769-1846)

As nações, como de resto as demais organizações humanas, são moldadas de acordo com determinados ideais que prevalecem nelas. Assim como encontramos os idealizadores de universidades, clubes recreativos, sindicatos, exércitos etc., podemos identificar os pensadores das organizações nacionais, nas quais palpita determinado conjunto de valores. A tese não é nova e já Hegel (1770-1831) tinha destacado a ideia de *Volksgeist* para se referir a essa realidade.

Não há dúvida de que Silvestre Pinheiro Ferreira foi quem pensou as instituições brasileiras do governo representativo, surgidas da confusão criada pela vinda da família real portuguesa ao Brasil, logo no final da primeira década do século 19. Esse processo de nascimento de um novo Estado culminaria com a independência da colônia brasileira em face da metrópole portuguesa.

Silvestre Pinheiro Ferreira orientou-se, inicialmente, à vida religiosa. Entrou, com a idade de quatorze anos, na Congregação do Oratório, onde frequentou o Curso de Humanidades, tendo revelado grande capacidade intelectual. A atitude crítica que o caracterizava causou-lhe problemas. Abandonou a vida clerical e a docência e entrou para a carreira diplomática, tendo sido nomeado secretário da embaixada em Paris e, a seguir, secretário da legação diplomática lusa na Holanda. Desempenhou, depois, a função de Encarregado de Negócios de Portugal na Corte de Berlim.

Pinheiro Ferreira viajou para o Rio de Janeiro em 1810, onde morou pelo espaço de vinte anos. O autor alternava os seus trabalhos no Ministério do Exterior com a docência da filosofia, tendo sido publicadas, pela Imprensa Régia, entre 1813 e 1820, as suas *"Preleções Filosóficas"*, que exerceram forte influência nas novas gerações, notadamente no que tange à superação do empirismo mitigado legado pelas reformas pombalinas. Assim que proclamada no Rio de Janeiro a adoção do sistema monárquico constitucional, em fevereiro de 1821, Pinheiro Ferreira foi chamado para integrar o novo ministério. Foram-lhe entregues as pastas de Negócios Estrangeiros e da Guerra. Praticamente sobre os seus ombros recaiu a chefatura do novo governo de Dom João VI, cabendo-lhe, destarte, a difícil tarefa de dar o passo da monarquia absoluta para a constitucional. Pinheiro Ferreira desempenhou a sua missão num ambiente bastante hostil, caracterizado pelo enfrentamento entre absolutistas, de um lado, e jacobinos, de outro. No desempenho dessas funções, acompanhou o rei Dom João VI no seu regresso a Portugal. Pouco tempo depois de ter chegado ali (em maio de 1823), pediu demissão do Ministério, em decorrência da radicalização crescente, tendo sido obrigado a exilar-se na França. No período da sua permanência em Paris (entre 1823 e 1842), nosso autor deu acabamento ao seu sistema filosófico e completou a obra de constitucionalista e teórico do liberalismo. Dentre os livros que escreveu na capital francesa, ressaltam-se o *"Manual do cidadão em um governo representativo"*, de 1834, e o tratado intitulado *"Teodicéia"*, de 1845.

A ideia central de Pinheiro Ferreira, tributário do pensador suíço--francês Benjamin Constant de Rebecque, era de que somente mediante a instituição do governo representativo seria possível tornar o Brasil um país imune à instabilidade crônica, que vingou ali onde as ideias do democratismo de Jean-Jacques Rousseau, contidas no seu *"Contrato Social"*, de 1762, foram adotadas integralmente, como em Portugal ou nos países da América espanhola. Ora, quem poderia construir essa representação numa terra que não tinha tido a história secular das nações europeias seria o monarca. Atento à especificidade da formação política brasileira emergente do latifúndio (portanto, contaminada com a perspectiva privatista da cultura patrimonialista), Pinheiro Ferreira, que integrava, como foi frisado, o primeiro gabinete ministerial de Dom João VI em terras brasileiras, considerava que não poderia ser adotada, integralmente, no Brasil, a estrutura do parlamentarismo britânico. Far-se-ia necessário refrear o espírito privatizante com a ideia de representação dos interesses permanentes da Nação, ao lado daquela que se referia aos interesses mutáveis, identificados com as reivindicações dos cidadãos. O Poder Moderador, centrado no monarca, representaria os interesses permanentes e seria o fiel da balança da estrutura do Estado, ao garantir a concretização do governo parlamentar, sem que o élan privatizante do povo se transformasse em risco de queda no caudilhismo.

A doutrina política de Benjamin Constant foi, pois, a base sobre a qual Silvestre Pinheiro Ferreira deitou os alicerces da teoria da monarquia constitucional. Decorreu da concepção do pensador suíço-francês a teoria ferreiriana do Poder Conservador, que, posta em prática pela Constituição Imperial de 1824, transformou-se na instituição do Poder Moderador.

Pinheiro Ferreira retomou a tradição liberal lockeana. O pensamento constitucional do estadista português tinha quatro grandes preocupações: definição dos direitos individuais; fixação dos limites ao poder estatal; estruturação equilibrada dos poderes governamentais; e, fundamentalmente, a representação política. Silvestre não duvidava de que os males que afetavam o Reino de Portugal, nas duas primeiras décadas do século 19, decorriam do seu afastamento da verdadeira tradição liberal-contratualista, no terreno constitucional.

Qual seria o caminho para sair do despotismo? Somente um: institucionalizar o sistema representativo. A adoção deste correspondia não a uma quebra das tradições portuguesas, mas à retomada da mais sadia de todas elas: a tradição contratualista, que fazia do rei mandatário da nação, única depositária da soberania. Em detalhada exposição histórica no seu *"Manual do Cidadão em um Governo Representativo"*, Pinheiro Ferreira destaca que a tradição mais antiga, a que acompanha Portugal desde a sua consolidação como nação independente, é a da soberania popular que delega o poder ao rei, mas que não duvida em tirá-lo dele nos momentos em que o monarca esquecer a busca do bem comum.

A representação é, fundamentalmente, de interesses[10]. Para que a representação seja autêntica, é necessária a vinculação a uma base territorial definida, bem como a sua institucionalização, permitindo a representação das várias ordens de interesses presentes na sociedade; o nosso autor defendia a divisão do território em cantões (proposta que deu ensejo aos distritos eleitorais do Império). A respeito dessas exigências da representação, escrevia:

> O que importa, pois, determinar é a extensão do território que, em regra geral, é de presumir que os conhecimentos do deputado possam abranger na sua especialidade. Ora nós entendemos que todo homem é capaz de representar e conhecer, mesmo em todos os pormenores, não a província, mas decerto o cantão onde é domiciliado. De onde se segue que cada cantão deve mandar ao congresso um deputado por cada um dos três estados, comércio, indústria e serviço público (FERREIRA, 1976, p. 133)

O Congresso deve representar todos os interesses presentes na sociedade.

O pensador português considerava que a principal vantagem do sistema representativo surgido das eleições consistia na conquista da verdadeira estabilidade política. A respeito, escrevia: "Bastaria citar

---

[10] Cf. Ferreira, 1976, p. 121.

o exemplo dos Estados Unidos da América setentrional para mostrar quanto é falsa a asserção dos perigos inerentes ao sistema eletivo" (FERREIRA, 1976, p. 165).

6.6. LIBERDADE, REPÚBLICA E HETERODOXIA EM JOSÉ PEREIRA DE SAMPAIO BRUNO (1857-1915).

José Pereira de Sampaio, o conhecido Sampaio Bruno, é o mais importante pensador heterodoxo português. A sua obra não se circunscreve ao campo da filosofia, da literatura ou da história do pensamento. Circulou por todos esses terrenos, sem se confinar em nenhum deles. A sua meditação constituiu uma tentativa libertária de saber místico, alicerçado em fontes gnósticas e da Cabala especulativa. Como tributo ao espírito libertário, incorporou ao seu nome o de Bruno, em memória do pensador renascentista Giordano Bruno (1548-1600), morto pela Inquisição Romana por defender a liberdade de pensamento. De outro lado, a obra do eminente pensador reflete um momento histórico particularmente rico da história portuguesa, o da propaganda republicana e de instauração da República, que o ativista/pensador saudou entusiasticamente num início, tendo-se desiludido, ulteriormente, em decorrência da feição autoritária assumida pelas novas instituições que substituíram a gasta monarquia lusa. Esta circunstância coloca o pensamento do autor em linha de comunicação direta com pensadores brasileiros do período, como Tobias Barreto (1839-1889) ou Sílvio Romero (1851-1914).

Sampaio Bruno cresceu num meio dominado pelas ideias liberais. Assim caracterizou Joel Serrão (1919-2008) o ambiente social em que aconteceu a sua formação intelectual:

> A cidade do Porto, centro das tradicionais atividades comerciais ultramarinas do norte do País com o Brasil, e depois com a África, que assentavam numa indústria disseminada, e, muitas vezes, ainda de caráter artesanal, sempre se singularizou pela sua fácil e entusiástica sintonização com os ideais libertários, particularmente os oitocentistas. (SERRÃO, 1960, p. 6)

Sampaio Bruno lutou contra todas as formas de tirania que tentavam abafar o espírito e, nesse esforço de libertação interior, abriu-se ao pensamento gnóstico, que abeberou através da Cabala especulativa. Na concepção mágica de Sampaio Bruno valiam os seguintes axiomas: 1) Todas as coisas no mundo estão predeterminadas. A fatalidade é a Lei do Mundo; 2) Mesmo sabendo isto, o ser humano pode obedecer ou desobedecer à fatalidade; 3) Se, no Mundo, a Liberdade é Lei para mim, há responsabilidade. A moral, consequentemente, é uma instituição positiva, de caráter rigoroso. Não é uma questão subjetiva; 4) A predeterminação do Universo é conhecida por seres espirituais superiores a nós e existindo fora de nós, mas que, quando queiram, podem-nos comunicar, fazendo-nos conhecer com antecedência o futuro. Logo a angelologia é intuição positiva e a profecia é realidade anômala[11]. O curioso desta filosofia é que possibilitou ao nosso autor encarar o mundo da política com realismo, pragmatismo e bom senso extraordinários.

Em 1904, Sampaio Bruno publicou a sua obra mais cifrada, "*O Encoberto*", em que tentava firmar-se como "o historiador esotérico do esoterismo" (TORRES, 1975, p. 147). Ao abrir os olhos para o passado encoberto, poderemos encontrar luzes que nos guiem no incerto caminho do futuro.

Sampaio Bruno era um pensador liberal, porquanto ancorado, firmemente, na valorização da liberdade. "*Ubi libertas, ibi Pátria*"[12], dizia esse Quixote português que, de forma semelhante ao outro Bruno (o grande pensador renascentista que lhe inspirou o nome de guerra), partiu para o exílio, a fim de defender a liberdade. Frisava a respeito: "Onde uma atmosfera de simpatia inteligente vivifique o espírito individual: – aí é que está a pátria. Noutra parte, nunca" (BRUNO, 1960, p. 71). A liberdade, pensava Bruno, "nunca é uma dádiva graciosa; é sempre uma penosa conquista" (BRUNO, 1987, p. 133). A valorização da liberdade implicava a defesa do dissenso. É falsa, no seu entender, a ordem política que, como a apregoada pelas ditaduras, parte da eliminação da crítica e da oposição. A democracia começa no município e na região. É aí que se garante o respeito aos direitos do cidadão e a sua participação nos negócios do Estado[13].

---

[11] Cf. Bruno, 1960, pp. 41-43.
[12] BRUNO, Sampaio. O Brasil Mental. Esboço crítico. Porto, 1898.
[13] Cf. Bruno, 1987, p. 158.

A verdadeira democracia republicana deve, portanto, deitar alicerces no município e na região, pois é ali, e não alhures, onde vivem os cidadãos. Isso pressuposto, Sampaio Bruno destacava outra exigência, de caráter moral, para consolidar a verdadeira democracia republicana. Essa exigência era traduzida no imperativo categórico formulado por Cícero: "*Facis ad rem publicam et ad dignitatem tuam*", que é traduzido assim pelo escritor portuense: "Tu deves proceder no interesse da pátria e da tua dignidade" (BRUNO, 1960, p. 73). Esse é, para Sampaio Bruno, o "fundamental sentimento democrático"[14].

A ação educativa, formadora da consciência cívica do povo, deve ser iniciada pelo Estado, com o concurso das instituições privadas. Essa ação não se restringe apenas à instrução básica, mas deve, também, abarcar o sentimento moral. A natural bondade do povo deve ser estimulada mediante essa "Paidéia".

Se a crítica ao comtismo abarcava mais os aspectos epistemológicos, a que ele endereçava ao caciquismo da República brasileira punha a nu as mazelas do positivismo tupiniquim. O problema fundamental enfrentado pela República no Brasil era o do clientelismo e do caciquismo. Na identificação dos vícios que afetavam a nova República, o nosso autor procurava basear-se em testemunhos diretos de portugueses republicanos que moravam no Brasil. Um deles, o seu amigo correspondente Eduardo Salamonde, frisava Sampaio Bruno, tremia em face da

> criação de verdadeiras dinastias locais, que (atingiam) a culminância quase de tiranias antigas, à moda clássica do positivista Júlio de Castilhos, do Rio Grande do Sul. O contraste do autoritarismo comtiano com o liberalismo tradicional justamente o alarma, por certo (BRUNO, 1987, pp. 168-169)

O escritor portuense reforçava essa apreciação, citando trecho de um artigo publicado em "*O País*", do Rio de Janeiro, em 2 de outubro de 1903, de autoria de José do Patrocínio (1853-1905), em que o articulista perguntava-se, irônico: "São Estados: o Amazonas, dos Nerys; o Pará, dos Lemos; o Piauí, dos Pires Ferreiras; o Ceará, dos Acciolys; o Rio Grande do Norte, dos Albuquerques Maranhão; o Alagoas, dos Maltas?"

---

[14] BRUNO, 1960, p. 73

(BRUNO, 1987, p. 169). Bruno ficava perplexo diante do fenômeno da *res publica* administrada como *res privata* ou coisa nossa, típico do patrimonialismo brasileiro.

6.7. REFERÊNCIAS

AMORA, Antônio Soares. *Entrevista concedida a Ricardo Vélez Rodríguez*. São Paulo, 10 set. 1979.

AZORÍN. "La generación del 98". *ABC Madrid*. Madrid, 10 fev. 1913, p. 8. Disponível em: < https://www.abc.es/archivo/olecionad/abc-madrid-19130210-8.html>. Acesso em: 07 dez. 2020.

BARRETO, Luiz Antônio (Org.) *Colóquio Antero de Quental dedicado a Sampaio Bruno*. Aracaju: Secretaria de Estado da Cultura de Sergipe, 1995.

BRUNO, José Pereira de Sampaio. *O Encoberto*. Porto: Livraria Moreira Editora, 1904.

BRUNO, José Pereira de Sampaio. "O Brasil mental". In: SERRÃO, Joel (Org. e Introdução). *Sampaio Bruno*: Prosa. Rio de Janeiro: Agir, 1960.

BRUNO, Sampaio. O Brasil Mental. Esboço crítico. Porto, 1898.

BRUNO, José Pereira de Sampaio. *Os modernos publicistas portugueses*. Porto: Chardron, 1987.

CARREIRO, José Bruno. *Antero de Quental*: subsídios para a sua biografia. Volumes 1 e 2. Ponta Delgada: Instituto Cultural de Ponta Delgada, 1948.

FERREIRA, Herti Hoeppner. "Trajetória espiritual de uma correspondência". In: MOREJÓN, Julio García. *Dos olecionadores de angustias*: Unamuno y Fidelino de Figueiredo. São Paulo: Faculdade de Filosofia, Ciências e Letras de Assis, 1967, pp. 68ss.

FERREIRA, Silvestre Pinheiro. *Manual do cidadão em um governo representativo ou Princípios de direito constitucional, administrativo e das gentes*. Paris: Rey e Gravier, 1834. Disponível em: <http://www2.senado.gov.br/bdsf/handle/id/555729>. Acesso em: 24/06/202004 dez. 2020.

FERREIRA, Silvestre Pinheiro. *Theodicée ou Traité Élementaire de la Religion Naturelle et de la Réligion Révélée*. Lisboa: Biblioteca da Academia das Ciências de Lisboa, 1845. [Manuscrito nº 1113].

FERREIRA, Silvestre Pinheiro. *Preleções filosóficas*. (Introdução e notas de Antônio Paim). São Paulo: Edusp / Grijalbo, 1970.

FERREIRA, Silvestre Pinheiro. *Idéias políticas*. (Apresentação de Celina Junqueira; Introdução de Vicente Barretto). Rio de Janeiro: PUC / Conselho Federal de Cultura / Editora Documentário, 1976.

FERREIRA, Silvestre Pinheiro. *Ensaios filosóficos*. (Introdução de Antônio Paim). Rio de Janeiro: PUC/Conselho Federal de Cultura/Editora Documentário, 1979.

FIGUEIREDO, Fidelino de. *Correspondência passiva*. São Paulo: USP – Centro de Estudos Portugueses, 1907-1964.

FIGUEIREDO, Fidelino de. *As duas Espanhas*. Lisboa: Ed. Europa, 1932.

FIGUEIREDO, Fidelino de. *Pyrenne*. 2ª ed. São Paulo: Companhia Editora Nacional, 1935.

FIGUEIREDO, Fidelino de. *Diálogo ao espelho*. Lisboa: Guimarães, 1957ª.

FIGUEIREDO, Fidelino de. *Um homem na sua humanidade*. 2ª ed. Lisboa: Guimarães, 1957b.

GINER DE LOS RÍOS, Francisco. *Ensayos*. (Seleção, edição e prólogo de Juan López Morillas). Madrid: Alianza, 1969.

GUIZOT, François. *Histoire de la Civilisation em Europe depuis la chute de l'Empire Romain jus'u'a la Révolution Française*. 8ª ed. Paris: Didier, 1864.

HERCULANO, Alexandre. *História de Portugal*. 8 volumes. Lisboa: Aillaud & Bertrand, 1914.

MARTINS, Oliveira. *Portugal contemporâneo*. (Estudo introdutório de Moniz Barreto). 2 volumes. Lisboa: Europa-América, 1984.

MOREJÓN, Julio García. *Doolecionadoreses de angustias:* Unamuno y Fidelino de Figueiredo. São Paulo: Faculdade de Filosofia, Ciências e Letras de Assis, 1967.

PAIM, Antônio. *A querela do estatismo*. 1ª ed. Rio de Janeiro: Tempo Brasileiro, 1978.

PAIM, Antônio" "A superação do empirismo mitigado na obra de Silvestre Pinheiro Ferrei"a". In: CENTRO DE DOCUMENTAÇÃO DO PENSAMENTO BRASILEIRO. *Silvestre Pinheiro Ferreira (1769-1846)*: Bibliografia e estudos críticos. (Apresentação de Vivaldo Costa Lima). Salvador: Centro de Documentação do Pensamento Brasileiro, 1983, pp. 54-59.

PEREIRA, Carlos de Assis. *Ideário crítico de Fidelino de Figueiredo*. São Paulo: USP-Faculdade de Filosofia, Ciências e Letras, 1962.

PEREIRA, José Esteves. *Silvestre Pinheiro Ferreira*: O seu pensamento político. Coimbra: Universidade de Coimbra, 1974.

QUADROS, António. "Figueiredo (Fidelino de)". In: *Logos – Enciclopédia Luso-Brasileira de Filosofia*. Volume 2. Lisboa/São Paulo: Verbo, 1990, pp. 559-563.

QUENTAL, Antero de. *Prosas*. Volume III. Coimbra: Imprensa da Universidade, 1931.
QUENTAL, Antero de" "Carta autobiográfi"a". In: *Poesia e prosa*: sonetos completos, poemas e prosa escolhidos. (Seleção, prefácio e notas de Carlos Felipe Moisés). São Paulo: Cultrix, 1974.
QUENTAL, Antero de. *Tendências gerais da Filosofia na segunda metade do século XIX*. (Apresentação, organização e notas de Leonel Ribeiro dos Santos). Lisboa: Editorial Comunicação, 1989.
REBECQUE, Benjamin Constant de. *Princípios de Política*. Tradução de Josefa Hernández Alonso (Introdução de José Alvarez Junco). Madrid: Aguilar, 1970.
ROUSSEAU, Jean-Jacques. *Du contrat social*. Paris: Garnier/Flammarion, 1966.
SERRÃO, Joel. "Apresentação". In: *Sampaio Bruno*: Prosa. Rio de Janeiro: Agir, 1960, pp. 5-15.
SERRÃO, Joaquim Veríssimo [1977]. Herculano e a consciência do liberalismo português. Lisboa: Bertrand.
STAËL HOLSTEIN, Germaine Necker Madame de. *De l'Allemagne*. (Cronologia e Introdução de Simone Balayé). 2 volumes. Paris: Garnier Flammarion, 1968.
TEIXEIRA, António Braz. *A guerra justa em Portugal*. Lisboa, 1955.
TEIXEIRA, António Braz" "Os precursores do corporativismo portugu"s". In: *Esmeraldo*. Lisboa: C.N.M.P, nº 11 (19ª6a), pp. 7-24.
TEIXEIRA, António Braz" "Os precursores do corporativismo portugu"s" (segunda parte). In: *Esmeraldo*. Lisboa: C.N.M.P, nº 12 (1956b), pp. 42-64.
TEIXEIRA, António Braz. *A filosofia jurídica portuguesa actual*. Lisboa: Boletim do Ministério da Justiça, 1959.
TEIXEIRA, António Braz. *A responsabilidade fiscal das pessoas colectivas e dos seus órgãos e outros estudos*. Lisboa: Ministério das Finanças/Direcção Geral das Contribuições e Impostos – Centro de Estudos Fiscais, 1967. Coleção Cadernos de Ciência e Técnica Fiscal.
TEIXEIRA, António Braz. *Questões de Direito fiscal*. Lisboa: Ministério das Finanças/Direcção Geral das Contribuições e Impostos – Centro de Estudos Fiscais, 1969. Coleção Cadernos de Ciência e Técnica Fiscal.
TEIXEIRA, António Braz" "Reflexão sobre a justi"a". *Presença Filosófica*. Rio de Janeiro, vol. 12, nº. 1 a 4 (jan./dez. 1986), pp. 122-128.
TEIXEIRA, António Braz" "Experiência jurídica e ontologia do Direi"o". *Nómo– – Revista Portuguesa de Filosofia do Direito e do Estado*. Lisboa, nº 3-4 (jan./dez. 1987), pp. 24-37.

TEIXEIRA, António Braz. "Bruno (Sampaio)". In: *Logos – Enciclopédia Luso-Brasileira de Filosofia*. Volume 1. Lisboa/São Paulo: Verbo, 1989, pp. 775-777.

TEIXEIRA, António Braz" "A dimensão social do krausismo jurídico luso--brasilei"o". *Revista Brasileira de Filosofia*. São Paulo, vol. 51, nº 202 (abr./jun. 20ª1a), pp. 177-191.

TEIXEIRA, António Braz. *A justiça no pensamento contemporâneo*. 2001b. [Manuscrito inédito].

TOCQUEVILLE, Alexis de. *L'Ancien Régime et la Révolution*. Paris: Flammarion, 1988.

TORRES, Ruy d'Abreu. "Sampaio Bruno". In: *Cultura Portuguesa:* Historiadores e Eruditos. Lisboa: Empresa Nacional de Publicidade/Editora Notícias, 1975, pp.141-152.

VARELA, Maria Helena. *Os heterólogos em língua portuguesa*: Elementos para uma antropologia filosófica situada. Rio de Janeiro: Espaço e Tempo, 1996.

VÉLEZ RODRÍGUEZ, Ricardo. "Traços biográficos de Fidelino de Figueiredo". *Boletim*. Londrina: Universidade Estadual de Londrin– – Departamento de Ciências Sociais, nº 2 (1982), pp. 12-24.

VIANA, Pedro Amorim. *Defesa do racionalismo ou análise da fé*. (Prefácio de António Braz Teixeira; Organização e fixação do texto de António Carlos Leal da Silva). Lisboa: Imprensa Nacional – Casa da Moeda, 1982.

7.

DEZ PRINCÍPIOS DO LIBERALISMO CLÁSSICO

Luan Sperandio

Nas palavras do fundador do Instituto Liberal, Donald Stewart Jr., "liberalismo é uma doutrina política que, utilizando ensinamentos da ciência econômica, procura enunciar os meios a serem adotados para que a humanidade, de uma maneira geral, possa elevar o seu padrão de vida"[1]. O principal fundamento e núcleo desta corrente de pensamento é a liberdade do indivíduo.

Para melhor compreender qualquer doutrina é fundamental entender os *princípios* que a norteiam – palavra que vem do latim *principium*, que significa primo (primeiro). O *princeps* é aquilo que toma o primeiro lugar, a primeira parte, o primeiro posto; é o príncipe, o chefe, o "cabeça", o soldado da linha de frente. O princípio, assim, é um início, um começo, os fundamentos basilares. Compreendendo bem os princípios da doutrina, diante de um caso concreto, o indivíduo saberá qual a postura adequada perante o liberalismo. Os princípios nos auxiliam a formatar as instituições vigentes, alterando-as ou limitando suas atuações, pois o liberalismo é uma convicção evolucionária e não revolucionária.

Assim, este texto procura listar e explicar os princípios do liberalismo clássico, baseados nas lições de Nigel Ashford (1952-), professor da George Mason University.

1. Primazia da Liberdade: O primeiro princípio diz respeito ao valor central que a liberdade possui para o liberalismo. Cada indivíduo possui seus conjuntos de crenças e valores, e o governo não deve diminuir a liberdade do indivíduo. No entendimento do filósofo Karl Popper, o Estado é um perigo constante e, sob este

---

[1] STEWART JR., Donald. O Que é o Liberalismo. LVM Editora, 2019, p. 25.

aspecto, um mal, ainda que necessário, com suas competências de poder não devendo ser ampliadas além do necessário.

A posição de um governo, portanto, é tão somente evitar agressão a terceiros por meio de um aparato de segurança e justiça. Segundo essa perspectiva, reconhecem-se apenas os denominados direitos fundamentais de primeira dimensão, que remontam aos direitos individuais, originados no iluminismo racionalista. Eles estão relacionados com as chamadas prestações negativas do Estado, limitando suas ações, na medida em que o liberalismo exige menor presença deste na esfera da liberdade das pessoas, a fim de, especialmente, favorecer a economia privada, o regime da propriedade e os direitos individuais;

2. Individualismo: O individualismo deve sempre prevalecer em relação ao coletivismo. Assim, jamais deve-se sacrificar o indivíduo ou seu patrimônio em prol do bem comum, sendo essa uma expressão subjetiva que, em última análise, pode vir a justificar qualquer coisa. O apego à coletividade é uma característica típica de regimes intervencionistas. O fascismo e o comunismo consideram que os indivíduos simplesmente não possuem qualquer relevância.

Ernesto Che Guevara (1928-1967)[2], por exemplo, em sua obra *"Textos Políticos"* defendia que "para construir o comunismo, tem de se fazer o homem novo"[3]. Para o argentino, o indivíduo era um fim em si mesmo, apenas uma ferramenta para a revolução. Assim, matar ou sacrificar pessoas não apenas era racional, como correto. Conforme revelam seus diários e declarações, ele tinha uma crença em que a natureza humana é maleável, podendo ser ensinados diferentes comportamentos, bastando, para tanto, educá-la para o espírito revolucionário;

3. Ceticismo: A ação humana é o comportamento ou conduta deliberada com o fim específico de levar o indivíduo de uma situação de maior desconforto para uma de menor. Já o intervencionismo é a tentativa de condução da ação humana para

---

[2] Guerrilheiro latino-americano, ocupou papel importante na Revolução Cubana.

[3] "Para construir o comunismo, simultaneamente com a base material há que fazer o homem novo.". Link: https://www.marxists.org/portugues/guevara/1965/03/homem_cuba.htm

fins determinados de forma centralmente planejada. Os liberais clássicos entendem que o indivíduo sabe o que é melhor para si próprio, mais do que um burocrata em Brasília, pois conhece melhor a sua realidade.

Em linhas gerais, os liberais são bastante céticos em relação ao intervencionismo por considerá-lo ineficiente. Como explica Adriano Gianturco (1983-)[4], a intervenção dá-se por quem ocupa cargos eletivos, e há interesses dispersos entre eles e a população. Logo, os decisores políticos possuem interesses não necessariamente alinhados com os interesses da população. Há problemas de cálculo econômico, em que uma autoridade central possui dificuldades alocativas, como estabelecer o que produzir, a qual custo, quantidade e preço, e a dispersão do conhecimento, em que os planejadores possuem informações limitadas para tomar decisões para os outros.

Dessa forma, liberais são céticos com qualquer tipo de intervencionismo;

4. Império da Lei: Os princípios devem ser usados para avaliarmos o que o governo faz, como leis aprovadas e suas ações.

    Liberais entendem que certos princípios devem ser adotados como forma universal, como a igualdade formal. Isso significa que pessoas devem ser tratadas da mesma forma, independentemente de seu gênero, orientação sexual, religiosa ou ideológica. É a tão famosa igualdade perante a lei. Sendo assim, devem opor-se a leis que tratem indivíduos de forma diferente;

5. Cooperação social: Há organizações voluntárias que existem entre o indivíduo e o Estado. Liberais clássicos acreditam que a maior parte dos problemas sociais podem ser resolvidos com maior eficiência por intermédio de organizações voluntárias, como a família, a igreja e instituições de caridade, por exemplo. Quando optamos por ajudar outros indivíduos por meio da sociedade civil, a maioria das pessoas escolhe uma organização próxima de si, com propósitos e valores semelhantes aos seus. Assim, pode fiscalizá-los, supervisionar o que está sendo feito com suas contribuições, o que não ocorre da mesma forma

---

[4] Cientista política italiano que atua no Brasil.

quando realizado por um programa social estatal. Ademais, o auxílio não necessariamente precisa ser monetário, mas trabalho voluntário também.

Com o Estado de bem-estar social, houve uma terceirização da obrigação moral dos indivíduos em ajudar os próximos necessitados para o Estado. Há uma forte evidência empírica de que indivíduos de países com maiores liberdades econômicas são mais solidários;

6. Ordem Espontânea: Trata-se da regularidade e previsibilidade no mundo. A ação humana requer uma avaliação dos custos de oportunidade e consequências das decisões tomadas pelos indivíduos.

Há correntes de pensamento, como o positivismo – inspiração para os dizeres "Ordem e Progresso" na bandeira brasileira –, que supõem a necessidade de uma instituição para manipular e organizar as coisas e, assim, haver ordem.

Liberais clássicos, no entanto, não acreditam nisso: a ordem pode surgir espontaneamente. Indivíduos, por meio de interações voluntárias, criam as regras pelas quais as pessoas acabam se organizando. Para exemplificar, Friedrich Hayek cita o exemplo da língua, que surgiu por intermédio da comunicação entre as pessoas e que, ainda assim, possui certas regras. Nós não precisamos de alguém que planeje nossas vidas ou de uma autoridade central;

7. Livre mercado: O jurista italiano Bruno Leoni distingue dois tipos de relações humanas, as econômicas e as políticas. A primeira refere-se a todas as relações voluntárias e livres, independentemente de se usar dinheiro ou não. Por serem voluntárias, os indivíduos apenas cumprem-nas por considerarem que elas gerarão maior conforto e satisfação do que se teria caso se procedesse de outra forma, afinal são "trocas produtivas". Do contrário, as relações políticas são hegemônicas e fundadas na coerção, sendo consideradas "relações desprodutivas".

Desse modo, as relações devem ser feitas voluntariamente por indivíduos. O governo não deve determinar onde as pessoas devem trabalhar, como poupar, o que construir e o que produzir. Tudo isso deve ser entregue à interação voluntária entre pessoas. A propriedade privada é uma necessidade, e os recursos são escassos, daí a ocorrência de conflitos de interesses entre os indivíduos. Para os liberais clássicos, é nesse momento de conflitos que o Estado deve ser provocado para buscar a resolução da lide de forma pacífica, por meio de seu Poder Judiciário, detentor da capacidade jurisdicional (possibilidade de decidir imperativamente e impor decisões, conforme a legislação). Para tanto, o Poder Judiciário deve estar sempre pronto e capacitado para resolver as disputas contratuais de forma rápida, informada, imparcial e previsível, atendo-se aos termos originais do contrato e ao texto da lei. Caso assim não fosse, não haveria o porquê da celebração de contratos, por exemplo, pelos agentes no mercado. Dessa forma, caso não haja a garantia de que o desrespeito aos contratos será punido com celeridade e correção, as relações de trabalho, os negócios entre empresas, as operações financeiras e muitas outras transações econômicas ficarão mais incertas e caras, podendo mesmo tornarem-se inviáveis. Salienta-se que deixar o livre mercado agir em vez do governo aumentou a prosperidade, diminuiu a pobreza, criou mais empregos e bens que as pessoas querem comprar;

8. Tolerância: A tolerância é a crença em que uma pessoa não deve interferir em coisas de que ela discorda. Tolerância não significa permitir que as pessoas façam algo porque você concorda ou acha bom. A tolerância envolve, diante de coisas de que você discorda, abster-se de tentar utilizar a coerção institucional do Estado para impor o seu mundo ideal. As pessoas devem ser livres para dizer coisas das quais discordamos. Nós devemos tolerar, mesmo discordando delas. Como dizia o político norte-americano Robert Gree Ingersoll (1833-1899), "tolerância é dar aos outros os mesmos direitos que você reivindica para si mesmo";

9. Paz: A paz é um estado em que se pode viver a vida sem violência ou guerra. Isso é adquirido ao não intervir nos assuntos de outros países. Em outras palavras, os liberais clássicos defendem uma política externa não intervencionista. A nossa interação com outras nações deve ser baseada no que é denominado de

"as quatro liberdades": deve haver livre circulação de capital, trabalho, pessoas e serviços. O professor Ashford acrescenta uma quinta liberdade: a livre circulação de ideias.

Em sua aclamada obra *"Ação Humana"*, Ludwig von Mises defende que o *laissez-faire* elimina as causas dos conflitos internacionais ao restringir a interferência do governo na atividade econômica. O austríaco argumenta que, em regime de livre mercado, em que há liberdade de circulação tanto de mercadorias quanto de pessoas, ninguém se preocupará com o tamanho do território de seu país. Contudo, em meio a um ambiente institucional de barreiras alfandegárias e migratórias – comumente adotado por governantes nacionalistas –, passa a haver interesse substancial em expansão territorial, pois isso passa a simbolizar uma melhoria material e de bem-estar de seu país. De tal maneira, a proposição de Mises para preencher o princípio da paz é relativamente simples: eliminar barreiras tarifárias e migratórias. Para alcançar a paz e a prosperidade é preciso haver um livre mercado de fato.

Há evidências empíricas que demonstram a correlação entre comércio e paz, desenvolvida por Thomas Friedman (1953-)[5], a Teoria dos Arcos Dourados. O liberalismo clássico acredita que, se nós tivéssemos um mundo que abraçasse essa livre circulação, teríamos um mundo baseado na paz;

10. Poder do Estado limitado: o último princípio do liberalismo clássico é a delimitação do poder do Estado. Há poucas coisas que o governo deveria fazer. Os trabalhos do Nobel de Ciências Econômicas de 1986, James M. Buchanan, enfatizaram o papel das constituições como meios pelos quais as pessoas podem proteger-se de abusos presentes no Estado, como a exploração de grupos de interesse, pelos nossos legisladores ou pela burocracia. O objetivo do Estado, por conseguinte, deve ser apenas o de proteger a vida, liberdade e propriedade. Qualquer coisa além disso não é justificável num governo estritamente limitado.

---

[5] Colunista e comentarista de Relações Internacionais dos Estados Unidos.

8.

OS TRÊS TIPOS DE IGUALDADE E SUAS RELAÇÕES COM A LIBERDADE

Luan Sperandio

Em um país tão desigual quanto o Brasil, o termo igualdade está sempre no debate público. A maior parte dos partidos e dos políticos defende medidas em busca de maior igualdade. Porém, afinal, que panaceia seria essa de busca pela igualdade e, principalmente, qual a relação entre liberdade e igualdade?

O debate é muito mais complexo do que pode aparentar preliminarmente, havendo três diferentes tipos de igualdades: a formal, a de oportunidades e a substancial.

A igualdade formal é a igualdade em que todos são iguais perante a lei. Trata-se de uma abstenção por parte do Estado: ele não pode interferir na liberdade do indivíduo de conduzir sua própria vida. As pessoas são diferentes, possuem valores, gostos e capacidades que influenciarão na forma pela qual vão gerir sua própria vida.

Ao considerar esse tipo de igualdade pessoal, a consequência é que não pode haver a imposição dos valores ou julgamentos a terceiros. Ninguém deve impor sua vontade sobre os outros, nem mesmo em função de haver uma maioria para isso. O indivíduo deve ser governante de sua própria vida, desde que não interfira nos direitos alheios e assuma a responsabilidade por seus atos. A igualdade formal aumenta a liberdade do indivíduo.

Outra igualdade que também deve ser vista com bons olhos por quem defende a liberdade individual é a igualdade de oportunidades, pois há uma relação bastante forte entre elas. Trata-se, é verdade, de um ideal impossível de ser plenamente realizado: as pessoas são diferentes geneticamente e culturalmente, o que pode fazê-las seguir por diferentes carreiras. Dessa forma, ao longo da vida do indivíduo, seus talentos e valores o farão buscar determinados objetivos, não devendo haver obstáculos arbitrários que eventualmente impeçam-no de alcançá-los.

Isso significa que nem a nacionalidade, etnia, sexo, orientação sexual ou religiosa, entre outros fatores – nada pode determinar as oportunidades que possam ser abertas a uma pessoa. Apenas suas capacidades e a forma como o indivíduo as aplicará podem determinar seu sucesso ou não.

É por isso que dentro da igualdade de oportunidades encontram-se a livre iniciativa, a livre concorrência e o *laissez-faire*. Isso significa que todos devem ter a liberdade de ingressar em uma atividade empresarial, comercializar produtos e serviços com quem quiserem – desde que de forma voluntária – e empregar seus esforços da forma como melhor desejarem, sem um ente centralizado que imponha o que se deve perseguir. Não deve ser imposta uma "função social" nas ações dos indivíduos.

A igualdade de oportunidades significa que todos os indivíduos devem colher os benefícios caso tenham êxito em suas atividades, da mesma forma que devem arcar com seus prejuízos caso venham a fracassar. Assim, há um grande senso de responsabilidade dentro da igualdade de oportunidades – e talvez seja justamente por isso que há tantos opositores a ela.

Embora possa parecer cruel que alguém venha a colher insucessos, é por meio desse sistema que há os melhores incentivos para que indivíduos sejam mais produtivos e dinâmicos, possibilitando, inclusive, maior mobilidade social.

Nacionalistas, em uma decorrência do pensamento coletivista, tendem a ser contrários à igualdade de oportunidades plena, por defenderem medidas incompatíveis com ela, como barreiras alfandegárias "para proteger a indústria nacional", mesmo que sejam improdutivas, e restrições à livre circulação de pessoas pelo simples fato de que alguns devem ser privilegiados a ir e vir em determinados locais, a depender do local em que nasceram. São regras que privilegiam alguns indivíduos em detrimento de outros, com base em arbitrariedades (neste caso, a nacionalidade). Assim sendo, a igualdade de oportunidades também aumenta a liberdade individual.

Há, no entanto, uma terceira igualdade, a igualdade substancial ou igualdade de resultados. Quando se fala na defesa por igualdade no debate público brasileiro, geralmente está referindo-se justamente a este tipo de igualdade. É um conceito que difere muito dos dois anteriores, pois as ações do Estado para promover porções justas a todos reduzem a liberdade individual. Dentro desse discurso, afirma-se que a abstenção do Estado e a liberdade de firmar contratos livremente provocaram maior desigualdade social.

Há quatro problemas fundamentais na busca pela igualdade substancial: o desincentivo para a busca por maior produtividade; o risco moral de perda do senso de responsabilidade individual; a consequência do aparato burocrático de bem-estar tende a não beneficiar os mais pobres e a criar uma casta privilegiada e, por fim, caso a ideia seja levada até as últimas consequências, em última análise o resultado é um Estado de Terror.

Destarte, há dois tipos de desigualdade, sendo uma boa e outra ruim, tal como há o colesterol bom e o ruim. A desigualdade boa é a que resulta dos talentos, esforço e da inventividade de cada indivíduo. Ela é permitida a partir da igualdade de todos perante a lei e da igualdade de oportunidades. Os resultados diferentes alcançados são algo perfeitamente natural. Essa desigualdade é positiva, já que os agentes econômicos são incentivados à busca pela inovação e geração de riqueza.

Entretanto há ainda a desigualdade ruim, que ocorre quando agentes econômicos enriquecem por outras razões que não o valor que geram à sociedade. Isso se dá por meio de *lobby*, corrupção e capitalismo de laços, por exemplo. Infelizmente, o Brasil é próspero em gerar desigualdades ruins a partir de instituições extrativistas. Estudo do Instituto de Pesquisa Econômica Aplicada (IPEA) mostra que o Estado brasileiro é responsável por cerca de um terço da desigualdade de renda, por exemplo.

A atuação do Banco Nacional do Desenvolvimento Econômico e Social (BNDES) na última década e as regras atuais da previdência social são grandes exemplos de geração de desigualdades ruins. Combater todo tipo de ação que fomente a criação de desigualdade ruim é uma obrigação moral para qualquer indivíduo preocupado com a liberdade.

9.

O "LEVIATÃ": THOMAS HOBBES E O PAPEL DO SOBERANO

Lucas Berlanza

Uma das obras clássicas do pensamento político, *"Leviatã – ou matéria, forma e poder de um Estado eclesiástico e civil"*, de Thomas Hobbes (1588-1679), segue ensejando reflexões díspares, por vezes conducentes a conclusões completamente distintas.

Há quem, curiosamente, situe sua obra como um marco importante para o posterior desenvolvimento do liberalismo como o entendemos hoje. Ao mesmo tempo, há quem a rechace como um monumento à tirania e ao Estado supremo. Devassar suas páginas leva a pensar que a verdade está no meio.

A compreensão de Hobbes ganha contornos se apreciarmos a sua localização histórica. Vivendo na Inglaterra do século 17, um pouco antes e, por algumas décadas, contemporaneamente a John Locke, ele foi influenciado pela Reforma Anglicana, pelo auge do absolutismo monárquico e pela revolução científica, adotando referências mecanicistas e inspirando-se em nomes como Francis Bacon (1561-1626) e Galileu Galilei (1564-1642).

Não obstante fosse defensor do cristianismo, particularmente do protestantismo – com uma série de observações críticas aos papas e à Igreja Católica em sua obra –, Hobbes revela-se moderno precisamente porque constrói seus argumentos sobre a natureza humana e a lógica detrás da organização do Estado e da sociedade civil sobre essa base de teor material e mecânico, sem a necessidade de recursos teológicos, tampouco metafísicos. Apesar de as duas últimas partes do livro concentrarem-se amplamente em temáticas religiosas e interpretações bíblicas, ele não se fundamenta, como outrora, na tese antiga do direito divino dos reis para delinear o coração de sua concepção política.

A importância de Hobbes estaria em que, partindo dessas bases modernas, ele formulou uma exposição pioneira de uma teoria contratualista, que apresenta nesses alicerces a origem da sociedade civil e organizada em torno de um Estado – uma espécie de "homem artificial", uma instituição que decorreria, nos indivíduos da espécie humana, da "preocupação com a sua própria conservação e a garantia de uma vida mais feliz"[1], elementos ameaçados pelo que seria, sem o Estado, em um hipotético "estado de natureza", "a mísera condição de guerra, consequência necessária das paixões naturais dos homens, se não houver um poder visível que os mantenha em atitude de respeito"[2].

A consequência dessa realidade dramática – que sem isso imperaria, para ele, o único meio de permitir que os indivíduos, chamados cidadãos ou súditos, tivessem acesso a direitos e a instrumentos de proteção de suas vidas e atividades seria "conferir toda a força e o poder a um homem ou a uma assembleia de homens"[3]. Pela expressão "soberano", que seria o portador desse poder, portanto, Hobbes não se referia exclusivamente a monarcas, mas também a governos aristocráticos e democracias, empregando aí as palavras com acepções similares às que adquirem na *"Política"* de Aristóteles (384 a.C.- 322 a.C.) – a quem, aliás, Hobbes faz os mais lamentáveis ataques ao final de seu livro, tratando a filosofia grega como se fora um poço de ignorância.

Ainda que aplique seus conceitos a essas três formas de governo, enxergando no "soberano" a quem o poder deve ser concedido o próprio Estado, independentemente de qual seja a forma de que se revista, é interessante constatar que Hobbes enuncia alguns argumentos em favor da monarquia absoluta em detrimento dos demais regimes, que em muito se assemelham aos argumentos utilizados pelo libertário anarcocapitalista[4] Hermann Hoppe (1949-) em seu *"Democracia: o Deus que Falhou"* para alegar que a monarquia antiga era superior ao regime democrático.

---

[1] HOBBES, Thomas. Leviatã ou matéria, forma e poder de um Estado eclesiástico e civil. Martin Claret. 2012, p. 136.

[2] HOBBES, Thomas. Leviatã ou matéria, forma e poder de um Estado eclesiástico e civil. Martin Claret. 2012, p. 136

[3] HOBBES, Thomas. Leviatã ou matéria, forma e poder de um Estado eclesiástico e civil. Martin Claret. 2012, p. 139.

[4] Defensor do anarcocapitalismo, ou anarquismo de mercado. Mais informações ao final do livro.

Tal como Hoppe, Hobbes já ressaltava que o monarca se identificaria mais com a sorte de seu reino porque, ao fim das contas, seria sua própria fortuna pessoal que estaria em jogo, o que em assembleias aristocráticas e democráticas teria menos impacto, bem como indicava que a monarquia favoreceria apenas alguns poucos membros da corte, entre os parentes e conselheiros do rei, enquanto a democracia e a aristocracia aumentariam a quantidade potencial de privilegiados inseridos na máquina do Estado.

O livro é muito explícito e recorrente em sustentar que os mais diversos assuntos, das penalidades aplicadas, da Justiça, das doutrinas e teorias que podem ser livremente expressas até as sanções religiosas, tudo, por natureza, deve estar subordinado à determinação do "soberano", isto é, do Estado. A liberdade dos súditos, para ele, está "somente naquelas coisas permitidas pelo soberano ao regular suas ações, como a liberdade de comprar e vender ou realizar contratos mútuos, de cada um escolher sua residência, sua alimentação, sua profissão e instruir seus filhos como achar melhor"[5]. Não obstante essa bela enumeração, se o soberano quisesse negar ao súdito todas essas franquias de liberdade, mesmo negar-lhe a própria vida, como no caso de uma execução injusta, ele teria esse direito, ao menos perante o juízo dos demais, reconhecido por Hobbes, porque "a liberdade [...] não é a liberdade particular de um homem, mas a liberdade do Estado".

O "contrato social" em Hobbes é filosoficamente tratado como o ato simbólico dessa cessão de prerrogativas e poderes basicamente absolutos ao soberano, cessão mediante a qual as decisões e atitudes do soberano representante passam a equivaler às decisões e atitudes de todos que supostamente lhe cederam a autoridade. Define ele:

> Um Estado é considerado instituído quando uma multidão de homens concorda e pactua que a um homem qualquer ou a uma qualquer assembleia de homens seja atribuído, pela maioria, o direito de representar a pessoa de todos eles (ou seja, de ser seu representante), todos sem exceção, tanto os que votaram a favor desse homem ou dessa assembleia de homens como os que votaram contra, devendo autorizar todos os atos e decisões desse

---

[5] HOBBES, Thomas. Leviatã ou matéria, forma e poder de um Estado eclesiástico e civil. Martin Claret. 2012, p. 172.

homem ou dessa assembleia de homens, como se fossem seus próprios atos e decisões, a fim de poderem conviver pacificamente e serem protegidos dos restantes homens.[6]

Por isso, por absurda que seja, a decisão do Estado deve ser respeitada e acatada como decisão própria dos cidadãos, mesmo pelas minorias que passarem a rejeitar seus posicionamentos e sua autoridade.

Salvo a de não confessar crimes e de não cumprir a ordem de cometer suicídio, mesmo que venha do soberano, porque não comete um crime aquele que procura defender a própria vida – cometeriam, no entanto, aqueles que, mesmo ele sendo condenado injustamente, procurassem defendê-lo e questionar o julgamento do soberano –, todas as outras liberdades estão subordinadas, em seu pensamento, "à inexistência de leis a respeito. Quando o soberano não estabeleceu regras, o súdito tem a liberdade de fazer ou de omitir, de acordo com seu discernimento"[7]. Do contrário, todos devem curvar-se aos seus ditames. Enquanto o soberano, o Leviatã, o glorioso Estado, proteger os súditos, eles lhe deverão obediência. Hobbes é hostil a qualquer poder organizado que contrabalance o do soberano, bem como proclama a justiça da repressão a organizações e reuniões, porque a ameaça à autoridade do "soberano" é uma ameaça à paz e à tranquilidade buscadas na organização política.

Não consigo conceber, pois, como se poderia dizer que Hobbes era um "liberal", quando suas ideias transparecem claramente autoritárias, alérgicas a qualquer organização política das minorias de interesse, ou opinião e contenção, ou contrapeso de poderes. Por que razão, então, pontuei que a verdade estaria no meio?

Podem-se tecer inúmeras críticas ao pensamento contratualista, a começar pelo fato de que, concretamente falando, como seus próprios defensores admitiriam, não há sinal de que tenha havido em algum momento, na aurora dos tempos, essa mítica reunião em que o "contrato social" teria sido selado. Trata-se de uma construção filosófica. Tem

---

[6] HOBBES, Thomas. Leviatã ou matéria, forma e poder de um Estado eclesiástico e civil. Martin Claret. 2012, p. 141.

[7] HOBBES, Thomas. Leviatã ou matéria, forma e poder de um Estado eclesiástico e civil. Martin Claret. 2012, p. 177.

sido difundida entre os brasileiros a teoria do "bandido estacionário"[8], que explicaria a origem concreta do Estado de outra forma, mais objetiva e realista. O pensamento de Aristóteles sobre o direito natural clássico, acerca da origem e destino dos governos, ainda me parece mais interessante do que as teses libertárias e do que as consequências deduzidas por Hobbes.

Mesmo assim, ainda que "apenas" como instrumento teórico, o contratualismo estimularia, a partir de Locke e outros autores, sobretudo na própria Inglaterra, a concepção do liberalismo, do constitucionalismo, da limitação dos poderes, na medida em que deslocou diretamente para os interesses dos indivíduos, de cada cidadão, a organização da sociedade civil e do Estado, em vez de apelar, já de início, à "comunidade". Se admite a diluição da maior parte das franquias individuais na tirania "necessária" do Estado, ao mesmo tempo Hobbes constrói filosoficamente a ideia de que isso se daria no interesse de cada indivíduo, para proteger sua vida e materializar seus direitos naturais.

Pode ser esse um lugar positivo de Hobbes na história do pensamento liberal: o da introdução de um estímulo filosófico-metodológico, por assim dizer, que serviu para melhores desenvolvimentos posteriores, convivendo, em seu elaborador, com postulações autoritárias das quais o cidadão do século 21 deve, naturalmente, passar longe.

---

[8] Teoria desenvolvida pelo cientista político Mancur Olson (1932-1998). O Estado surgiria entre as sociedades primitivas quando grupos de saqueadores abandonariam o nomadismo e passariam a saquear sempre uma mesma comunidade, monopolizando e racionalizando pilhagem através dos impostos.

10.

O FALSO ANTAGONISMO ENTRE LIBERDADE E IGUALDADE

Bernardo Santoro

Entre os liberais, de maneira geral, há uma grande dificuldade em associar os conceitos de liberdade e igualdade, com os adeptos dessa filosofia política abraçando o conceito de liberdade e rejeitando o conceito de igualdade. Essa dicotomia entre liberdade e igualdade foi amplamente difundida pelo famoso filósofo italiano Norberto Bobbio e seu livro *"Direita e Esquerda"*.

Porém tal divisão é falsa. As ideias de liberdade e igualdade são totalmente compatíveis, desde que tomem-nas a partir de sua correta conceituação. Qualquer liberal, mesmo o mais pragmático, teria horror ao conceito original de liberdade, construído na Grécia antiga. A liberdade grega era uma liberdade política, inserida dentro do contexto da *polis* grega, sendo, portanto, um conceito coletivo de liberdade. A ideia de responsabilidade, que é o corolário natural da liberdade, era meramente incipiente, relativa a questões civis e penais básicas. Não se admitia a ideia de a liberdade ser ligada à soberania do indivíduo, afinal, o homem era um ser político.

O conceito liberal de liberdade veio sendo construído a partir do advento do cristianismo e da ideia de livre-arbítrio. Com a modernidade e, em sequência, a superação da fé para a valorização da razão, foi que se dilapidou a liberdade como a faculdade de ação racional com vistas a fins pré-determinados, baseados em direitos naturais provenientes da razão e tendo como limites a liberdade do próximo.

Já a igualdade como se entende hoje, ou seja, uma igualdade material ou econômica, tem origem na modernidade, com alguns vislumbres em Rousseau e um maior desenvolvimento pelo marxismo, e sempre foi rejeitada por liberais. Por outro lado, liberais sempre tiveram grande apreço pela ideia de igualdade formal, ou igualdade perante a lei, como forma de se implementar a liberdade. Sem que o poder político vigente trate de maneira igualitária os entes civis, é impossível a existência de liberdade. A falta de isonomia dá ao Estado o poder de adentrar a propriedade privada do cidadão e turbar sua liberdade.

Mais modernamente, a filosofia liberal foi adiante para explicar que a própria igualdade formal não é suficiente para se garantir a liberdade, pois o poder político pode, igualmente, restringir a liberdade de todos os cidadãos, como no exemplo clássico de Murray Rothbard (1926-1995).

Roderick Long (1964-)[1] vai argumentar que todo defensor da liberdade busca uma "igualdade de autoridade", ou seja, que todos os homens seriam igualmente livres em dispor dos seus próprios corpos e das suas próprias propriedades privadas como bem quisessem. Eu acho essa a melhor definição que existe para essa mistura de igualdade e liberdade.

Em suma, liberdade e igualdade não são ideias distintas e é a existência desses dois conceitos, corretamente entendidos, que possibilita o exercício da fraternidade universal e voluntária para o pleno desenvolvimento da sociedade humana.

---

[1] Professor de filosofia dos Estados Unidos e adepto do anarcocapitalismo.

11.

LIBERDADE DE EXPRESSÃO E ESPAÇOS PÚBLICOS

Bernardo Santoro

A sociedade brasileira ficou chocada neste fim de semana[1] com a atitude de um casal dentro da "Marcha das Vadias", que depredou e destruiu imagens religiosas em frente à festa da Jornada Mundial da Juventude[2]. Além da depredação de imagens, houve uma ostensiva prática de atos obscenos, com a moça do casal introduzindo uma imagem de santo em sua vagina e o rapaz introduzindo um crucifixo em seu reto.

Esse episódio parece ser um bom ponto de partida para uma discussão sobre liberdade de expressão. Existe limite para o direito mais básico da democracia – e, se ele existe, até onde vai?

A liberdade de expressão é um requisito *sine qua non* da democracia. Sem que um cidadão possa exprimir sua vontade, a mesma não pode ser conjugada com outras para se chegar a uma decisão popular. Portanto, em um processo decisório da democracia, como eleições, plebiscitos e referendos, ela precisa ser ilimitada, sob pena de se manchar o sufrágio.

Fora do processo democrático, o direito de expressão é um direito individual fundamental. Como todo direito individual, dentro da visão liberal de direito, ele possui duas características básicas: 1) ele é ilimitado dentro da propriedade privada do indivíduo e limitado pelas outras propriedades privadas que o circundam; e 2) ele é limitado por direitos individuais de outros indivíduos dentro da propriedade pública. Esses dois conceitos merecem uma melhor explicação.

Dentro da propriedade privada de um indivíduo, sua liberdade de expressão é ilimitada, pois é a partir da expressão de suas vontades, inserida dentro de sua propriedade privada, que o indivíduo constrói

---

[1] Este artigo foi originalmente publicado em 29 de julho de 2013.
[2] Encontro internacional de juventudes católicas.

seus valores e sua identidade. A limitação a essa expressão é externa à propriedade, ou seja, o uso da sua propriedade não pode turbar injustamente a propriedade alheia, sob pena de um indivíduo atacar o direito de expressão de outro. Um exemplo claro disso é no caso de barulho alto praticado por vizinho que turbe a propriedade de alguém. Aqui o vizinho está atingindo o direito de expressão do próximo ao invadir com seu barulho a propriedade privada de outrem. O limite é bem visível.

Uma discussão que já pode ser feita aqui é: as pessoas têm um direito natural de não serem ofendidas? A resposta encontra-se na explicação acima: as pessoas têm o direito de não verem sua propriedade privada ser turbada, mas não têm o direito de não serem ofendidas. Turbação de propriedade tem um caráter objetivo: se um indivíduo invade a propriedade de outro, deve cessar essa invasão. Já a ofensa tem caráter subjetivo: eu posso ficar ofendido com uma música com conteúdo chulo, como as várias músicas *funk* que tocam no Rio de Janeiro, mas não posso impedir a existência dessa música que me ofende, nem impedir alguém de ouvi-la em propriedade privada do ouvinte. A mesma coisa acontece com atos sexuais: eu posso ficar incomodado com a existência da homossexualidade e de homossexuais, mas não posso impedir que pessoas pratiquem atos homossexuais em sua propriedade privada, assim como homossexuais não podem impor sua presença na propriedade privada de um homofóbico.

Portanto, através do respeito à propriedade privada, a maioria dos conflitos relativos a direito de expressão estariam resolvidos. O problema se dá quando nos encontramos em propriedades públicas.

Propriedades públicas são propriedades pertencentes ao Estado e, portanto, seguem regras produzidas pelo próprio Estado. Em regimes democráticos, essas regras são produzidas, a princípio, por um sistema pré-estabelecido constitucionalmente, supostamente garantindo direitos individuais básicos de todos os cidadãos. Como regras democráticas, elas tendem (apenas tendem, pois não é uma regra absoluta) a refletir um regramento minimamente razoável, ponderando-se o direito de liberdade de expressão dos indivíduos com valores culturais tradicionais, o que, em Sociologia, se diria ser a contraposição do conteúdo dinâmico inovador da sociedade com o seu conteúdo estático rígido.

Com isso, nas propriedades públicas, por falta de um sistema de propriedade privada balizador, há uma constante tensão interna entre tradição e modernismo, cuja resolução é impossível de se esclarecer definitivamente – e as regras democráticas para uso do espaço público mudam de acordo com a conveniência política do governo em gestão.

A melhor forma de se resolverem problemas de liberdade de expressão é a maximização de espaços de propriedade privada, onde o dono da propriedade cria regras indiscutíveis de expressão, e minimização das propriedades públicas, que são onde o conflito interno típico de propriedades sem dono definido faz-se mais presente.

Logo, em Estados liberais, com menor presença do Estado e menor quantidade de bens públicos, a tendência natural é que ocorram menos conflitos relativos à liberdade de expressão, enquanto em Estados mais socializados e com maior quantidade de espaços públicos, a tendência natural é que ocorram mais desses conflitos.

A atual regra democrática que tenta disciplinar o exercício da liberdade de expressão em propriedades públicas, que, repisa-se, são indisciplináveis por natureza, dispõe que essa liberdade é extremamente ampla, só devendo ser tolhida em casos muito específicos, como no caso de: 1) preservação do direito de ir e vir de outras pessoas; e 2) para impedir a execução de atos obscenos, entre outros. Destaca-se aqui que esse é um sistema extremamente favorável à liberdade de expressão.

Porém deve-se levar em consideração ainda que, nesse modelo de propriedade pública, a regra pré-estabelecida deve ser necessariamente cumprida, pois sem a garantia de limitação que a Lei exerce sobre o governo, entra-se em estado de ditadura.

Entrando no caso concreto, os componentes da "Marcha das Vadias" (que, diga-se, têm um péssimo departamento de *marketing*) têm todo o direito de se expressar como bem quiserem dentro da propriedade privada de seus membros, respeitando-se os limites externos das propriedades privadas ao seu redor, como garantia do seu direito de cidadãos. Se o Estado cria regulamentos com a finalidade de regular a liberdade de expressão dentro da propriedade individual dos cidadãos, aqui sim configura-se de maneira cristalina a censura e a opressão estatal.

Entretanto na propriedade pública, gerida por regras democráticas que levam a tensão social em consideração, as pessoas precisam respeitar os parâmetros democráticos estatais, pois essas regras são, antes de tudo, limitadoras do próprio poder governamental. Esses parâmetros, portanto, não são limitadores da liberdade de expressão, mas sim reguladores dessa liberdade no âmbito dos bens públicos, respeitando-se os direitos individuais dos demais.

A "Marcha das Vadias", ao permitir que pessoas dentro da manifestação abusassem do direito de expressão – praticando atos obscenos como o empalamento com crucifixos –, abusou por completo dos seus direitos individuais, ferindo de morte a sua legitimidade e manchando a possível justeza de algumas de suas reivindicações. No jargão popular, foi um grande "tiro no pé".

Em suma, liberdade de expressão é um direito fundamental que deve ser ilimitado apenas em propriedades privadas, sendo essencial ser limitado em propriedades públicas para preservação dos direitos individuais de outros cidadãos, e tais limites não caracterizam censura se criados dentro de um ambiente democrático que preserve ao máximo o valor da liberdade. Atos obscenos públicos, como os protagonizados por integrantes da "Marcha das Vadias", desrespeitam direitos individuais e não podem ser protegidos, como bem faz o Direito brasileiro.

12.

INDIVIDUALISMO *VERSUS* COLETIVISMO

João Luiz Mauad

Na minha visão particular, o mais importante dos princípios liberais é o individualismo. É a visão individualista que nos difere, de forma marcante, da maioria das filosofias políticas coletivistas que nos são (ou foram) opostas. Infelizmente, este é um conceito muito pouco compreendido e facilmente mal interpretado.

A palavra "individualismo" pode ser empregada de duas maneiras distintas. A primeira não tem sinonímia e é geralmente utilizada em oposição a "coletivismo". De acordo com o Dicionário Houaiss, individualismo é a "doutrina moral, econômica ou política que valoriza a autonomia individual, em detrimento da hegemonia da coletividade despersonalizada, na busca da liberdade e satisfação das inclinações naturais"[1]. O outro significado é meramente lexical, sem qualquer conotação filosófica, política ou econômica, e diz respeito a certa "tendência, atitude de quem revela pouca ou nenhuma solidariedade e busca viver exclusivamente para si; egoísmo"[2].

A simples existência desta segunda acepção é suficiente para provocar inúmeras confusões terminológicas e dificultar o correto entendimento filosófico do individualismo, além de fornecer aos coletivistas material precioso para seus ataques e sofismas, invariavelmente calcados num suposto dualismo entre "individualismo" e "altruísmo", o que, como veremos, é um completo disparate.

É notória a falta de parcimônia com que muitos coletivistas costumam deturpar as teorias e doutrinas que lhes são divergentes, o que já não causa nem mais espanto. No entanto, os próprios adeptos dos princípios individualistas costumam, às vezes, "jogar contra o

---

[1] https://houaiss.uol.com.br/corporativo/apps/uol_www/v5-4/html/index.php#0
[2] Idem.

patrimônio". Seja por necessidade retórica, falta de cuidado na escolha das palavras ou mero desconhecimento, alguns de nós, liberais, frequentemente caímos na armadilha de utilizar a palavra "egoísmo" como sinônimo daquilo que Smith chamava de *"own interest"*, *"own care"* ou *"own convenience"*.

Outro equívoco bastante comum quando se fala em individualismo é o de vinculá-lo a "isolamento". Nada poderia ser tão evidentemente estúpido para qualquer ser pensante e, mesmo assim, tenho visto muitos coletivistas dispostos a atacar o liberalismo sob o argumento banal de que o homem é um ser eminentemente cooperativo. Esse é um daqueles tipos de argumentação que chegam a ser patéticos, pois ninguém, muito menos um liberal em sã consciência, poderia negar que a cooperação entre os homens e a vida em sociedade produzem formidáveis benefícios para os indivíduos. Nenhum liberal jamais questionaria as enormes vantagens da divisão do trabalho, da associação humana, do comércio voluntário ou qualquer outra interação cooperativa.

A benéfica cooperação entre pessoas, utilizada como um meio para a consecução dos objetivos individuais, todavia, não pode ser confundida com o infame ideal coletivista, que pretende transformar as sociedades humanas em algo semelhante a uma colmeia ou formigueiro.

Como muito bem colocou o saudoso professor Og Francisco Leme, um dos fundadores do Instituto Liberal, no magnífico ensaio *"Entre os cupins e os homens"*, enquanto a abelha, a formiga ou o cupim são insetos cujo comportamento é previsível, estando sempre dispostos à permanente renúncia individual em favor da comunidade, bastando-lhes a programação genética sob cujos auspícios nasceram, o homem, ao contrário, é um animal muito mais complexo. Para este, a vida em sociedade significa coexistir com outros indivíduos, todos diferentes entre si, com propósitos pessoais específicos, interesses diversos e, acima de tudo, com a necessidade de compartilhar valores, princípios e objetivos distintos. O drama de qualquer sociedade, portanto, está no fato de indivíduos, biológica e eticamente diferenciados, possuidores de interesses pessoais muitas vezes conflitantes, terem de ajustar-se a uma coexistência pacífica, em seus próprios benefícios.

Constitui imensa agressão à condição humana a submissão do indivíduo aos propósitos do grupo, sejam eles uma raça, uma classe, o Estado, a *polis* ou mesmo esta fantasia que se convencionou chamar de "bem comum". São os homens, individualmente, que têm valores, sentimentos, ideais, desejos, ambições, enfim, *vida*. Eis porque a base de toda a filosofia individualista está na crença em que o ser humano é um fim em si mesmo e não um meio a ser utilizado para fins "maiores". Os coletivos, ao contrário, não são a personificação do bem, pairando acima dos homens, mas meros agrupamentos de indivíduos para facilitar a consecução dos seus projetos e, no caso dos Estados, zelar pelas suas vidas, liberdades e propriedades.

13.

PLANIFICAÇÃO EFICIENTE

João Luiz Mauad

Segundo o pensamento desenvolvimentista, o sistema de livre mercado não presta, dentre outras coisas, porque nele impera uma suposta "anarquia da produção". Essa falácia sustenta que o liberalismo não dá margem à realização daquelas panaceias que eles apelidaram de "planejamento estratégico", "planejamento integrado" ou simplesmente "planificação econômica".

Como muito bem demonstrou Ludwig von Mises, o capitalismo de livre mercado é, na verdade, um sistema extensiva e racionalmente planejado. Só que o planejamento capitalista dá-se de forma pulverizada, através da ação de cada indivíduo. Quem quer que pense numa determinada ação econômica que lhe pode ser benéfica, assim como nos aspectos operacionais da sua consecução, realizará parte da "planificação" de uma economia de mercado.

As pessoas planejam comprar imóveis, automóveis, eletrodomésticos, alimentos, roupas e tudo o mais; planejam que tipo de trabalho querem fazer e, consequentemente, que profissões deverão abraçar, bem como a quem devem oferecer as habilidades específicas que possuem. As empresas, por seu turno, planejam produzir novos produtos ou descontinuar os existentes; planejam alterar seus métodos produtivos ou continuar usando os atuais; planejam abrir filiais ou fechá-las; contratar novos trabalhadores ou demitir os atuais; aumentar seus estoques ou diminui-los; fazer novos investimentos ou não.

Muitos exemplos de planejamento rotineiro por indivíduos, famílias ou empresas podem ser encontrados. A "planificação econômica" privada ocorre em todas as partes e a todo momento num sistema de livre mercado. Todos participam dela, consciente ou inconscientemente. Entretanto para muitos (a maioria) ela é imperceptível, quando não invisível.

De acordo com o professor George Reisman (1937-), um gigantesco e extensivo planejamento econômico privado não somente existe, mas é totalmente coordenado, integrado e harmônico no capitalismo.[1] Todo esse planejamento dos indivíduos, das famílias e das empresas está regulado por um mecanismo sólido, autônomo e extremamente eficiente, denominado "sistema de preços". Quem quer que planeje adquirir bens e serviços, de qualquer natureza, irá inevitavelmente considerar os respectivos preços e estará sempre pronto a mudar seus planos em função das oscilações do mercado. Também os que pretendem vender alguma coisa estarão prontos a alterar seus planos na eventualidade de mudança nos preços praticados.

As empresas, por sua vez, baseiam seus planos em perspectivas de faturamento e custos de produção. Uma empresa bem administrada deverá possuir agilidade para alterar os seus planos em vista de mudanças nos níveis de oferta e demanda dos seus insumos e produtos, cujo principal termômetro são os preços do mercado.

Vamos supor que, por causa de uma gripe aviária, os cidadãos resolvam alterar os seus padrões de consumo e passem a consumir mais peixe e menos frango. É lógico que, para manter a rentabilidade, os supermercados e restaurantes deverão alterar os seus padrões de oferta, aumentando as quantidades de peixe e reduzindo, na mesma proporção, as de frango. Essas alterações, por seu turno, irão determinar outras mudanças de planos e compras por parte dos seus fornecedores, dos fornecedores dos fornecedores e assim sucessivamente, até que o sistema inteiro tenha sido replanejado para adaptar-se à vontade soberana dos consumidores.

Portanto, o "termômetro" dos preços leva a que os agentes do mercado estejam continuamente se replanejando, em resposta às alterações de temperatura da oferta e da demanda, de forma a que cada participante esteja sempre buscando otimizar os seus lucros/benefícios ou, de modo inverso, minimizar as suas perdas. Essa é a maneira pela qual se assegura que cada processo produtivo seja gerenciado de modo tal que acabe colaborando para maximizar a eficiência do sistema como um todo.

---

[1] Capitalism: A Treatise on Economics (English Edition) – eBooks em Inglês na Amazon.com.br

Por sua própria natureza, o intervencionismo tira dos indivíduos não só a possibilidade, como o interesse pelo planejamento, cuja realização fica restrita a meia dúzia de burocratas, sob a absurda e virtualmente perturbada crença de que seus cérebros "especialíssimos" poderiam alcançar a capacidade de um Deus onisciente e onipresente. Como resultado, o planejamento racional do mercado dá lugar à ineficiência econômica, ao desperdício de recursos escassos, aos privilégios de toda sorte e à corrupção sistêmica.

14.

A OPINIÃO PÚBLICA E O LIBERALISMO

Rodrigo Constantino

Em 1954, Karl Popper proferiu uma conferência em Veneza cujo tema era "a opinião pública à luz dos princípios do liberalismo". Tal conferência encontra-se no livro *"Em Busca de um Mundo Melhor"*, de Popper. Aqui, pretendo fazer um breve resumo do que foi dito por este grande defensor da sociedade aberta.

Em primeiro lugar, Popper trata do mito da opinião pública, referindo-se à sentença clássica *"vox populi, vox dei"*, que atribui à voz do povo uma espécie de sabedoria divina, infalível. Ele lembra que o povo raras vezes fala uma só voz, devido à enorme pluralidade. Existem vários "homens comuns" – e mesmo o que eles decidem com unanimidade nem sempre é sábio. Contudo Popper acredita existir um grão de verdade no mito, pois as pessoas simples são muitas vezes mais sábias do que os governantes; e se não mais sábias, "são frequentemente guiadas por interesses melhores e mais generosos"[1].

A seguir, Popper levantou um conjunto de teses acerca dos fundamentos do liberalismo. O Estado seria um mal necessário e seus poderes não podem ser multiplicados além da medida indispensável. Mesmo em um mundo com homens bons, ainda haveria homens mais fracos e mais fortes – e os mais fracos não teriam nenhum direito de ser tolerados pelos mais fortes sem um Estado que garantisse tal direito. Eles teriam que ser gratos pela bondade dos mais fortes em tolerá-los. Todos que consideram tal visão insatisfatória, e creem que qualquer um deve ter o direito de viver e de reivindicar ser protegido contra o poder dos fortes, reconhecerão a necessidade de um Estado que proteja o direito de todos. Entretanto, não é difícil mostrar que

---

[1] POPPER, Karl. Em Busca de um Mundo Melhor. Editorial Fragmentos, 2006, p. 100. Disponível em: POPPER, Karl. Em Busca de Um Mundo Melhor – Baixar pdf de Docero.com.br

o próprio Estado é um perigo constante e, nesse sentido, um mal, mesmo que necessário. Afinal, para o Estado cumprir essa função imprescindível, ele deve ter mais poder do que qualquer indivíduo ou mesmo grupo de indivíduos. Tal concentração de poder sempre será perigosa para a liberdade.

Outro fundamento do liberalismo é a democracia. A diferença entre esta e um despotismo é, segundo Popper, que numa democracia é possível livrar-se do governo sem derramamento de sangue, enquanto num despotismo não. Como Popper defende para as ciências naturais o método de tentativa e erro, através da crítica racional, infere o mesmo para o modelo político, entendendo que através da democracia é, ao menos, viável derrubar um mau governante pacificamente; mas Popper deixa claro que não devemos ser democratas porque a maioria sempre está certa, mas sim porque as instituições democráticas, se enraizadas em tradições democráticas, "são de longe as menos nocivas que conhecemos"[2]

Popper atribui uma grande relevância às tradições também, pois meras instituições nunca são suficientes se não estão sustentadas por sólidos costumes. Instituições são sempre ambivalentes, podendo atuar segundo um propósito oposto ao que deveriam, caso não tenham o auxílio de uma tradição forte. O autor explica melhor: "Como todas as leis podem estabelecer apenas princípios universais, elas devem ser interpretadas para ser aplicadas; mas uma interpretação, por sua vez, precisa de certos princípios da prática cotidiana que só uma tradição viva pode desenvolver"[3]. Popper considera que não há nada mais perigoso do que a destruição da moldura moral, que são justamente esses costumes mais importantes. Ela acaba levando a um niilismo cínico, "à desconsideração e dissolução de todos os valores humanos".

Além disso, a liberdade de pensamento e a livre discussão são valores últimos do liberalismo, que podem ser explicados por referência ao papel que desempenham na busca da verdade. Como a verdade não é manifesta, não cai do céu, tampouco é fácil de encontrar; é fundamental garantir tais princípios, para que mantenhamos a descoberta gradual de nossos próprios valores, através da tentativa e erro e da

---

[2] POPPER, Karl. Em Busca de um Mundo Melhor. Editorial Fragmentos, 2006, p. 102.
[3] POPPER, Karl. Em Busca de um Mundo Melhor. Editorial Fragmentos, 2006, p. 103

discussão crítica. O valor de uma discussão "depende amplamente da variedade das visões e opiniões que se enfrentam" e o liberalismo põe sua esperança "não num consenso de convicções, mas na fertilização mútua das opiniões e em seu consequente desenvolvimento"[4]. Nesse contexto é que a opinião pública pode representar um perigo para a liberdade. Pelo seu anonimato, a opinião pública "é um poder sem responsabilidade" e, por isso, especialmente perigosa. Ela pode tornar-se um poder despótico e isso gera novamente a necessidade de proteção do indivíduo pelo Estado.

O resumo fica nas palavras do próprio autor:

> A entidade vaga, mal compreendida, chamada "opinião pública" é, com frequência, mais esclarecida e sábia do que os governos; mas, sem as rédeas de uma forte tradição liberal, representa um perigo para a liberdade. A opinião pública jamais pode ser reconhecida como *vox dei*, como árbitro da verdade e da falsidade, mas às vezes é um juiz iluminado em questões de justiça e outros valores morais. É perigosa em questões de gosto. Infelizmente pode ser "elaborada", "posta em cena" e "planejada". Podemos combater esses perigos apenas pelo fortalecimento das tradições do liberalismo; e qualquer um pode participar desse projeto[5].

---

[4] POPPER, Karl. Em Busca de um Mundo Melhor. Editorial Fragmentos, 2006, p. 104.
[5] POPPER, Karl. Em Busca de um Mundo Melhor. Editorial Fragmentos, 2006, p. 106.

15.

LIBERDADE E ORDEM ESPONTÂNEA NO PENSAMENTO DE F. A. HAYEK

Catarina Rochamonte

15.1. AS DUAS FONTES DO LIBERALISMO

Ao longo dos séculos 17, 18 e 19 consolidava-se no Ocidente uma tradição política que visava, dentre outras coisas, ao primado da lei e da ordem sobre o autoritarismo e o arbítrio, à garantia das liberdades individuais, à separação entre os poderes, ao respeito às instituições, à igualdade perante a lei, à neutralidade do Estado (separação entre esfera civil e religiosa), etc.

Essa importante força intelectual e política tem a particularidade de se originar de duas fontes distintas, ou duas visões de mundo que, ainda hoje, coexistem e misturam-se, confundindo um pouco o debate público que, muitas vezes, não incide sobre os problemas reais, que permanecem ocultos pela ausência de prévia análise linguística e genealógica dos conceitos que estão em jogo.

Estando de acordo quanto à liberdade de pensamento, de expressão e de imprensa e, por isso mesmo, fazendo frente a visões de mundo reacionárias, as duas correntes do liberalismo divergiam no quesito do respeito à tradição, às instituições e à própria experiência humana ou compreensão do que seja mais eminentemente humano. Uma das correntes liberais assentava-se em uma tradição filosófica que superdimensionava a capacidade racional, e outra em uma tradição filosófica que lhe enxergava os limites. Falamos aqui do liberalismo continental, que se vinculou ao racionalismo cartesiano e ao Iluminismo francês, culminando na Revolução Francesa, e do liberalismo evolutivo, que se vinculou ao Iluminismo escocês, ao empirismo britânico e que teve na Revolução Americana um de seus grandes momentos.

O primeiro pilar do liberalismo britânico é Jonh Locke, mas o próprio Locke, com o seu *"Segundo tratado do governo civil"*, de 1689, de certo modo, apenas tornou mais palatáveis ao leitor moderno as fórmulas clássicas do ideal de liberdade sob o império da lei. De fato, tais ideias remetem à Grécia dos séculos 5/4 a.C, à concepção de direito natural, à limitação dos poderes do Estado desenvolvida pelos filósofos estoicos, aos ideais defendidos pelos romanos Cícero (106 a.C – 43 a.C.), Tito Lívio (59 a.C. – 17 a.C) e Marco Aurélio (121--180) e aos autores medievais e da escolástica tardia sistematizados por Tomás de Aquino (1225-1274), posteriormente convertidos em um sistema de política essencialmente liberal pelos jesuítas espanhóis da Escola de Salamanca, considerada por muitos estudiosos como precursora intelectual da Escola Austríaca de Economia.

Pois bem, essa tradição liberal britânica difere, em muitos aspectos, da outra tradição que esteve na origem dos movimentos libertários dos países continentais em que vigia o absolutismo. Destaca-se, da tradição continental bastante influenciada pelos filósofos do Iluminismo francês como Rousseau e Voltaire (1694-1778), além do aspecto livre-pensador, uma forte tendência anticlerical, antirreligiosa e antitradicionalista, tal como se vê expressa na famosa frase do livro *"Extrait des sentiments de Jean Meslier"*, editado por Voltaire: "O homem só será livre quando o último rei for enforcado nas tripas do último padre."[1]

Enquanto o Iluminismo escocês travava significativo debate acerca da soberania da razão para estabelecer as regras morais e sociais, possibilitando a apreensão dos aspectos não racionais inerentes à estrutura humana e, consequentemente, à estrutura social, o Iluminismo francês endeusava a razão. Trabalhamos, pois, com a hipótese de que as referidas distinções entre o liberalismo britânico e o liberalismo continental remetem à influência do empirismo ou naturalismo na primeira tradição – principalmente da figura de David Hume (1711-1776) –, e a influência do racionalismo cartesiano na segunda.

No interior dessa diferenciação de tendências liberais (que se tornou mais nítida a partir da crítica de Edmund Burke ao racionalismo iluminista), analisaremos o vínculo da Escola Austríaca de Economia com a primeira tradição a partir da compreensão que os grandes expoentes do Iluminismo escocês tiveram da ordem social. De fato,

---

[1] MESLIER, J. Mémoire des pensées et des sentiments de Jean Meslier. In: Oeuvreus complètes. Paris: Anthropos, 1970, Vol. I, p. 23.

uma das principais contribuições metodológicas do Iluminismo escocês para as ciências humanas, e que influenciou o trabalho de expoentes da Escola Austríaca de economia, principalmente Friedrich Hayek, foi a noção de ordem espontânea.

15.2. A ORDEM ESPONTÂNEA DA SOCIEDADE

A noção de ordem espontânea, ou dos resultados não antecipáveis das ações individuais, sugere que estruturas sociais complexas como economia, instituições políticas ou a própria moralidade não derivam de uma inteligência unificadora estritamente racional, mas de um conjunto de ações individuais que interagem entre si.

Se as ações humanas não são antecipáveis, seus resultados são imprevisíveis, e por isso não faz sentido um planejamento social amplo. Mais importante do que saber que a complexidade do tecido social não se origina desse planejamento é deduzir que um tal planejamento prejudica a ordem social espontânea, pondo em risco toda a sociedade.

Todo fenômeno que envolve interações humanas é extremamente complexo e as instituições originam-se de tais interações, e não da ideação de um sujeito isolado ou de um grupo de intelectuais iluminados. As instituições funcionam porque milhares de pessoas, ao longo de séculos, pensaram sobre elas, observando e reformando seus defeitos, gerando uma sabedoria suprarracional da espécie que é superior, do ponto de vista da decisão política, à racionalidade de um indivíduo ou grupo de indivíduos.

A obra de F. Hayek *"A arrogância fatal: os erros do socialismo"* é toda perpassada pela noção de ordem espontânea e pela exposição reiterada de que tal ordem "pode ultrapassar de longe os planos conscientemente idealizados pelos homens"[2]. Levar em consideração esse dinamismo espontâneo, reconhecer a sua superioridade em relação ao planejamento possível à mente de um indivíduo ou de um grupo qualquer é o que Hayek entende por uso prudente da razão, contraposto por ele à arrogância do que chama de razão construtivista. A epistemologia à qual

---

[2] A arrogância fatal: os erros do Socialismo. HAYEK, F.A. Tradutores: Ana Maria Capovilla e Cândido Mendes Prunes. Edição preliminar de 900 exemplares, sem revisão final, especial para o VIII Fórum da Liberdade, do IEE.p.23

Hayek se vincula é, segundo ele mesmo esclarece, uma epistemologia evolucionária, "uma teoria do conhecimento que compreende a razão e seus produtos como desenvolvimentos evolutivos"[3].

O economista chama ainda atenção para a importância das normas na consolidação da ordem espontânea. A evolução da civilização se teria dado pela seleção de determinadas condutas que se perpetuaram na forma de instituições e tradições, nas quais estamos inseridos e que formam um todo, cujo funcionamento é bem mais complexo do que o funcionamento das coisas que nós mesmos fabricamos.

A lei, no sentido de normas abstratas, seria pré-requisito para a evolução de uma ordem de cooperação espontânea cada vez mais complexa, que lança suas raízes na segurança garantida aos indivíduos através dessas normas. A prosperidade estaria bem mais ligada à coordenação espontânea dos esforços individuais do que às políticas governamentais deliberadas. Não obstante, esses valores e as instituições centrais da ordem espontânea passam a ser questionados, principalmente entre os pensadores franceses, no contexto do racionalismo cientificista reinante.

Hayek trabalha, portanto, com uma noção de estrutura auto-organizadora que não está limitada à economia, mas serve como instrumento de análise e compreensão de "todas as ordens complexas que existiam até então como milagres que só poderiam ser produzidos por uma versão sobre-humana do que o homem conhecia como consciência"[4]. A evolução cultural e moral, na forma de uma ordem espontânea, não seria nem o mero resultado de um instinto, nem um planejamento da razão, mas algo entre o instinto e a razão depositado na tradição, que "por sua vez não se originou de uma capacidade de interpretar racionalmente os fatos observados, mas do modo costumeiro de responder."[5]

Levando em conta que foi pela ordem espontânea que as coisas evoluíram, é também por ela que devem continuar a evoluir, sendo, portanto, prejudicial a esse processo a arrogância racionalista, que pretende tomar as rédeas e o controle do desenvolvimento futuro, logo agora que as coisas tornaram-se tão complexas. Sendo assim, todas as doutrinas modernas que compartilham dessa pretensão são englobadas

---

[3] Idem, p. 26.
[4] Idem, p. 72.
[5] Idem, p. 40.

na definição de "racionalismo construtivista", cuja crítica pressupõe a tese, defendida por Hayek, de um desenvolvimento paralelo da consciência humana e da civilização. Ou seja, nem a evolução cultural seria efeito da ação planejada do homem que pensa, nem o homem que pensa seria efeito dessa evolução, mas ambos se teriam desenvolvido e evoluído paralelamente.

15.3. DOIS CONCEITOS DE LIBERDADE

Na tradição clássica britânica, a liberdade é definida em termos de segurança do indivíduo e da propriedade e de limitação dos poderes do Estado, ou seja, como proteção legal contra qualquer tentativa de coação arbitrária. Na tradição continental, a liberdade está mais próxima de uma demanda de autodeterminação de cada grupo em relação à sua forma de governo, além de estar vinculada a um forte racionalismo, tal como se vê expresso no pensamento de Espinosa (1632-1677) que sustentava que o homem livre é aquele que vive apenas conforme os ditames da razão.

É em Rousseau que Hayek vai identificar "a origem principal da arrogância fatal do moderno racionalismo intelectual que promete nos conduzir de volta ao paraíso"[6]. Vimos que, para o economista austríaco, a evolução social está relacionada às condutas selecionadas e perpetuadas na forma de instituições, leis e tradições, ou seja, está relacionada justamente às contrições supostamente artificiais que acorrentam o "bom selvagem" que Rousseau quer libertar.

Com essa "permissão intelectual de se desfazer das restrições culturais", o pensador francês "engendra um conceito de liberdade que se tornou o maior obstáculo à sua consecução"[7]. Forja-se, assim, um raso conceito de liberdade, a liberdade dos intelectuais progressistas, que beira a libertinagem, uma vez que considera como um melhor guia de conduta não a tradição ou a razão, mas o instinto animal primitivo.

---

[6] A arrogância fatal: os erros do Socialismo. HAYEK, F.A. Tradutores: Ana Maria Capovilla e Cândido Mendes Prunes. Edição preliminar de 900 exemplares, sem revisão final, especial para o VIII Fórum da Liberdade, do IEE, p. 75

[7] Idem, p. 75.

Essa falsa noção de liberdade, que em verdade trai a tradição ética ocidental baseada no autodomínio, no controle dos desejos, nas instituições e nas leis, acaba sendo um ataque aos próprios fundamentos da liberdade, como a propriedade individual, que passa a ser vista como suspeita e limitadora.

Trata-se, portanto, de duas concepções distintas de liberdade que ainda hoje expõem visões de mundo fundamentalmente diferentes. De um lado, tem-se a consciência de que, consistindo a liberdade no direito que cada indivíduo possui de perseguir seus objetivos distintos e específicos, essa liberdade jamais se poderia dar de forma irrestrita, já que uma liberdade sem limites incidiria inevitavelmente sobre a liberdade alheia, sendo, pois, necessária para o próprio exercício da liberdade a designação de campos dentro dos quais cada um poderá dispor de recursos para seus próprios fins e de "normas abstratas que impedem a coerção arbitrária ou discriminatória por alguns ou de alguns, e que invada a livre esfera do outro"[8].

De outro lado, têm-se os intelectuais que, de Rousseau a Foucault (1926-1984), passando por Habermas (1929-), "acreditam que a alienação predomina em qualquer sistema no qual uma ordem é imposta aos indivíduos sem seu consentimento consciente". Na verdade, trata-se de um conceito arcaico de libertação que, "em sua exigência de se libertar de morais tradicionais", apenas requer a libertação do "ônus do trabalho disciplinado, responsabilidade, aceitação de riscos, poupança, honestidade, cumprimento de promessas etc."[9].

Segundo Hayek,

> os defensores de tal libertação destruiriam o fundamento da liberdade e permitiriam que os homens agissem de maneira a acabar irreparavelmente com as condições que tornam a civilização possível. Um exemplo é a chamada "teologia da libertação", principalmente na Igreja Católica Romana da América do Sul[10].

---

[8] Idem, p. 91.
[9] Idem, p. 91.
[10] Idem, p. 93.

15.4. A "LADAINHA DE ERROS" E A ARROGÂNCIA SOCIALISTA

A arrogância fatal, criticada por Hayek, reflete-se tanto no desprezo da Sociologia pelas "disciplinas consagradas que há muito tempo estudam estruturas crescidas como o Direito, a linguagem e o mercado"[11] quanto nas tendências filosóficas racionalistas da modernidade. Racionalismo (negação de convicções fundadas em outra coisa que não o raciocínio dedutivo ou indutivo), empirismo (limitação do conhecimento ao processo experimental), positivismo (visão segundo a qual todo conhecimento verdadeiro é científico) e utilitarismo (noção de que prazer e dor são os critérios que determinam a justeza da ação do indivíduo) perfazem a "ladainha de erros" que Hayek tenta desconstruir ao apontar seus pressupostos, sobretudo a ausência de percepção acerca da existência de limites ao nosso conhecimento ou à razão em algumas áreas.

As pressuposições equivocadas de que "aquilo que não é cientificamente provado ou não é plenamente compreendido ou não tem um propósito plenamente especificado, ou que possui alguns efeitos desconhecidos, é desarrazoado" seriam, segundo Hayek, "particularmente convenientes ao racionalismo construtivista e ao pensamento socialista"[12], enfoques esses que

> decorrem de uma interpretação mecanicista ou fisicalista da ordem espontânea da cooperação humana, ou seja, da concepção da ordem como aquela organização e aquele controle que poderíamos exercer sobre um grupo se tivéssemos acesso a todos os fatos conhecidos aos seus membros.[13]

Ocorre, porém, que esse conhecimento não é possível, e não é planejando artificialmente uma nova ordem racional que a humanidade conseguirá algo melhor do que o que temos agora. A arrogância socialista tem por objetivo "nada menos que empreender um projeto novo e abrangente de nossa moral, da lei, da linguagem tradicionais" por meio dos seus "conselhos para a perfeição". No entanto, "existe um sistema moral altamente evoluído, bastante sofisticado em nossa

---

[11] Idem, p. 77.
[12] Idem, p. 95.
[13] Idem, p. 95.

ordem espontânea ao lado da primitiva teoria da racionalidade e da ciência defendida pelo construtivismo, cientificismo, positivismo, hedonismo e socialismo"[14].

Percebe-se, portanto, que, em suas considerações sobre a moral, Hayek segue a trilha de David Hume, para quem a tradição e o hábito, ou o hábito da tradição, têm mais força do que as conclusões racionais como móvel de condutas. Hayek lembra, inclusive, que não é apenas Hume que considera que as normas morais não são conclusões da nossa razão, mas que essa é uma tendência seguida "por uma longa série de estudiosos da evolução cultural, desde os gramáticos e linguistas clássicos romanos, passando por Herder, Giambattista Vico [...] e os historiadores do Direito alemão"[15].

Em toda ordem espontânea há um enorme espaço de indeterminação, predominando as consequências não premeditadas. No mercado, como sabemos, a "distribuição de recursos é efetuada por um processo impessoal no qual os indivíduos, agindo em função de seus próprios fins (estes também muitas vezes bastante vagos), literalmente não conhecem e não podem conhecer qual será o resultado geral de suas interações"[16]. Trata-se, assim sendo, de um processo auto ordenador, desprovido de atributos morais, que pode, inclusive, gerar aversão, induzindo à invenção de uma moral que tenta controlar a evolução sob o pretexto de torná-la justa. Essa vontade de intervenção seria, para Hayek, arrogante e ingênua, mas, sobretudo, prejudicial ao processo evolucionário em curso.

A complexidade da civilização, a exuberância da tradição e a produtividade do comércio estão ligadas à exuberância, à potência e à riqueza dos mundos subjetivos de cada indivíduo, que se entrecruzam em suas diversidades de propósitos, satisfazendo de modo mais eficaz às necessidades em geral do que o fariam a "homogeneidade, a unanimidade e o controle." É, portanto, ao "desenvolvimento do espírito individualista" que se devem "a divisão das especializações, o conhecimento e o trabalho, nos quais se baseia a civilização avançada"[17].

---

[14] Idem, p. 95 e 97.
[15] Idem, p. 99.
[16] Idem, p. 102.
[17] Idem, p. 130 e 137.

15.5. O PROBLEMA DA JUSTIÇA SOCIAL

O adjetivo "social" é, para Hayek, confuso e perigoso, já que seus sentidos concreto e normativo confundem-se imperceptivelmente, indo da descrição à prescrição, tornando-se assim "uma espécie de palavra de ordem para a moral racionalista visando a substituir a moral tradicional, que agora cada vez mais suplanta a palavra 'bom' como designação do que é moralmente certo"[18].

Para ilustrar o modo como o adjetivo social "destrói totalmente o significado de qualquer palavra que qualifica"[19], Hayek escolhe a expressão "justiça social". Como, para ele, a justiça distributiva, que reduziria ou acabaria com as diferenças de renda, é incompatível com a ordem de mercado competitiva que assegura a própria manutenção da sociedade, então o termo "deveria em realidade ser chamado 'antissocial' "[20].

Sob pretexto de segurança e justiça social, pode-se atingir o ser humano em um aspecto que lhe é fundamental: a inventividade. A ordem de mercado é justamente aquela que assegura ao homem o exercício de sua criatividade e de sua potência, na busca constante de adaptação ao desconhecido. Somente a ordem de mercado possibilitaria aos indivíduos fazerem uso de um conhecimento essencialmente disperso e que "não pode ser coligido e canalizado para uma autoridade encarregada da tarefa de criar deliberadamente a ordem"[21].

Na ordem espontânea de cooperação humana, a alocação de recursos não se dá segundo critérios de justiça. A exigência de que cada indivíduo receba o que moralmente merece seria inócua, estando a humanidade dividida "em dois grupos hostis por promessas que não têm um conteúdo realizável ", sendo que aqueles alinhados à ética anticapitalista "representam uma grande ameaça à civilização", pois "condenam as instituições geradoras de riqueza às quais elas próprias devem sua existência"[22].

---

[18] Idem, p. 154.
[19] Idem, p. 159
[20] Idem, p. 160.
[21] Idem, p. 109.
[22] Idem, p. 161.

15.6. A DISPERSÃO DO CONHECIMENTO

O ensaio de Friedrich Hayek "*O Uso do Conhecimento na Sociedade*" foi inicialmente publicado na "*American Economic Review*", em setembro de 1945 e, posteriormente, em 1948, republicado no livro "*Individualism and Economic Order*". Nesse texto, Hayek explicará por que as decisões voluntárias tomadas no mercado em lugares e circunstâncias individuais e específicas são mais eficientes do que decisões tomadas por um órgão planejador central.

A explicação fundamenta-se no fato de que os "dados" totais da sociedade, a partir dos quais são feitos os cálculos econômicos, não podem ser fornecidos sem recobrirem "pedaços dispersos de conhecimento incompleto e frequentemente contraditório, distribuído por diversos indivíduos independentes"[23] – conhecimento esse cuja utilização será otimizada não pelo mero levantamento de estatísticas, mas pelos indícios fornecidos no mercado pelo sistema de preços.

Para Hayek, o problema econômico da sociedade não é simplesmente o da alocação de recursos que já estariam dados, mas o da "utilização de um conhecimento que não está disponível a ninguém em sua totalidade" ou, em outras palavras, "de qual é o melhor meio de utilizar o conhecimento que está inicialmente disperso entre várias pessoas independentes."[24] Há um corpo de conhecimento disperso e desorganizado extremamente importante para a sociedade, mas que, não sendo um conhecimento do tipo científico, "não pode ser transposto para dados estatísticos e que, por isso, não pode ser colocado à disposição de uma autoridade central que delibere a partir de levantamentos estatísticos"[25].

São os indivíduos que possuem informações a respeito desse tipo de conhecimento prático, pois estão de posse de "informações únicas sobre que tipos de usos benéficos podem ser feitos com certos recursos; usos estes que só acontecerão se a decisão de como utilizá-los for deixada nas mãos desse indivíduo ou for tomada com sua cooperação ativa"[26].

---

[23] https://www.mises.org.br/article/1665/o-uso-do-conhecimento-na-sociedade
[24] https://www.mises.org.br/article/1665/o-uso-do-conhecimento-na-sociedade
[25] https://www.mises.org.br/article/1665/o-uso-do-conhecimento-na-sociedade
[26] https://www.mises.org.br/article/1665/o-uso-do-conhecimento-na-sociedade

É quase tão importante para a sociedade fazer uso desse tipo de conhecimento, que depende das circunstâncias de um momento fugidio, quanto fazer uso das últimas descobertas científicas. O menosprezo do qual esse conhecimento prático é alvo deve-se em grande medida, segundo Hayek, "à pouca importância dada à questão da incerteza em si mesma"[27]; mas é justamente a incerteza que inviabiliza o cálculo, e a inviabilidade do cálculo é o que torna inviável o planejamento.

Convém então estabelecer uma forma mais eficaz de uso dos recursos disponíveis, em vez de deixar tal uso na dependência do conhecimento de um órgão planejador central. Essa forma mais eficaz é a própria concorrência, ou o dinamismo do mercado nas suas implicações, dentre as quais o sistema de preços que, junto ao ordenamento social que dele decorre, estabiliza momentaneamente a economia até que uma nova mudança faça-se sentir e que uma nova decisão econômica precise ser tomada.

Hayek explica que:

> os problemas econômicos surgem sempre e exclusivamente em decorrência de mudanças. Enquanto as coisas continuam exatamente como estavam antes [...] não surgirão novos problemas que exijam soluções, não havendo, portanto, necessidade de que se elabore um novo planejamento[28].

O que provoca a mudança, que por sua vez requer novas decisões econômicas, é justamente a incerteza que o cálculo econômico precisou eliminar a fim de poder prever.

Há imprevisibilidade e, em decorrência disso, a necessidade de uma sucessão de novas interpretações e decisões econômicas que dependem do momento, das circunstâncias e das decisões tomadas por indivíduos livres. Sendo assim,

> se fosse possível fazer previamente planos econômicos detalhados para períodos significativamente longos, e depois segui-los à risca, de modo que nenhuma outra decisão econômica importante fosse necessária, a tarefa de elaborar um planejamento completo para toda a atividade econômica não seria algo tão inatingível[29].

---

[27] https://www.mises.org.br/article/1665/o-uso-do-conhecimento-na-sociedade
[28] https://www.mises.org.br/article/1665/o-uso-do-conhecimento-na-sociedade
[29] https://www.mises.org.br/article/1665/o-uso-do-conhecimento-na-sociedade

Ocorre que tal detalhamento é impossível e, consequentemente, o planejamento é inviável.

Uma vez estabelecido que "o problema econômico da sociedade é basicamente uma questão de se adaptar rapidamente às mudanças das circunstâncias particulares de tempo e lugar"[30], a necessidade de descentralização decorre naturalmente, restando evidente que "as decisões fundamentais devem ser deixadas a cargo de pessoas que estejam familiarizadas com essas circunstâncias, que possam conhecer diretamente as mudanças relevantes e os recursos imediatamente disponíveis para lidar com elas"[31].

O processo social e o ordenamento dinâmico e espontâneo que dele deriva é, pois, muito mais complexo do que aquilo que as equações simultâneas da economia matemática conseguem abarcar. Essa complexidade deve-se, principalmente, à indeterminação intrínseca aos indivíduos livres e à incerteza de suas mútuas interações.

15.7. O CAMINHO DA SERVIDÃO

Já na introdução da sua obra *"O Caminho da Servidão"*, Hayek afirma algo que para a intelectualidade europeia da época foi heresia, e que ainda hoje causa arrepio no grosso da intelectualidade brasileira. Diz ele: "Poucos estão prontos a admitir que a ascensão do nazismo e do fascismo não foi uma reação contra as tendências socialistas do período precedente, mas o resultado necessário dessas mesmas tendências"[32].

Quando Hayek publicou *"O Caminho da Servidão"*, apenas uns poucos intelectuais do Ocidente tinham olhos para ver o horror totalitário que sufocava a União das Repúblicas Socialistas Soviéticas; a maior parte era conivente ou fazia-se de cega. Hoje, embora o socialismo soviético tenha sido derrubado junto com o muro de Berlim, a simpatia pelo socialismo ainda grassa, especialmente na América Latina.

Presumindo, talvez apressadamente, que o socialismo radical já estava praticamente morto no mundo ocidental, Hayek trata de alertar

---

[30] https://www.mises.org.br/article/1665/o-uso-do-conhecimento-na-sociedade
[31] https://www.mises.org.br/article/1665/o-uso-do-conhecimento-na-sociedade
[32] Hayek, F.A. O caminho da servidão. – São Paulo: Instituto Ludwig von Mises Brasil, 2010.p.31.

para o risco do socialismo mitigado que o substituiu. Segundo o ilustre economista, a despeito das louváveis finalidades, a redistribuição extensiva de renda e a atuação de um estado previdenciário conduziria, ainda que lenta, indireta e imperfeitamente, a um aumento gradual do controle governamental que, ao destruir as bases da economia de mercado, asfixiaria o poder criador de uma civilização livre e alteraria os ideais políticos e o caráter de um povo, encaminhando-o para a mentalidade coletivista que pavimenta o caminho da servidão.

A tese fundamental do livro é simples e de fácil entendimento: o risco de totalitarismo é inerente à política de planejamento econômico e, no que diz respeito às liberdades fundamentais, não há praticamente distinção entre comunismo, socialismo, nazismo ou fascismo.

O nacional-socialismo foi derrotado, mas as forças que o criaram ainda estariam entre nós: seriam as forças contrárias ao individualismo, entendido por Hayek como o eixo pelo qual se construiu a civilização ocidental.

Enquanto o socialismo pejora o individualismo sob a designação de "individualismo burguês", não apenas o autor em questão, mas os liberais, de modo geral, sabem que o individualismo não é uma determinação de classe, mas a primeira condição de liberdade. O caminho para a servidão foi, portanto, primeiro o abandono desse caminho de liberdade, ou seja, o abandono progressivo das ideias básicas sobre as quais se erguera a civilização ocidental:

> A tendência moderna ao socialismo não implica apenas um rompimento definitivo com o passado recente, mas com toda a evolução da civilização ocidental [...] estamos rapidamente abandonando não só as ideias de Cobden e Bright, de Adam Smith e Hume ou mesmo de Locke e Milton, mas também uma das características mais importantes da civilização ocidental que evoluiu a partir dos fundamentos lançados pelo Cristianismo e pelos gregos e romanos. Renunciamos progressivamente não só ao liberalismo dos séculos XVIII e XIX, mas ao individualismo essencial que herdamos de Erasmo e Montaigne, de Cícero e Tácito, de Péricles e Tucídides.[33]

O individualismo estimado pelos liberais não é uma invenção moderna; é um aspecto fundamental do florescimento da nossa própria

---

[33] Idem, p. 39.

civilização, fortemente moldada pelos elementos culturais e espirituais da Antiguidade Clássica e do cristianismo.

O liberalismo, entendido como uma defesa da liberdade econômica, sucede, e não antecede, o exercício dessa mesma liberdade e do individualismo. Significa dizer que houve, paralelamente ao desenvolvimento do comércio, uma transformação que quebrou a rigidez da sociedade, dinamizando-a e configurando-a em ordens cada vez mais complexas, que alguns teóricos compreenderam como mais benéficas do que qualquer outra ordem conscientemente planejada.

Para tais teóricos importa manter ou traçar estruturas permanentes tão racionais quanto possíveis, no âmbito das quais as pessoas possam agir livremente, conduzindo suas atividades conforme seus planos e objetivos individuais. A alternativa a isso, que seria o controle centralizado da atividade econômica de acordo com um plano único, teria por consequência não apenas o totalitarismo, mas também a miséria.

O conceito de socialismo inclui não apenas os ideais de justiça social, igualdade e segurança, mas também os métodos específicos pelos quais os socialistas acreditam poder alcançar esse fim. Esses métodos passam pelo controle centralizado da atividade econômica, conduzindo conscientemente os recursos da sociedade para finalidades determinadas pelos próprios dirigentes. O debate acerca do socialismo deve, portanto, travar-se não no âmbito das finalidades, mas na explicitação do equívoco dos meios.

O socialismo só deixou de ser imediatamente reconhecido como grave ameaça à liberdade porque, como já vimos, o próprio conceito de liberdade foi reinventado. Da definição estrita e clara de ausência de coerção e de poder arbitrário sobre os homens, passou-se à formulação mais ampla, segundo a qual, para que o homem pudesse ser verdadeiramente livre, deveriam ser atenuadas ou eliminadas as restrições econômicas que o limitavam. Percebe-se que, desse modo, o conceito de liberdade é reinterpretado como algo que está na dependência da provisão, por parte do Estado, dos meios para que os indivíduos possam alcançar seus fins.

Para Hayek, essa redefinição de liberdade torna-a sinônimo de poder ou de riqueza e a reivindicação da liberdade passa a ser a reivindicação de mais poder para o Estado, para que se faça uma distribuição equitativa de riqueza ou de justiça social. É a partir da defesa dessa "nova liberdade" que se fortalece a noção paradoxal e malsã de "socialismo democrático", essa "grande utopia das últimas gerações" que, segundo o autor, "não só é irrealizável, mas o próprio esforço necessário para concretizá-lo gera algo tão inteiramente diverso que poucos dos que agora o desejam estariam dispostos a aceitar suas consequências".[34]

A organização intencional das atividades em função de um objetivo social definido, a pretensão de organizar a sociedade inteira e manipular seus recursos visando a uma finalidade única, assim como a ausência de autonomia para a realização de objetivos individuais, são características dos vários gêneros de coletivismos, os quais diferem apenas pelo tipo de finalidade perseguida pelo pretensioso dirigismo.

Não há democracia no ambiente de planificação porque planejar pressupõe prever e "para que o Estado possa antever com exatidão os efeitos das suas decisões, não poderá deixar liberdade de escolha aos indivíduos por elas afetados"[35]. O planejamento pressupõe controle e o controle leva à ditadura: "a planificação conduz à ditadura porque esta é o instrumento mais eficaz de coerção e de imposição de ideias, sendo, pois, essencial para que o planejamento em larga escala se torne possível."[36] A democracia que adota o planejamento descaracteriza-se progressivamente.

O Estado de Direito é um regime de direito formal, limitado à fixação de normas que criam aquela estrutura permanente de instituições e leis às quais já nos referimos. A concessão de privilégios legais a determinados indivíduos ou grupos (mesmo que sejam minoritários e supostas vítimas de uma injustiça histórica) é incompatível com o princípio liberal do Estado de Direito, o qual estará fadado à destruição, caso se consagre a um ideal substantivo de justiça distributiva que almeje alcançar a igualdade material entre os diferentes indivíduos.

Hayek considera significativo o fato de tanto socialistas quanto nazistas terem protestado contra a justiça meramente formal "opondo-se a um direito que não tencionasse determinar os níveis de renda dos diferentes indivíduos e de terem sempre exigido a 'socialização do direito'".[37] A desigualdade econômica, segundo o economista austríaco,

---

[34] Idem, p. 53.
[35] Idem, p. 92
[36] Idem, p. 86.
[37] Idem, p. 95.

é inerente ao Estado de Direito e "tudo que se pode afirmar a seu favor é que essa desigualdade não é criada intencionalmente com o objetivo de atingir este ou aquele indivíduo de modo particular"[38].

Hayek explica que não existem objetivos puramente econômicos, pois, na verdade, os objetivos dos seres racionais sempre são outros, embora sejam economicamente condicionados. Isso significa que o controle econômico não pode ser menosprezado como algo secundário, já que se trata do controle "dos meios que contribuirão para a realização de todos os nossos fins"[39]. Sendo assim,

> quem detém o controle exclusivo dos meios também determinará a que fim nos dedicaremos, a que valores atribuiremos maior ou menor importância – em suma, determinará aquilo em que os homens deverão crer e por cuja obtenção deverão esforçar-se.[40]

Levando-se isso em consideração, convém notar que "o sistema de propriedade privada é a mais importante garantia de liberdade, não só para os proprietários, mas também para os que não o são"[41], já que a divisão dos meios de produção entre muitas pessoas impede que uma única entidade detenha a posse de todos eles e, em consequência, disponha de um poder absoluto sobre nós, devido à posse dos meios necessários para a consecução dos nossos fins.

São, pois, as sociedades socialista e nazista, e nunca a sociedade liberal, que apregoam a exigência de que a política domine a economia. Os liberais sabem que o poder econômico, sendo difuso e disperso, é um poder que se contrapõe ao totalitarismo do poder político, que quer a economia subjugada a si.

É importante salientar que o próprio Hayek admite como "bastante justificável que o Estado auxilie na organização de um esquema abrangente de previdência social" e que, em princípio, "não há incompatibilidade entre o Estado oferecer maior segurança auxiliando na organização do sistema de previdência social e a preservação da liberdade individual"[42].

---

[38] Idem, p. 94.
[39] Idem, p. 104.
[40] Idem, p. 104.
[41] Idem, p. 115.
[42] Idem, p. 128.

O planejamento no qual o autor vê risco é aquele

que se destina a proteger indivíduos ou grupos contra a redução de suas rendas (redução que, embora imerecida, ocorre diariamente numa sociedade competitiva), contra perdas que impõem duras privações, sem justificação moral, e que, contudo, são inseparáveis do sistema de concorrência[43].

A importância da preservação de um sistema de concorrência é justamente a sua capacidade de fragmentar e descentralizar o poder, reduzindo ao mínimo a coerção sobre o indivíduo por meio da separação entre os objetivos políticos e os objetivos econômicos:

> A substituição do poder econômico pelo político, tão demandada hoje em dia, significa necessariamente a substituição de um poder sempre limitado por um outro ao qual ninguém pode escapar. Embora possa constituir um instrumento de coerção, o chamado poder econômico nunca se torna, nas mãos de particulares, um poder exclusivo ou completo, jamais se converte em poder sobre todos os aspectos da vida de outrem. No entanto, centralizado como instrumento do poder político, cria um grau de dependência que mal se distingue da escravidão.[44]

Em diversas passagens desta e de outras obras, Hayek afirma que se trata de escolher entre duas alternativas ou entre duas ordens: "ou a ordem estabelecida pela disciplina impessoal do mercado, ou a ordem comandada pelo arbítrio de alguns indivíduos"[45], sendo que o favorecimento da primeira ordem possibilitou e possibilita o progresso da civilização, enquanto a submissão à segunda ordem pavimenta o caminhão da servidão e da miséria: "a única alternativa à submissão às forças impessoais e aparentemente irracionais do mercado é a submissão ao poder também incontrolável e portanto arbitrário de outros homens"[46].

---

[43] Idem, p. 129.
[44] Idem, p. 144.
[45] Idem, p. 189.
[46] Idem, p. 193.

REFERÊNCIAS

HAYEK, F.A. *O caminho da servidão*. São Paulo: Instituto Ludwig von Mises Brasil, 2010.

HAYEK, F.A. *A arrogância fatal:* os erros do Socialismo. Tradutores: Ana Maria Capovilla e Cândido Mendes Prunes. [Edição preliminar de 900 exemplares, sem revisão final, especial para o VIII Fórum da Liberdade, do IEE],1995.

HAYEK, F.A. Liberalismo. In: *Enciclopedia del novecento*. Volume 3. Roma: Instituto dell'Enciclopedia Italliana, 1978a.

HAYEK, F.A. Liberalism. In: *News Studies in Philosophy, Politics, Economics and the History of ideas*. Chicago: University of Chicago Press, 1978b.

HAYEK, F.A. O uso do conhecimento na sociedade. *Mises Journal*. São Paulo, vol. 1, nº 1 (jan./jun. 2013), pp. 153-162.

RIBEIRO, Flávio da Silva. A compreensão da ordem social no iluminismo escocês. *Dia-logos*. Rio de Janeiro, nº 3 (set. 2009), pp. 77-95.

XAVIER, Dennys Garcia (Org.). *F. A. Hayek e a ingenuidade da mente socialista:* Breves lições. São Paulo: LVM Editora, 2019

16.

COMO A ESCOLA AUSTRÍACA PROTEGE A SOCIEDADE DA GANÂNCIA?

Bernardo Santoro

Recebi, através de um comentário em uma rede social, uma pergunta de um rapaz interessado em entender melhor a Escola Austríaca de Economia. Segundo ele, que se entende como sendo de esquerda, existe muita ganância entre os homens e gostaria de saber, dentro de uma abordagem sincera e amiga, como o livre mercado protegeria a sociedade da ganância, das práticas anticoncorrenciais, da formação de cartéis e do monopólio – afinal, citando-o, "pessoas gananciosas não se contentariam jamais em ter uma fatia limitada do mercado e fariam de tudo para dominá-lo".

Minha resposta para essa pergunta seria: usando a ganância individual em favor da coletividade social. Essa resposta, obviamente, merece maiores esclarecimentos.

A primeira coisa a se falar nessa análise é que a Escola Austríaca não faz uma análise ética da ganância, ao contrário, por exemplo, da filosofia objetivista de Ayn Rand (1905-1982). Para Rand, o egoísmo é uma ética normativa válida, ou seja, para o objetivismo o egoísmo é um ideal, um "dever-ser". Ou, citando Gordon Gekko no filme "*Wall Street*": "o egoísmo é bom".

Para a Escola Austríaca, o auto interesse é um fato concreto inescapável. Segundo ela, pessoas agem sempre em busca do auto interesse, ainda que o auto interesse seja ajudar o próximo. De acordo com Mises, pessoas sempre agem buscando sair de um estado de menor satisfação para um estado de maior satisfação, mesmo que essa satisfação seja ajudar o próximo (egoísmo altruísta). O auto interesse não é ideal, mas é real. Não é um "dever-ser", é um "ser". Não é deontológico, mas ontológico.

Dentro dessa visão de auto interesse, o livre-mercado age justamente usando tal característica do ser humano para a promoção do bem-estar da coletividade. Para alguém enriquecer em um mercado desobstruído precisa, basicamente, de uma dessas duas coisas: produzir o melhor produto ou o produto mais barato. Na melhor das hipóteses, uma conjugação de ambas as coisas.

Assim, buscando o seu auto interesse, o agente econômico acaba por satisfazer uma gama de consumidores. O reflexo do prêmio do auto interesse pela satisfação coletiva chama-se lucro. Ou, como diria Adam Smith no clássico *"Riqueza das Nações"*:

> Não é da benevolência do açougueiro, do cervejeiro e do padeiro que esperamos o nosso jantar, mas da consideração que ele tem pelos próprios interesses. Apelamos não à humanidade, mas ao amor-próprio, e nunca falamos de nossas necessidades, mas das vantagens que eles podem obter.[1]

Sobre as práticas anticoncorrenciais, precisamos aprofundar um pouco a questão. A Escola Austríaca não entende o mercado como um fato estático, mas como um processo social dinâmico, ou seja, a relação entre a oferta e a demanda é sempre fluida, e em cada momento temos mais ofertantes e demandantes entrando nesse mercado e criando novos mercados.

À guisa de exemplo, em momento inicial um mercado sempre será de um único ofertante, que é exatamente aquele que cria ou descobre um novo produto. Quando um novo produto, digamos, o celular, foi criado e entrou no mercado, apenas o criador do celular estava no mercado, mas esse "monopólio" acabou quebrado posteriormente, porque as instituições de livre-mercado permitiam a livre entrada e saída de ofertantes.

Nessa mesma linha, digamos que um mercado só tem um agente ofertante porque esse agente realmente oferece o melhor serviço pelo preço mais barato. Isso faz desse "monopólio" uma concentração ruim? Certamente que não, pois ele está maximizando a eficiência na prestação do bem ou serviço em questão.

Por isso a Escola Austríaca traz uma diferente conceituação para as palavras em comento, não se preocupando se um mercado em questão tem ou não apenas um agente do lado da oferta ou demanda, mas sim

---

[1] A Riqueza das Nações", Adam Smith, volume I, Nova Cultural, 1996, Coleção "Os Economistas", pág. 74.

se as instituições permitem que novos agentes entrem para competir, caso o atual concentrador de mercado deixe de entregar bons produtos com bons preços.

O que gera péssimos efeitos e distorções na distribuição de bens e serviços é, justamente, o fato de o Estado ter o poder de permitir ou não a entrada de agentes concorrenciais. É o Estado que gera o monopólio abusivo, ao criar regras e regulamentos fomentadores dos chamados "custos de transação", que são os custos gerados pela burocracia para alguém entrar no mercado. Quando, para se entrar em um mercado, é preciso gastar muito com autorizações estatais e cumprimentos de muitas regras esparsas e confusas, somente aqueles agentes que possuem recursos podem superar essas dificuldades. Agências reguladoras, como o Conselho Administrativo de Defesa Econômica (CADE), são os melhores amigos dos concentradores de mercado – e o CADE acaba fazendo exatamente aquilo que se propunha a combater: a criação de monopólios.

O próprio Estado é um agente monopolista por natureza. O Estado possui, dentre outros, os monopólios da violência legítima e da produção de moeda, além de outros que vão variar de país a país. Combater monopólios através de um monopólio não é uma ideia inteligente. O Estado é o único monopólio inquebrável – e aparentemente ninguém reclama muito disso.

Essa concentração de poder monopolista do Estado, inclusive, gera um outro problema grave. Enquanto, no mercado, para que um agente auto interessado consiga lucrar, ele terá de servir à população, no Estado, para que esse mesmo agente – que é também auto interessado – consiga lucrar, ele normalmente irá explorar as pessoas através do poder de seu cargo público, locupletando-se através de negociatas e não da prestação de seus serviços – já que o Estado funciona com pagamentos fixos e não com variações de acordo com a eficiência do agente público. Essa preocupação com o agente auto interessado detentor da máquina pública gerou, inclusive, uma outra escola de pensamento econômico, de cunho liberal: a Escola da Escolha Pública.

Em suma, se o nosso objetivo é diminuir os efeitos deletérios de agentes auto interessados, a melhor coisa a se fazer é usar o sistema de mercado e reduzir o poder do Estado, de forma que o agente só lucre se servir ao próximo, ao invés de ser servido.

17.

"O ESSENCIAL VON MISES":
UM ÓTIMO RESUMO INTRODUTÓRIO

Hiago Rebello

O americano Murray Rothbard, um dos mais influentes autores anarcocapitalistas, foi aluno de Ludwig von Mises na década de 1950, além de participar da criação do Instituto Mises na década de 1980; como aluno, Rothbard absorveu muito das teorias de seu professor e, do mesmo modo, de toda a Escola Austríaca – da qual Mises fazia parte.

Com tanta afeição e admiração para com seu antigo mestre, Rothbard escreveu um excelente resumo introdutório da obra de Ludwig von Mises: *"O essencial von Mises"*; o livro é curto, com apenas 54 páginas, das quais se extrai, como o título bem diz, o essencial de toda a magna obra de seu professor. Ao lado de *"As seis Lições"* – transcrições, para o papel, de palestras dadas por Mises na Argentina, compiladas e publicadas, após a morte do autor, por sua esposa –, o livro em questão é a "introdução-chave" para compreender de forma adequada o trabalho de Mises.

A trajetória de Mises, porém, não pode ser explicada sem, ao menos, uma introdução histórica ao que influenciou e precedeu Mises, isto é, a economia oriunda do século 19 e, em resposta a ela, a Escola Austríaca em suas singulares características. Antes da existência da análise econômica "austríaca", o pensamento que mais exercia influência na Europa era o que derivou das análises e conclusões de David Ricardo (1772-1823), comumente chamado de "ricardiano"; tais teorias econômicas levavam em consideração não a análise do indivíduo para projetar suas pesquisas e investigações, mas o que se considerava como "classe social", na época.

17.1. DAVID RICARDO

As considerações ricardianas, portanto, eram embasadas em comportamentos de grupos de pessoas, diferenciados socialmente. As análises de valor não consideravam a relatividade que o subjetivo humano exerce nos objetos comerciados. Rothbard afirma que, na época, não se entendia bem o motivo de o diamante ter um preço muito superior ao pão, uma vez que o pão, como um alimento, é mais vital para o homem que uma pedra preciosa. A solução da época era, porém, insatisfatória; uma vez que ignoravam as ações dos consumidores, suas análises tombavam em erros, dando preferência aos objetos e à produção destes ao invés das tendências do público consumidor, isto é, as mercadorias detinham um valor próprio, inerente, somado ao custeio da confecção, o que formava a fonte básica para determinar o preço das coisas.

Karl Marx (1818-1883) e sua lógica só puderam fazer sentido graças aos moldes da economia de sua época. Dadas as premissas determinantes do valor da matéria, os silogismos marxianos e marxistas têm todo o sentido dentro das perspectivas ricardianas (a "mais-valia" não teria referências para ser proposta sem as bases dos ricardianos, por exemplo), pois estes também acreditavam em luta de classes (a disputa entre o lucro, o salário e os alugueis; a disputa entre o patrão capitalista e o trabalhador), o que forneceu mais "argamassa" para o castelo de cartas de Marx.

17.2. MISES E ROTHBARD

Entretanto a crítica surgiu. Em meio a uma Europa muito influenciada pelas teorias de David Ricardo, o final do século 19 foi deveras produtivo e positivo para considerações mais sólidas na economia. Rothbard marca um ano exato, 1871, como um período de considerável mudança no mundo acadêmico em relação à economia. De todos os inovadores existentes na época, o autor aponta como mais notável aquele que foi o fundador da Escola Austríaca, Carl Menger (1840--1921). Menger teve como aluno o singular Eugen von Böhm-Bawerk (1851-1914), o professor de Mises. Böhm-Bawerk, além de refinar e aprimorar o trabalho de Menger, foi aquele que centrou no indivíduo o ponto-chave para a análise econômica.

Para Böhm-Bawerk, analisar o comportamento com base nas classes era errôneo. Em vez disso, o economista optou por centrar sua teoria no agente, ou seja, no consumidor e em seus desejos e valores, que se somavam para gerar as demandas do consumo – isto é, as verdadeiras questões que delimitavam o modo por que o mercado iria se comportar; com isso o problema do valor, existente nos ricardianos e marxistas (o marxismo não tinha força na época, era algo de nicho, sem grandes abrangências nem mesmo dentro do socialismo; os grandes economistas e filósofos da época não deram muita atenção para a obra de Marx), foi solucionado pela Escola Austríaca.

Böhm-Bawerk, portanto, "cria" as bases para o pensamento de Ludwig von Mises. Enfocando mais a questão humana e aperfeiçoando as noções de valor dos antigos economistas, Böhm-Bawerk é central para o entendimento da obra de seu aluno.

Mises, doutorando-se em Direito e Economia em 1906, destacou-se nos seminários de seu professor. Com o passar do tempo, o gênio de Mises notou, como conta Rothbard, que ainda havia lacunas na Escola Austríaca, além de certas questões necessitarem de um refinamento.

A mais notória brecha encontrada por Mises foi a questão da moeda, pois esta não foi analisada pelos austríacos anteriores. Havia uma dissociação, em todas as teorias econômicas existentes até o início do século 20, entre a moeda e o "nível de preço" nas análises teóricas do mercado, que não levavam em consideração a ação individual dos homens. Mises, em seu prestigioso livro *The Theory of Money and Credit (Theorle des Geldes und der Umlaufsmitel)*, publicado em 1912, além de suprimir a dissociação existente, colocou em relevância o ato individual humano. Rothbard assim explica:

> Mises mostrou que, se o preço de qualquer outro bem é determinado por sua quantidade disponível e pela intensidade com que os consumidores o demandam com base na utilidade marginal deste bem para eles, também o "preço" ou poder de compra da unidade monetária é determinado pelo mercado de maneira idêntica. No caso do dinheiro, sua demanda se dá no sentido de conservar o próprio saldo em caixa – no bolso ou no banco – para gastá-lo mais cedo ou mais tarde em bens e serviços úteis. A utilidade marginal da unidade monetária – o dólar, o franco ou a onça

de ouro – determina a intensidade da demanda de saldos em caixa. Por sua vez, a interação da quantidade disponível de moeda com a demanda da mesma determina o "preço" do dólar (i.e., que quantidade de outros bens ele pode comprar).[1]

A utilidade marginal da moeda, por parte da população, é imperativa para a ocorrência do aumento da oferta de moedas.

Em se tratando da inflação, Mises fez ressurgirem algumas ideias positivas de David Ricardo, argumentando que o aumento não natural – pelo governo – da moeda não acarretaria bem algum, criando certa riqueza para os primeiros que recebem a alta de moedas, mas desvalorizando a economia em seguida – o ataque contra as medidas artificiais por parte dos bancos e do Estado é uma das maiores características de Mises; o mercado deveria regulamentar-se sozinho e as interferências sempre acarretariam em desastres econômicos. Em *"The Theory of Money and Credit"*, como aponta Rothbard, já estavam embutidos alguns elementos da explicação do ciclo econômico. Antes de Mises, os economistas não sabiam o porquê de o mercado, aparentemente, entrar em fases de prosperidade e depressão financeira; contudo a explicação do nosso economista austríaco – embasada nas análises de David Ricardo, Böhm-Bawerk e Knut Wicksell (1851-1926), que foram refinadas por Mises – resultou em sua Teoria do Ciclo Econômico, que foi a primeira e única a explicar, satisfatoriamente, o motivo pelo qual existem ciclos econômicos: a via artificial que não apenas o Estado, mas também os bancos, adotavam ao criar créditos era o que causava a instabilidade econômica nas sociedades de maneira cíclica.

Como o marxismo não foi tema da Escola Austríaca no século 19, Mises foi aquele que se pôs a abordar o cálculo econômico do socialismo. Na década de 1920, o autor publicou em um jornal o artigo com o título *"O cálculo econômico na comunidade socialista"*, demonstrando que uma economia socialista é impossível dentro de uma sociedade industrial, pois o sistema de preços de um livre mercado, o único capaz de calcular racionalmente os custos e os fatores de produção, inexistia no sistema socialista. Em 1922, Mises reuniu um conjunto de

---

[1] ROTHBARD, Murray N. O Essencial von Mises. 2ª ed., Rio de Janeiro: José Olympio: Instituto Liberal, 1984, p. 20-21

críticas ao socialismo, na obra *"Socialism"*, que terminaram de refutar as propostas econômicas socialistas.

No período entre guerras, devido ao seu trabalho já publicado, Mises tornou-se professor de Economia na Universidade de Viena; todavia o mundo pós-guerra mostrava-se menos receptivo ao seu trabalho (*"The Theory of Money and Credit"*, por exemplo, só foi publicado em inglês em 1934, ano em que o autor deixa a Áustria). O globo via-se com profundos flertes para com o estatismo e o planejamento governamental, o que gerou mais intervenção do Estado na economia e, por conseguinte, mais inflação.

Em termos metodológicos, Rothbard aponta que Mises esteve bem distante do racionalismo positivista do início do século 20. A ciência econômica embasada no positivismo apela para uma concepção mecanicista do homem, aplicando às sociedades princípios físicos, isto é, da mesma maneira que se analisa um fenômeno no campo da física, se analisaria um acontecimento social. Para os positivistas (e outras escolas econômicas embasadas no mesmo princípio), a matemática era determinante para prever e fundar teorias econômicas; buscavam padrões regulares e quantitativos, por meio de estatísticas, ao analisar uma face da sociedade humana; contudo, Mises foi além.

Em vez de conceber o homem como um objeto, tal como um átomo, onde fatores físico-químicos seriam determinantes para suas ações e, por meio destes, seriam mapeados os padrões das sociedades para formular teorias mais corretas, Mises creditou, de maneira mais sensata, a centralidade de sua análise à ação humana.

O maior problema da análise e apuração positivistas é que os homens não podem ser quantificados. Qualquer pensamento, sentimento, influência e ato humano possui variáveis incalculáveis para apresentar uma simples existência, de modo que, com o auxílio de metodologias que ignorem a quantidade exorbitante de variantes, torna-se impossível uma investigação e propostas adequadas para estudar o homem. Todavia, Mises não deixou de estudar e teorizar com base no homem.

Não foi com um discurso positivista – poderia dizer-se cientificista – que Mises moldou sua principal teoria, mas sim embasado em axiomas da natureza humana, ou, para ser mais exato: na natureza e essência da ação humana. Rothbard assim ilustra: "o axioma fundamental da própria existência humana: os indivíduos têm metas e agem para alcançá-las, agem necessariamente ao longo do tempo, adotam escalas ordinais de preferência e assim por diante".[2] São derivações, como a exemplificada, que traçam e enxertam toda a teoria e metodologia de Mises, isto é, captando máximas inteligíveis e universais do comportamento humano – o que o distancia, sem sombra de dúvidas, do relativismo pós-moderno.

Com tais procedências, em 1949, o autor publica sua *magnum opus*: *"Ação Humana"*, o primeiro e único tratado de economia que existiu. Mises foi singular o suficiente para inovar de maneira como ninguém, nem mesmo dentro da Escola Austríaca, inovou em matéria de economia. Nenhum economista havia cogitado tentar preencher todas as principais lacunas e problemas que as ciências econômicas possuíam. Rothbard, com efeito, descreve:

> *Human Action* é o que de melhor se poderia desejar; é ciência econômica completa, desenvolvida a partir de sólidos axiomas praxeológicos, integralmente baseada na análise do homem em ação, do indivíduo dotado de propósitos agindo no mundo real. E a economia elaborada como disciplina dedutiva, desfiando as implicações lógicas da existência da ação humana.[3]

Ação Humana foi deveras confrontante com as teorias de John Maynard Keynes, em seu famoso *"General Theory of Employment, Interest and Money"*, publicado treze anos antes. Keynes, em sua obra, tenta justificar – de maneira insuficiente e falha – o Estado Provedor-Militarista (*Welfare-Warfare State*), guinando toda a tendência econômica do mundo para uma intervenção estatal poderosa e em uma escala nunca antes vista; com a influência mundial do trabalho de Keynes, até mesmo a Escola Austríaca fora afetada. Mises e sua escola econômica sofreram com deserções e a Europa, afora o bloco comunista, e os Estados Unidos viam-se amplamente influenciados pelo intervencionismo defendido por Keynes.

Mesmo assim, os frutos de Mises iriam florescer. Um de seus alunos fiéis, Friedrich A. von Hayek, terminaria ganhando o Prêmio Nobel de

---

[2] ROTHBARD, Murray N. O Essencial von Mises. 2ª ed., Rio de Janeiro: José Olympio: Instituto Liberal, 1984, p. 36.

[3] ROTHBARD, Murray N. O Essencial von Mises. 2ª ed., Rio de Janeiro: José Olympio: Instituto Liberal, 1984, p. 58.

Economia em 1974; as ideias de Hayek influenciaram todo um mundo em crise, graças às desastrosas consequências dos conceitos de Keynes. O Reino Unido, sob Margaret Thatcher, por exemplo, conseguiria escapar da grande crise econômica que vivia graças a Hayek, um digno herdeiro do pensamento de Mises. Mesmo os partidos esquerdistas britânicos, depois da Era Thatcher, não conseguiriam atuar sem a influência de seu governo, que se enraíza significativamente nas vigorosas ideias de Mises.

"O essencial von Mises", para além de um livro introdutório, é também um ótimo começo para entender, mesmo que de maneira superficial e rápida, a História da economia dos séculos 19 e 20, mas também é um livro que nos permite conhecer mais quem foi Von Mises, da mesma forma que a obra transmite o que fez Von Mises.

18.

IGUALDADE PERANTE A LEI, O RESTO É FALÁCIA

Roberto Rachewsky

Como somos naturalmente desiguais, como temos capacidades e oportunidades distintas – o que nos leva, inexoravelmente, a resultados diferentes –, a única maneira de igualar tais oportunidades e tais resultados é, pensam eles, através da coerção, do uso da força e iniciativa produzida pelas leis estabelecidas pelos governos, que adquirem uma aparência de legitimidade ao vestirem-se de uma legalidade formal.

Porém como justificar qualquer ação governamental coercitiva formulada para obter uma pretensa igualdade se o próprio poder de coerção, se a própria capacidade do uso da força, entre quem detém tal poder, os agentes do governo, e aqueles que são objeto de tais ações, os indivíduos na sociedade, é desigual? Nenhuma lei pode modificar a natureza humana, nem os princípios da verdadeira justiça, que deve ser baseada no mérito. Somos todos desiguais porque somos dotados de capacidades diferentes pela própria natureza. Experimentamos diferentes oportunidades porque vivenciamos circunstâncias particulares, aproveitando-as à nossa maneira.

Resta-nos apenas uma possibilidade de sermos efetivamente iguais e esta é criada pela política, ao estabelecer que cada um de nós tem o direito de ser tratado com igualdade perante a lei, que deve proteger nossos direitos individuais. Quando as leis tentam igualar capacidades, oportunidades e resultados, a igualdade perante a lei acaba sendo suprimida.

Portanto, num sistema capitalista radical, onde a lei é igual para todos e visa defender igualmente os direitos à vida, à liberdade, à propriedade e à busca da felicidade, como aprouver a cada um, há a possibilidade de se obter um tipo de igualdade, justa e legítima, que é a igualdade perante a lei. Em qualquer outro sistema político, onde haja a tentativa de igualar oportunidades, capacidades e resultados, através do uso da força ou da coerção, todas as possibilidades de se alcançar algum tipo de igualdade são absolutamente eliminadas, inclusive a igualdade perante a lei.

Não podemos descartar, é claro, se olharmos a História, que todas as tentativas de igualar os homens no que se refere às suas capacidades, oportunidades e resultados só obtiveram sucesso com o aniquilamento genocida da população.

Afinal, somos iguais apenas depois da morte.

19.

OS PROBLEMAS DA BUSCA PELA IGUALDADE

Hiago Rebello

O que significam frases como: "sou a favor do livre comércio", "sou a favor da livre iniciativa"? Seriam apenas brados em prol daqueles que têm condições de possuírem essa liberdade e iniciativa? Livre mercado para quem?

No livre mercado, os donos do poder já teriam uma grande vantagem em mãos. Seriam ricos e ficariam ainda mais ricos, afogando a concorrência e criando monopólios e meios de controle da produção – portanto, controlariam seus consumidores. Eis a visão obscura do livre comércio. A liberdade econômica não seria nada além de já favorecer os favorecidos e aumentar o controle que estes têm sobre a sociedade. O livre comércio e a livre iniciativa só trariam mais desigualdade social.

Essas indagações são comuns em meios universitários e na política geral. Para que propor e defender um cenário onde o livre mercado reina, se este mesmo cenário trará mazelas? Tais questionamentos são sedutores. Apresentam um problema; apontam as causas; mostram os culpados; criam, desde já, um parecer moral e uma noção de justiça – e tudo isso apenas com perguntas preliminares, sem a necessidade de muitos desenvolvimentos.

O que devemos entender é exatamente essa tentação, essa sedução. Perguntas como essas atiçam aqueles que as escutam por causa de seu poder e pela força de sua simplicidade. Porém, antes de tudo, é preciso concentrar-se no núcleo problemático das questões, ou seja, é imperativo mirar no seu alicerce principal, que é justamente o ponto da igualdade. Ora, questionar "para quem" essa liberdade econômica vai trazer vantagens é uma atitude motorizada por um viés igualitário. Esse questionamento pressupõe que a igualdade por si mesma é algo bom, devendo ser um bem desejado pela sociedade.

A igualdade não apenas seria uma meta, mas algo justo. O parâmetro para uma justiça social é a igualdade que uma sociedade terá com relação aos seus membros e grupos. Sem esse valor, todos esses questionamentos perderiam seus lastros e flutuariam de modo incerto e perigoso.

As críticas necessárias para essas perguntas são:

I. É POSSÍVEL OBTER ESSE NÍVEL DE IGUALDADE?

A primeira crítica consiste em demonstrar ao nosso questionador a falta de contato que a pergunta possui com a realidade. O que é a "igualdade"? É claro que estaríamos falando em igualdade de oportunidades e de uma igualdade social, não de uma luta total pela igualdade absoluta. Porém mesmo sem serem absolutistas em sua busca, essa batalha por um mundo mais justo pressupõe, como consequência, uma igualdade absoluta.

As desigualdades existentes em qualquer sociedade, por mais discrepantes que sejam, provém de uma disparidade natural. Todos os seres, incluindo os inanimados, são desiguais por natureza. Nenhum átomo é igual ao outro, apenas semelhante. Qualquer indivíduo só é um indivíduo porque é único, não igual – e essa regra vale para cada partícula do universo, ou seja, vai do homem às estrelas, destas aos grãos de areia, dos grãos aos peixes e às bactérias, e assim sucessivamente... Nosso mundo é naturalmente composto pela desigualdade.

O desigual não "nos afeta", tal qual um tipo de desordem ou distúrbio, mas faz parte de nossa existência. Nada mais natural do que a sociedade ser desigual, existindo outros exemplos no mundo dos seres vivos. Pensemos em matilhas, em grupos de outros primatas, em formigueiros: existirão indivíduos mais "ricos" do que outros. Existirão a matriarca, o macho alfa, a formiga operária, o pinheiro que é menos nutrido do que a árvore vizinha... nada fora do normal. Ao clamar por igualdade na sociedade e denunciar, com questionamentos, "quem" terá essa liberdade, nosso questionador resmungão quer mostrar que sua preciosa igualdade será rompida; contudo ele não nota algo simples: a realidade é por si só desigual. Sempre haverá aqueles que irão ter vantagens sobre os outros. Sempre existirão os mais espertos, os mais fortes, os mais corajosos, os mais estúpidos e os mais cruéis.

O motivo pelo qual critica o livre mercado, enfim, não vale nada. Todo e qualquer regime ou sistema econômico estará à mercê dessa regra, pois todas as relações que o homem pode ter serão relações entre desiguais.

II. COMO A IGUALDADE OPERA?

Entretanto como essa igualdade opera na realidade? Se todos os seres são desiguais, como pode, então, a igualdade existir? Essa pergunta só pode ser respondida em termos metafísicos. Se apenas os indivíduos desiguais existirem, apenas as semelhanças sobrarão e, no fundo, não haverá uma base sólida (imutável) sequer para definir o que é o "humano". As naturezas se esfacelariam e tudo seria caótico. Ora, sabemos que a realidade que nos rodeia não é uma massa caótica e absolutamente distinta.

Se a igualdade não pode existir nos indivíduos, ela existe na sua natureza secundária. "Humanos", por exemplo, são iguais por natureza uns aos outros – caso assim não fossem, seriam idênticos às pedras ou às plantas, do mesmo modo que estas são entre si mesmas. Espécies e gêneros não teriam diferenças classificatórias e tudo, enfim, seria inidentificável, não existindo padrões fixos em que nos escorarmos. A igualdade consiste na substância "Homem", não nos indivíduos que compõem essa humanidade.

Assim, malgrado vivamos em uma desigualdade permanente entre os particulares que estão ao nosso redor, também vivemos em uma igualdade que nos define como espécie. Essa característica, no entanto, não pode ser o critério máximo do que é justo ou injusto em uma sociedade. Justiça é aquilo que precisa estar alinhado com a realidade. O mundo à nossa volta mostra-nos que a desigualdade é necessária para nossa existência, então a igualdade em uma sociedade não pode ser buscada em função de uma luta por um cenário igualitário no âmbito material ou de oportunidades, já que isso simplesmente não ocorrerá. Grupos e pessoas mais aptos para certas atividades sempre existirão, não importa o quanto se tente mudar isso. A igualdade que se deve buscar é a igualdade natural, ou seja, o fato de que, como homens, devemos ser tratados como iguais em natureza, isto é, precisamos ter direitos naturais inalienáveis (como o direito à vida, por exemplo), mas nada além disso.

Em resumo: apesar de lutarem pela igualdade, os paladinos críticos do livre mercado sequer sabem como ela se dá no mundo real.

III. SE FOR UMA BUSCA PELA IGUALDADE, ESSA BUSCA DEVE SER PARA QUEM?

Revertamos a pergunta: Igualdade para quem? George Orwell (1903-1950) já dizia que, dentro da fazenda de *"A revolução dos bichos"*, certos animais eram mais iguais do que outros. É preciso indagar-se se a luta pela igualdade não gerará, dentro de suas próprias entranhas e em suas consequências, desigualdades.

Se você, leitor, for um daqueles que têm algo parecido com os questionamentos ao livre comércio, colocados no começo do texto, responda-me: como um lutador da igualdade, um sujeito que se importa e que age contra a desigualdade, você é igual a alguém que não se importa nem um pouco com suas lutas e pautas? O guerreiro da igualdade é igual àqueles que se veem em cima do muro? É igual ao seu inimigo, ou seja, o inimigo da igualdade? Você quer ser tratado e vê-se em pé de igualdade com quem defende a meritocracia, por exemplo? Dentro do seu ativismo, dos seus movimentos, aqueles que advogam contra seus ideais são tratados com igualdade e podem ir aos seus eventos expor suas ideias sem medo de represálias verbais ou físicas? Sabemos muito bem que não.

Essa impossibilidade existe por conta daquilo que foi demonstrado nas críticas I e II: a sociedade é naturalmente desigual. Grupos e movimentos sociais serão, apenas por existirem, desiguais. "Estar dentro e estar fora" de algum deles já é o suficiente para criar uma disparidade. Se o seu grupo conseguir alcançar sua meta pela igualdade e chegar ao poder, o próprio poder será uma desigualdade, dando mais direitos para aqueles que estão no grupo. Os que lutaram pela igualdade, mesmo os que não receberam poderes oficiais do Estado, não podem ser vistos como iguais àqueles que foram apáticos ou lutaram contra a igualdade. O prestígio que terão será o legado pelo histórico de vida daqueles que levantaram os punhos por uma causa que acreditam ser boa: por essa luta pelo "bem", já não se enxergarão e não serão vistos como iguais aos que não lutaram ou foram contrários a esse "bem".

Como podemos ver, um pequeno aprofundamento é o suficiente para desmascarar essa crítica sedutora ao livre mercado. As paixões que esses críticos evocam nublam a mente, trazem à tona sentimentos de indignação e revolta e a vontade de mudar o mundo. Só que o mundo não foi feito para ser mudado assim. Nós obedecemos à realidade, não o oposto. Querer estar acima do real, não à toa, causou as maiores ditaduras que o mundo já viu. Uma vez que a revolução enxerga-se e percebe que os problemas basilares que criticava nunca vão deixar de existir, ela converte tudo em seu inimigo e, com mais intensidade, promove a desigualdade.

Como é claro, ter uma economia livre não significa que essa mesma liberdade não ocasionará mazelas, que não ocorrerão moldagens na sociedade que poderão causar efeitos negativos. Qualquer um que veja em uma sociedade de economia livre algo como a "Jerusalém Celeste" simplesmente não entendeu do que os postulados liberais econômicos falam.

Porém não estamos falando de erros e defeitos naturais existentes em qualquer sistema humano, mas do motivo por que a defesa e a vontade de ter uma economia livre em um país seriam, ou não, ruins por si sós. A base máxima das críticas negativas para o livre comércio já foi atacada e derrubada, mas algo bem mais factual (isto é, ligado à experiência histórica, não à natureza do ser) pode ser trabalhado.

Se as críticas à livre iniciativa e ao livre mercado fossem procedentes, nada seria mais normal do que a tirania e a pobreza terem, desde o século 19, tomado conta das sociedades. Deveríamos ter menos bens materiais, nossa saúde deveria ser escassa, o tempo de vida do homem atual deveria ser bem inferior.

O próprio consumo seria abalado. Como trabalhadores e consumidores, estaríamos à mercê de conglomerados que, ao mesmo tempo, nos empregam e nos vendem materiais essenciais para nossas vidas. A variedade de empresas e produtos deveria ser baixa – uma casta de ricos com mão de ferro iria, inevitavelmente, mandar e desmandar em classes mais baixas..., mas tudo isso é pura ficção.

Não vivemos em uma distopia capitalista. Nós, ao contrário de nossos antepassados, vivemos com muito mais luxo e conforto do que em qualquer outro período da humanidade. Pensemos simplesmente na década de noventa do século 20 – não será preciso voltar ao século 18 ou mesmo ao 19. Quanto uma pessoa teria que pagar para ter uma filmadora, uma máquina fotográfica, um aparelho de som, um rádio, um gravador, um computador? Ter tudo isso era impossível para as pessoas menos abastadas, porém hoje isso tudo (e muito mais) pode existir bem à sua frente, em um celular, que é de fácil acesso.

A pobreza, claro, ainda existe, mas o pobre de hoje é bem mais abastado do que o de ontem. A tecnologia mudou, e só mudou na velocidade e no avanço em que mudou porque existiu concorrência de mercado; mas o próprio mercado só pode crescer para concorrer dessa forma quando não está amarrado em burocracias e em leis exageradas que o impedem de se expandir. Novas empresas sempre surgem com novas ideias, sendo as mandatárias nas gerações futuras, assim como muitas empresas de hoje serão, também, as que cairão no futuro.

Se o livre mercado é tão ruim, onde está essa oligarquia maldita de capitalistas sugando cada gota de suor e sangue do trabalhador? É certo que existem oligopólios e monopólios atualmente, muitas vezes vindos de acordos ilegais de empresas; contudo isso não é mandatório na realidade – pobreza e falta de recursos, fome, baixa qualidade de vida... tudo isso está sumindo cada vez mais, e só está porque existem mercados que podem ser atendidos, uma demanda que pode ser suprida, e tudo isso (como diz a expressão popular) "dá dinheiro". Entretenimento, saúde, educação, alimentação, tudo enriquece muitos que apostaram e correram o risco no mercado.

É certo que esses "muitos", quando comparados com a maioria da população, mostram-se poucos, mas qual é o problema? Observem a variedade e a quantidade de novos empregos que, sem a atuação das grandes empresas, sequer existiriam. Com efeito, uma quantidade diminuta de gente ganha rios de dinheiro, mas ao mesmo tempo uma quantidade colossal de pessoas enriquece mais a cada ano. A pobreza e a fome do mundo não estão em alta, mas em baixa!

A crítica sedutora ao livre mercado nada mais é do que uma ratoeira. Qualquer um que preste mais atenção e não se deixe levar pelo apelo sentimental que a acompanha consegue perceber o mecanismo que segura o queijo da armadilha.

Infelizmente, porém, o mundo é cheio de ratos que protegem e veneram as ratoeiras. Ayn Rand, uma filósofa russa autoexilada da União Soviética, chamava-os de parasitas – e não sem razão. Tapar os olhos para o verdadeiro progresso socioeconômico que o livre mercado trouxe é algo comum e digno de quem vive dos louros desse mesmo sistema que critica. É como um ser que suga o sangue e quer ver a morte de seu hospedeiro.

20.

MERCADORES DE ILUSÃO

Leonardo Corrêa

Existe uma espécie de intelectual que vive em um mundo de "faz de conta". Muitos deles são pessoas de alta cultura, navegaram por grandes leituras e passaram por notáveis universidades (no Brasil e no exterior). Eles têm uma grande importância, pois dispõem de um tempo que não existe quando se vive na labuta diária. A realidade é dura. Os mais notáveis, após passarem pelo mercado ou qualquer outro ofício (privado ou estatal), ajudam-nos a abstrair e refletir. Outros, tentam impor suas ideias após o estudo obsessivo das mais diversas teorias, com um viés um tanto quanto totalitarista.

Parte desses últimos constitui verdadeiros "mercadores de ilusão". Como falta-lhes o sentimento prático, sentem-se no direito de "criar" uma realidade paralela, sem consideração pela natureza humana. No campo liberal isso é extremamente curioso. É complicado, na minha modesta opinião, defender ideias sem um mínimo de visão sobre a realidade. Ainda que de relance, ela contribui para o desenvolvimento da compreensão.

Não há dúvidas de que o capitalismo foi muito mais um fenômeno humano do que a experimentação de uma tese. Ele não nasceu em tubos de ensaio. O comunismo, por sua vez, redundou na imposição de teses aos indivíduos, desconsiderando a natureza humana. Resultado: genocídio, fim da liberdade individual, patrulhamento ideológico e por aí vai...

Antes de escrever *"A Riqueza das Nações"*, Adam Smith apresentou *"A teoria dos sentimentos morais"*. Interpreto, pela sequência das obras, que a moral de uma sociedade possui um papel importante na chamada "mão invisível".

Pois bem, abstraindo essas considerações iniciais, meu objetivo será tratar de dois fenômenos latentes: (i) o crescente pensamento anárquico (seja de esquerda ou de "direita"), que despreza o Estado como um todo; e (ii) a condenação veemente em face de opiniões sobre ética e moral.

Vamos ao primeiro ponto: o desprezo pelo Estado. Há uma passagem muito importante do Embaixador J. O. Meira Pena, em sua obra *"Da Moral em Economia"*, que dispõe o seguinte:

> O Liberalismo, como sempre sustenta o professor Og Leme, exige a força do Estado de Direito, *the rule of law* como dizem os anglo-saxões. O paradoxo, que nossos adversários tão dificilmente entendem, é que queremos, ao mesmo tempo, um Estado mínimo que seja igualmente um Estado forte.[1]

Em sua conclusão, o ilustre Embaixador salienta:

> a tese que estamos propondo é que, em seu próprio nível, o sistema de mercado é friamente indiferente e nada tem a ver com moralidade, salvo no que diz respeito às necessárias virtudes de prudência, trabalho, parcimônia e honestidade nas transações, com respeito ao princípio legal de que os contratos devem ser respeitados. Acima de tudo, o tipo 'Contrato Social' implícito que disciplina a sociedade.[2]

Em outras palavras, acredito ser muito difícil – quiçá impossível – abolir o Estado. Há necessidade de um mínimo de organização, regulamentação e coerção. Há, também, que se preservar, sem intervenção estatal, um mínimo de normas morais para o convívio em sociedade. O anarquismo – em minha opinião – descambaria para a barbárie. A força de cada indivíduo seria o divisor de águas. O Estado precisa de limite e devemos manter uma vigilância constante. Devemos evitar o *"Big Brother"*, mas não destruir o Estado de Direito.

Quanto ao segundo ponto: para evitar qualquer mal-entendido, deixo claro não defender que se legisle, indiscriminadamente, sobre questões morais ou éticas. Porém a prerrogativa de expressar opiniões – ínsita ao conceito de liberdade – não pode ser desprezada. Libertários,

---

[1] PENNA, José Oswaldo de Meira. Da Moral em Economia. Editora Univercidade, 2002, p. 251.

[2] PENNA, José Oswaldo de Meira. Da Moral em Economia. Editora Univercidade, 2002, p. 361.

liberais, sociais-democratas e conservadores têm todo o direito de tecer comentários sobre essas questões da forma que melhor lhes aprouver. De outro modo, estaríamos, contraditoriamente, limitando a liberdade de expressão em prol de um patrulhamento ideológico liberal. Vejam o tamanho do *nonsense*...

A garantia de poder falar uma bobagem homérica é um direito inalienável de qualquer cidadão livre, inclusive de socialistas, comunistas, nazistas e alienados. Sem isso, com uma mordaça na boca, o debate morre e a ditadura nasce. Um liberal, por exemplo, não pode estar impedido de defender pontos em que concorda com um conservador. Isso é coisa de "Fla x Flu".

Enfim, tudo o que tentei apresentar neste texto rápido visa a demonstrar minha opinião sobre: (I) a ideia anárquica e (II) o repúdio aos comentários sobre moral e ética. Por mais que já tenha tentado entender, não consigo conceber o funcionamento de uma sociedade anárquica. Aliás, isso seria mesmo uma "sociedade"? De outra ponta, a pluralidade de pensamento e a liberdade de expressão devem ser respeitados. Vejam que não estou defendendo, de forma alguma, a liberdade de agressão. Por fim, mais uma opinião: acredito que a profusão de "teses sobre teses", sem considerações empíricas, tem estimulado essa dicotomia paranoica, sem sentido, que só interessa aos "mercadores de ilusão" – que, no passado, eram os queridinhos da esquerda. Desejo, sinceramente, que o bom senso prevaleça sobre a paixão idealista, dando lugar ao pensamento crítico com uma pitada – ainda que leve – de realismo pragmático.

21.

FOME DE PODER

Leonardo Corrêa

Se chegarmos ao cerne dos embates político-ideológicos, teremos dois grupos claros: o dos famintos pelo poder e o dos amantes da liberdade. No final das contas, ao que parece, essa é a divisão fundamental. Do primeiro grupo surgem totalitaristas, ditadores e coletivistas de todos os matizes. Do segundo liberais (clássicos), libertários e conservadores. Há também o meio do caminho, normalmente representado pelos sociais-democratas. Aparentemente, estes últimos vêm aproximando-se dos liberais nos últimos tempos, desde que seus *"welfare states"* começaram a eclodir por toda a Europa. É uma esperança...

Qual seria a diferença central entre os defensores da liberdade e aqueles que, a todo custo, pretendem reduzi-la? Defensores das liberdades, de um modo geral, querem um Estado mínimo, o império das leis, condições para a livre competição no mercado e meritocracia. Eles acreditam que esta filosofia seja capaz de expandir as oportunidades para todos, indistintamente.

Não se trata, portanto, de ser contra os pobres. Não, é justamente o contrário. Em um ambiente livre – sem a influência excessiva de um Estado agigantado e dos famosos "amigos do rei" –, o cidadão terá mais chances de alcançar seus objetivos, sejam eles quais forem. Alguns podem estar dispostos a gerar mais riquezas, outros imbuídos do desejo de alcançar uma vida mais tranquila. A escolha é uma das facetas da liberdade. Todavia a liberdade para perseguir seus interesses gera consequências e responsabilidades.

No intuito de distorcer esse pensamento, os famintos pelo poder apresentam a seguinte lógica: os homens vão "explorar" uns aos outros e, assim, o Estado deve intervir de modo a tornar as relações socialmente mais "justas". Eles não explicam, contudo, em que consistiria essa "exploração", nem, tampouco, como o Estado faria essa "justiça social". Pior ainda: por que razão o Estado e os governantes seriam tão magnânimos e mais eficientes do que a colaboração individual de cidadãos livres?

O primeiro ponto que eles escondem, avaramente, é que governantes são pessoas que passaram a vida toda buscando ter poder sobre os demais. Esse fato, ao menos, já coloca-os em posição de dúvida. Por que essas pessoas, após alcançarem o poder, prefeririam buscar o bem-comum ao invés de perseguir seus próprios objetivos? Não há qualquer razão. A rigor, prevalece a regra básica: todos buscam, intrinsecamente, maximizar os seus interesses particulares. O segundo aspecto, consequência do primeiro, consiste em um embate: centralizar ou descentralizar?

A descentralização do poder é elemento fundamental para o exercício da liberdade. Por ocasião da Revolução Americana, os *Founding Fathers*" entenderam isso muito bem, preservando a soberania dos estados membros. Daí surgiu um Federalismo real, muito diferente do que temos por aqui. Lá, cada Estado abriu mão de uma parcela de sua soberania em prol da União; cá – especialmente após a Constituição Federal de 1988 (este texto não permite uma digressão histórica sobre o Brasil) –, a União Federal relegou uma parcela diminuta de poder para os estados e municípios. Não é preciso conhecimento jurídico ou político para concluir que diversas questões seriam definidas de forma mais eficaz no âmbito estadual ou municipal.

Coletivistas, eminentemente centralizadores, precisam da concentração do poder para alcançar seus objetivos. Para tanto, não têm pudor em limitar as liberdades e manter as rédeas curtas. Como isso é feito? Por que os cidadãos aceitam as restrições de suas liberdades? Não é difícil responder.

Em grande parte, isso é fruto da complacência e insegurança humanas. Cidadãos tendem a esperar por "salvadores da pátria" que vão solucionar os seus problemas. Além disso, é mais fácil colocar a culpa no coletivo do que assumir sua própria responsabilidade ou inércia. Totalitaristas, portanto, alimentam-se da insegurança dos indivíduos e do "medo de perder".

Após conquistar certas coisas, o indivíduo é tomado por um verdadeiro pavor de perder. Esse quadro faz com que ele se esqueça dos fundamentos que lhe permitiram alcançar seus objetivos. Assim, ele não se incomoda com a supressão de liberdades, desde que suas "posses" sejam aparentemente preservadas. O raciocínio é ilusório. Nada vai garantir a manutenção das conquistas, muito menos um Estado superpoderoso. Aliás, é muito provável que esse ente usurpe os "cofrinhos" dos indivíduos. Então, sem as liberdades de outrora, como reconstruir o seu "castelo"?

Defender a liberdade, portanto, é resultado do desapego, da autoconfiança e da consciência de que as soluções não vêm "de cima para baixo". A colaboração individual é o elemento fundamental para uma sociedade próspera. Todavia ela não é criada por decreto, mas sim de forma espontânea, em um ambiente livre com baixos índices de regulamentação.

O sonho de um totalitarista é uma caneta poderosa com uma pilha de papel para ele legislar sobre tudo, conduzindo a sociedade por sua pena. O sonho dos amigos da liberdade, ao seu turno, consiste em diversas canetas e papéis distribuídos por todos em prol da criação e colaboração, bastando, apenas, um conjunto de regras comum aos cidadãos, com instituições sérias e firmes. Sejam protagonistas de seus próprios destinos, ao invés de coadjuvantes dos famintos pelo poder.

22.

COMO O ILUMINISMO LIBERAL TIROU A HUMANIDADE DA ESTAGNAÇÃO E DA MISÉRIA?

Roberto Rachewsky

Qualquer ideologia que parte da mente humana, desprezando o que a natureza das coisas e dos seres vivos tem para nos ensinar, tende a ser totalitária em seus princípios e violenta na busca de seus fins. Vejam qualquer uma das três religiões monoteístas. Se forem seguidas ao pé da letra, nossas vidas acabarão miseráveis.

Da mesma maneira, os sistemas políticos coletivistas – arquitetados sobre falsas premissas, ambicionando utópicos fins –, quando foram colocados em prática, fanaticamente, produziram guerras, escravidão, genocídios e inconcebível destruição. Sua aplicação mais moderada faz com que sigam causando estragos, mas de forma mais limitada, sem a mesma dimensão.

O que tornou o que chamamos de civilização ocidental um celeiro de prosperidade não foi nem a base religiosa das crenças predominantes, nem as ideologias racionalistas, de certa forma, delirantes. Pelo contrário, foi exatamente o fato de que tais crenças perderam o sentido com o tempo. Isso ocorreu a partir do momento em que os homens retornaram à filosofia baseada no uso adequado da razão, com a descoberta da ciência, da lógica, da ética, da política e da arte. O propósito foi o de perscrutar a realidade objetiva – através da percepção, porta de entrada da consciência –, para permitir a formação de conceitos, classificações, integrações, abstrações e, finalmente, ideias verificáveis, como meio para buscar a verdade que deve nortear nossas ações.

Das três religiões monoteístas, apenas a muçulmana, mais recente e virulenta, ainda tem seguidores fanáticos com abundância preocupante. Pregadores, crentes irracionais, que acreditam, literalmente, naquilo que as escrituras estipulam, incitam e praticam o mal, promovendo a barbárie. O que é preciso fazer com essa gente? É necessário que os moderados – que têm uma visão humanista da sua religião, que não são fanáticos, que colhem o que pode haver de bom nos ensinamentos do que lhes é transmitido – expandam a sua influência e neutralizem a doutrinação que faz com que haja tanto fanatismo.

Essa tarefa de neutralizar os extremistas não pode ser de iniciativa de quem não faz parte daquele universo. Só pode ser desenvolvida por aqueles que têm outra compreensão, que voluntariamente, por convicção, traem ou recusam-se a seguir os equívocos contidos na sua religião.

O mundo tem evoluído e os tempos nunca foram tão promissores. Isso deve-se, principalmente, ao Iluminismo. Não aquele que gerou ideologias coletivistas e totalitárias, que aniquilaram seres humanos aos milhões, mas ao Iluminismo liberal, que produziu as revoluções que tiraram a humanidade da estagnação e da miséria. Refiro-me ao conjunto de ideias que colocou o homem, o indivíduo, como o centro do Universo, conjugando a realidade, a razão e o auto interesse, para institucionalizar o que faltava, até então, na construção do que podemos hoje chamar de mundo livre.

Se quisermos uma sociedade civilizada, baseada na privacidade e no mútuo respeito, é preciso que se entenda que somos, cada um de nós, deuses do nosso próprio destino. Desde que se possa ter a liberdade para se usar a razão, produzindo nosso próprio julgamento para agir em comunhão com a realidade objetiva, na construção daquilo que propiciará alcançar a felicidade almejada, compartilhando oportunidades e realizações de forma livre, espontânea e voluntária. Isso deve ocorrer de acordo com os limites da nossa propriedade, do nosso talento, da nossa habilidade, da nossa vontade e da nossa própria consciência.

O mais importante: tudo isso sem impor nada a ninguém.

23.

O LEGADO DE ADAM SMITH

Rodrigo Constantino

Adam Smith foi um ícone do Iluminismo escocês/britânico e ficou conhecido pelo seu estudo sobre a riqueza das nações. Mas, seu outro livro clássico, *"Teoria dos Sentimentos Morais"*, publicado duas décadas antes, merece igual menção em seu legado.

Alguns acham que há incongruências entre os "dois autores": o jovem Adam Smith, focando na empatia e nos valores morais, e o "maduro", defendendo a "mão invisível" do mercado, ou seja, o egoísmo como motor do bem-geral, resumido na famosa passagem:

> Não é da benevolência do açougueiro, do cervejeiro e do padeiro que esperamos o nosso jantar, mas da consideração que eles têm pelos próprios interesses. Apelamos não à humanidade, mas ao amor-próprio, e nunca falamos de nossas necessidades, mas das vantagens que eles podem obter.[1]

Entretanto como argumenta a historiadora Gertrude Himmelfarb (1922-2019) em *"Os caminhos para a modernidade"*, não há essa divisão entre "eles". Os dois livros, no fundo, reforçam a mesma mensagem: a de que os indivíduos, num ambiente de liberdade, imersos em valores éticos, acabam produzindo o bem geral. A preocupação de Smith é com o resultado para a sociedade como um todo, preservando-se a liberdade do indivíduo.

Apesar de publicado só em 1776, *"A riqueza das nações"* começou a ser preparado muito antes, antes mesmo da publicação de *"Teoria dos Sentimentos Morais"*, em 1759. Smith era, como os demais iluministas britânicos, um filósofo moral acima de tudo. Foi inclusive acusado por

---

[1] A Riqueza das Nações", Adam Smith, volume I, Nova Cultural, 1996, Coleção "Os Economistas", pág. 74.

Schumpeter (1883-1950) de "moralizar" demais a economia, de não dissociá-la da ética e da política.

Smith era um grande defensor da liberdade, e o livre mercado era consequência disso, mas ele não necessariamente nutria simpatia pelos homens de negócio. Uma passagem deixa isso claro, mostrando também que seu verdadeiro alvo era o mercantilismo, uma espécie de antecessor do atual "capitalismo de compadres": "Pessoas do mesmo ramo raramente se encontram, mesmo que para uma festa ou diversão; mas a conversa sempre acaba em uma conspiração contra o público ou em alguma invenção para aumentar os preços"[2].

Outra passagem confirma seu receio:

> O interesse dos empresários é sempre, em alguns aspectos, diferente, e mesmo oposto, ao do público [...]. A proposta de qualquer nova lei ou regulamentação do comércio que venha dessa ordem [...] nunca deve ser adotada, até depois de ter sido longa e cuidadosamente examinada [...] com muita atenção e suspeição[3].

Ou seja, Smith foi um defensor do "interesse geral", da sociedade, do povo, do trabalhador, dos mais pobres, da liberdade, e via no livre mercado o melhor instrumento para tanto, assim como via no mercantilismo e num governo intervencionista seus maiores inimigos. Seu fim era a "riqueza da nação", mas ele entendia que o único meio viável era o livre mercado, sem paternalismo ou dirigismo:

> Ao perseguir seu próprio interesse (o indivíduo) frequentemente promove o da sociedade de forma mais eficaz do que quando ele realmente pretende promovê-lo. Nunca conheci nada bem feito por aqueles que enfrentaram o comércio pelo bem público[4].

O risco das "consequências não-intencionais" de quem quer deliberadamente "salvar o mundo" era bem conhecido por Smith, que

---

[2] SMITH, Adam. An Inquiry into the Nature and the Causes of the Wealth of Nations. Metalibri, 2007, p. 105. https://www.ibiblio.org/ml/libri/s/SmithA_WealthNations_p.pdf
[3] SMITH, Adam. An Inquiry into the Nature and the Causes of the Wealth of Nations. Metalibri, 2007, p. 200. https://www.ibiblio.org/ml/libri/s/SmithA_WealthNations_p.pdf
[4] SMITH, Adam. An Inquiry into the Nature and the Causes of the Wealth of Nations. Metalibri, 2007, p. 349. https://www.ibiblio.org/ml/libri/s/SmithA_WealthNations_p.pdf

preferia depositar na "mão invisível" as esperanças (e de acordo com o que a própria experiência mostrava-lhe). Como um bom iluminista escocês, Smith era empírico, realista e sabia que as ações individuais sem coordenação central levavam ao melhor resultado geral. Para ele, os homens sistemáticos se creem preparados para organizar os diferentes membros da sociedade como se movessem peças em um tabuleiro de xadrez, ignorando a autonomia e as especificidades do movimento de cada peça desse grande tabuleiro social.

Adam Smith exerceu grande influência em outros pensadores importantes, como Edmund Burke. Caridade ao pobre é um dever dirigido e obrigatório a todos os cristãos, na visão do irlandês, mas "interferir na subsistência do povo" seria uma violação das leis econômicas e uma intrusão ilegítima da autoridade. Himmelfarb escreve: "Fazendo eco à 'mão invisível' de Smith, Burke presta homenagem ao "benigno e sábio distribuidor de todas as coisas, que obriga os homens, queiram eles ou não, a perseguirem seus próprios interesses, a conectarem o bem geral ao seu próprio sucesso individual"[5].

Smith e Burke entendiam, contudo, que esse "milagre" do livre mercado não ocorria num vácuo de valores morais. Ao contrário: somente numa sociedade que valoriza a ética isso seria possível. Adam Smith condenou os "tiranos do bem" que, para criar um "mundo melhor", destruíam a liberdade individual; mas ele não abraçou a ideia de que as virtudes individuais eram dispensáveis para uma sociedade.

Ao contrário: ele sabia que a empatia pelo próximo era um sentimento natural que devia ser alimentado pelos hábitos. O que Smith queria, no fundo, era um melhor resultado para todos, especialmente para os mais pobres.

---

[5] 59768-Texto do artigo-258249-2-10-20200317.pdf

24.
O PODER TRANSFORMADOR DA LIBERDADE DE INICIATIVA

Vinícius Montgomery

Há séculos, filósofos, pensadores, políticos e governantes discutem o conceito de liberdade e o papel do Estado como poder moderador da vida em sociedade. De forma geral, a filosofia classifica a liberdade como o poder de autonomia do ser humano – ou seja, o direito de agir conforme a própria vontade, sem depender dos outros. Para o filósofo Baruck Espinosa, ser livre significa agir de acordo com sua própria natureza. Para Immanuel Kant (1724-1804), a liberdade é o livre-arbítrio, isto é, a capacidade de escolha regida pela vontade racional do ser humano. Portanto, a liberdade não deveria ser cerceada pela existência das leis positivas impostas pelo aparato estatal, mas somente pela ética e pela moral que balizam o comportamento humano. A questão é que essa liberdade – quase completamente ilimitada, existente apenas na teoria do estado natural – poderia levar a convivência social ao caos, conforme descrito por Thomas Hobbes, à "guerra de todos contra todos".

Para John Locke, nesse estado natural, anterior à formação da sociedade civil, as pessoas seriam submetidas somente à lei da natureza. Assim, cada indivíduo seria juiz de seus próprios atos, limitados apenas pela sua consciência. Essa autonomia arbitrária é que geraria a necessidade de regras para organizar os interesses conflitantes das pessoas. Hobbes acreditava que, no estado natural, os homens possuiriam um poder de violência ilimitado para conquistar aquilo que fosse desejado. Portanto, seria necessário um contrato social para garantir a ordem. Nesse contrato, os indivíduos reconhecem a autoridade de um regime político (o Estado), que criaria um conjunto de regras a que todos ficariam igualmente submetidos. Ou seja, com a existência do Estado, os indivíduos abrem mão da liberdade plena do estado natural para alcançar os benefícios da ordem política – ordem esta fundamental para o desenvolvimento econômico, pois, sem a estabilidade institucional trazida pelo contrato social e a formação do Estado, não há disposição para os investimentos, que resultam na produção de bens e no consequente conforto material da sociedade.

O problema é que hoje, em muitas sociedades, pela falta das condições mínimas de formação de um poder político estável, ou por influência das teorias marxistas, o poder estatal ultrapassa a finalidade de garantir o cumprimento do contrato social. Ele acaba tornando-se um instrumento de grupos de interesses que, por desejarem manter o poder, sufocam a liberdade de iniciativa – essencial para a geração de riquezas. Assim, pode-se inferir que é perfeitamente verossímil a existência de um Estado, desde que seus poderes sejam limitados. Caso contrário, a organização política dessa sociedade aproxima-se do despotismo, tão comum em diversos países não desenvolvidos na atualidade.

Por isso, para John Stuart Mill (1806-1873), o único propósito para o qual o poder estatal pode ser corretamente exercido sobre qualquer membro da sociedade civilizada, contra a sua vontade, é para prevenir dano a outros. Sobre si próprio, sobre seu próprio corpo e pensamento, o indivíduo deve ser soberano. De forma semelhante, na filosofia política de Locke, a existência de um Estado e seu poder coercitivo só faz sentido se o governo for consentido pelos governados. Nesse caso, a autoridade constituída deve respeitar o direito natural do ser humano à vida, à liberdade e à propriedade. Qualquer ação estatal além do direito que lhe foi concedido – de aplicar a coerção em vista do bem comum –, em favor de interesses particulares, invalida a razão da existência do Estado. A tirania entra em cena e fica legitimado o direito de revolução de seus cidadãos.

Contudo o equilíbrio entre o respeito ao direito natural de cada cidadão e a atuação estatal coerente com os princípios que norteiam sua existência não tem sido facilmente alcançado. O Estado Democrático de Direito, que fundamenta a estabilidade e instiga o desenvolvimento econômico, só se faz presente nas nações cujos poderes estatais – Executivo, Legislativo e Judiciário – são distintos e mutuamente limitados. A prevalência de qualquer desses poderes sobre os demais e a ação estatal que interfere em favor de grupos ou de agentes econômicos redunda em um ambiente institucional desfavorável aos negócios, e, portanto, compatível com a estagnação econômica. É exatamente por isso que o economista Milton Friedman afirma que não existe nenhuma política pública ou ação do governo que tenha tanto impacto positivo para o bem-estar de uma sociedade quanto a promoção da liberdade. Quando o Estado cresce além do necessário para exercer sua função de coesão social, ainda que seja com o utópico e inatingível propósito de garantir a igualdade entre os homens, a sociedade, gradualmente, começa a retroceder ao estágio da selvageria.

Murray Rothbard coloca com muita propriedade que o entusiasmo pela igualdade, próprio do pensamento marxista, é anti-humano, pois tende a reprimir o desenvolvimento da personalidade e da diversidade individual, indispensáveis ao surgimento do talento, do gênio, da variedade e do poder de raciocínio. Na atmosfera de coerção, típica das nações que usam o Estado para alcançar a igualdade a qualquer custo, nem a razão, nem a criatividade funcionam a contento. A simples observação da realização humana, sob seus diversos aspectos, permite confirmar a solidez desse pensamento de Rothbard. Por exemplo, é muito raro encontrar um caso sequer de talento nas ciências, nas artes, nos esportes, na música ou no desenvolvimento de produtos que tenha surgido em um país de governo totalitário. A ausência de liberdade gera tensões e preocupações que praticamente anulam a capacidade única do ser humano de modificar o ambiente à sua volta. Por outro lado, nos países livres do ambiente coercitivo, há uma variedade virtualmente infinita de interesses e talentos individuais que permitem o aumento da especialização e da divisão do trabalho, ingredientes básicos para a inovação, para o aumento da produtividade e para a multiplicação da prosperidade.

O leitor que tiver a oportunidade de assistir ao filme *Bohemian Rhapsody*, de Bryan Singer, sobre a trajetória do astro *do rock'n'roll* Freddie Mercury (1946-1991) e da banda Queen, poderá perceber como um ambiente de liberdade individual é capaz de transformar a realidade, gerar riqueza e multiplicá-la. Se o mesmo Mercury (Farrokh Bulsara), com seu talento extraordinário, estivesse na Tanzânia (país onde nasceu) ou em qualquer outro país onde a liberdade e a diversidade são restritas em nome da igualdade, muito provavelmente o mundo não teria conhecido seu enorme sucesso. Como Rothbard muito apropriadamente colocou, o credo da igualdade e uniformidade é um credo de morte e destruição. Torna estéril a engenhosidade humana. Limita o potencial produtivo de indivíduos e organizações. Rechaça a prosperidade. Não é à toa que países ricos em recursos naturais, como Cuba e Venezuela, definham, enquanto outros muito menos dotados dessa riqueza, como Hong Kong, Cingapura e Japão, propiciam um padrão de vida muito acima da média aos seus cidadãos.

Muitos se perguntam: qual o segredo desses países que conseguiram escapar da armadilha da renda média para tornarem-se desenvolvidos? No caso de Cingapura, o que explica tamanha riqueza são os mesmos fatores que motivaram a evolução de qualquer outra grande economia: segurança jurídica, respeito à propriedade privada, alta produtividade da mão de obra, baixa carga tributária, livre comércio, nenhuma restrição aos investimentos estrangeiros, pouca burocracia, estabilidade monetária, facilidade de empreender e uma legislação enxuta, confiável e estável. Ou seja, tudo o que a escola austríaca de economia tem estudado e recomendado há décadas, talvez séculos. Ainda assim, questões intrigantes permanecem no ar: se os fatores que permitem o salto econômico são tão conhecidos, por que muitas nações insistem em outro caminho? Por que até hoje o Brasil rejeita a aplicação da receita liberal?

A primeira batalha a vencer ocorre no campo das ideias. Não é fácil mudar uma cultura secular de dependência estatal. Ainda que a realidade mostre que todas as experiências de um Estado forte na condução das diretrizes econômicas de um país fracassaram, sempre há resistência quanto à mudança de direção. O corporativismo da burocracia estatal, por exemplo, impede qualquer plano de redução e de modificação da máquina do Estado que signifique maior eficiência. Por trás da defesa do direito adquirido, repelem a implantação da meritocracia e da avaliação de desempenho que não seja proforma. O mesmo corporativismo impede um choque de credibilidade no Judiciário, que continua, no mínimo, insensível à diferença de tratamento dispensado pela justiça ao réu comum e ao que tem foro privilegiado, ou ainda àquele que consegue pagar bons advogados. Isso sem contar os arroubos do poder Judiciário ao usurpar a função do poder Legislativo e até reinterpretar a Constituição conforme lhe convém. Não surpreende, portanto, que o Brasil tenha uma posição ruim na classificação de efetividade da justiça quando comparado aos seus pares internacionais.

O fato é que todo aparato estatal tem uma tendência natural de se tornar incontrolável. Primeiro porque, por mais organizada e ativa que seja uma sociedade, ela não é páreo para a força corporativa do Estado que, no fundo, é quem define as próprias regras de funcionamento e de sustentação econômica. Segundo porque a burocracia estatal não sente as dores do cidadão comum que é espoliado pelo Estado, na forma de tributação, sem sofrer concorrência de competidores mais eficientes, nem ser cobrado de forma direta pelo cidadão que o suporta. Como afirma Jeffery Tucker (1963-), o Estado, aqui e em qualquer lugar, sempre se intromete na atividade empreendedora com regulamentações intrusivas que impedem a competição e que esfriam o ímpeto de inovação. Ele estrangula a liberdade de parcerias e combinações, sobre as quais não teria controle, e com isso faz aumentar o custo da atividade produtiva, além de restringir o espectro de alternativas à mercê do consumidor final. Com tantos obstáculos e burocracias criados pelo Estado brasileiro, é natural que a produtividade da economia fique inerte por décadas. Sem dúvidas, todos perdem.

Outro problema causado pela hipertrofia do Estado brasileiro são suas relações promíscuas com os grupos empresariais. Esse capitalismo de compadrio, que encontra eco no movimento globalista internacional, injeta doses adicionais de coletivismo e centralismo no ambiente empresarial, ergue barreiras protecionistas, trava o mecanismo de destruição criativa e, por fim, acaba por impor ao consumidor final produtos mais caros e obsoletos, quando comparados aos acessíveis nos países de economia mais liberal. Tudo isso sem contar que aumenta, sobremaneira, a possibilidade de corrupção de agentes públicos, de desperdício e desvio de recursos escassos, além da acomodação e obsolescência da indústria nacional, que segue protegida do embate contra os competidores globais.

Para arrematar o elenco de problemas resultantes do Estado gigante, sem esgotá-los, não é possível lograr estabilidade monetária com uma máquina estatal perdulária. Superabundam exemplos de repartições, empresas públicas e estruturas de poder – câmaras municipais e estaduais, legislativo federal, tribunais, autarquias e outros – ineficientes, de estrutura suntuosa e com folhas salariais exorbitantes, mesmo se comparadas às dos países mais ricos do mundo. Portanto, mesmo com uma das maiores cargas tributárias do planeta e serviços de baixa qualidade entregues ao cidadão, o resultado fiscal fica muito aquém do equilíbrio necessário, drenando riquezas do setor produtivo. A máquina estatal encharcada de lideranças ideológicas, com mentalidade anticapitalista, quase sempre trabalha para expandir o escopo do poder público, sem se importar com a fatura espetada nas costas do cidadão. Logo, no Brasil, assim como em muitos países onde não se mantém uma vigilância persistente e vigorosa contra a expansão estatal, a liberdade é asfixiada, confirmando as palavras geralmente atribuídas a Patrick Henry e Thomas Jefferson: "o preço da liberdade é a eterna vigilância"[1]. O detalhe é que não há registro de expansão da prosperidade onde a liberdade é refreada, o que significa que fica muito difícil alcançar o estágio de país desenvolvido com o Estado grande. Por isso, qualquer oportunidade que se abre para a redução do Estado não pode ser perdida.

---

[1] https://freakonomics.com/2011/06/02/the-price-of-liberty/?fbclid=IwAR0Rye5ZZ9mAygxoJvX8C-XZLvGTVpXGrFlWyOQp8stbp8pE0AwmJNFbUP0

25.

O QUE É NECESSÁRIO PARA SE FORMAR UMA SOCIEDADE DE HOMENS LIVRES?

Pedro Henrique Alves

Se fôssemos eleger um fator primordial para a incapacidade de reação do Brasil a seus problemas, sem demora poderíamos apontar a nossa educação pífia e ineficiente como causa primária; ainda que haja pequenos avanços em áreas determinadas, sempre nos localizamos entre as últimas posições nos mostradores de eficiência educacional mundial. "Onde quer que o analfabetismo seja um problema, é um problema tão grave quanto a falta de alimento ou a falta de abrigo" (FRYE, 2017, p. 12).

Com certeza a reação contra os problemas sociais e políticos de uma nação passa, necessariamente, pela formação de intelectos livres de doutrinação ideológica e partidarismo religioso; homens livres para pensar soluções, sem que haja amarras políticas que impeçam o progresso na pesquisa da melhor alternativa, são a condição básica para se começar a falar em desenlace das crises.

Nesse contexto, uma pergunta se faz imperiosa: o que é necessário para formar-se uma sociedade de homens livres? Northrop Frye (1912 –1991) afirma, com largo e profundo conhecimento de causa, que é urgente formarmos indivíduos de "imaginações educadas" ou livres. De fato, a formação de mentes livres é o primeiro passo para solucionar os problemas que enfrentamos atualmente, não só no Brasil, mas no mundo.

Northrop Frye, canadense, formado em filosofia e língua inglesa, além de catedrático, foi grande crítico literário e pensador contemporâneo. Notabilizou-se principalmente através de suas análises ríspidas e pouco convencionais de obras literárias de grande porte histórico. Sua característica principal, enquanto acadêmico, era a de explicar conteúdos complexos com exemplos simples e didática clara; o que notabiliza, aliás, os grandes homens da educação.

Em *"A Imaginação educada", de* 2017, Northrop Frye mostra toda sua desenvoltura e conhecimento numa sistematização didática tão fantástica que beira o absurdo. O livro trata-se das transcrições das suas famosas palestras realizadas na Canadian Broadcasting Corporation; tais palestras alastraram-se pelos países anglófonos desde 1962 — ano em que ministrou-as — e, dado seu sucesso, a edição em livro fez-se necessária. Então, em 1964 saía a primeira edição da *"The Educated Imagination"*, pela Indiana University Press.

A suavidade da didática do filósofo canadense evidencia-se logo nas primeiras linhas dessa obra. Alinhavando erudição com exemplos corriqueiros, Frye costurou seis palestras magistrais para aqueles que querem entender a importância da literatura e da linguagem na vida cotidiana e acadêmica. Ele inicia, pois, mostrando os alicerces da mente humana frente ao desconhecido. Frye leva-nos a um cenário de naufrágio em uma ilha desconhecida. O homem — náufrago — perdeu completamente a memória após o acidente e, ao abrir os olhos, é como se tivesse voltado ao estado zero de consciência. Ali, o personagem é iniciado nas primeiras experiências humanas de análises, categorizações e expansões mentais, frente ao que ele vê de maneira inédita, ao desconhecido. Ou seja, Northrop leva-nos imaginativamente a conceber o primeiro momento de consciência de um ser humano e como esse contato primevo e consciente estrutura-se na mente do homem.

Com toda uma carga de filosofia da linguagem ancorando suas reflexões, Frye concebe o papel da razão e da emoção na consciência humana como o início estruturante da linguagem humana. Nesse momento, diz-nos que há um mecanismo da consciência humana que nos afasta e nos integra ao mundo que nos cerca. A razão tende a afastar-nos e diferenciar-nos da realidade circundante, para que possamos analisar os fatos de maneira íntegra e sem interferências. As emoções, por sua vez, tendem a integrar-nos à natureza e fazer-nos sentir parte da realidade que habitamos — dica: essa é a chave mestra para compreender todo o livro, atente-se a isso.

Após navegar pelo mar primevo das linguagens e suas funções sociais, ele começa a mostrar-nos como a literatura é, de fato, a percepção que temos do mundo em sua realidade macro. Antes de entrar no campo da literatura propriamente dita, temos de salientar as expressões da linguagem. A linguagem expressa-se em três facetas, segundo

Northrop Frye: a linguagem de autorreflexão, isto é, a linguagem do monólogo, aquela que você usa consigo mesmo para refletir sobre questões diversas; a linguagem de senso prático, a linguagem social que usamos no trato humano cotidiano, seja na vida pessoal, urbana, na universidade, no trato jurídico, etc.; e há, por fim, a linguagem literária e imaginária, que é a linguagem poetizada, literária e filosófica. Essa última é utilizada como conexão do homem com a expressão mais profunda de si e daquilo que observa.

Dentro da linguagem humana diferenciam-se esses três modos de expressão; entretanto, repito, não são três linguagens, mas três modos de se expressar da própria linguagem unívoca. Não obstante, a linguagem como um todo diversifica-se em dois pilares que sustentam todo modo de expressão linguística. Em outras palavras: esses pilares — linguagem analítica e linguagem poética— são as bases dos três modos de expressão acima expostos. Expliquemos o que seriam esses dois pilares: 1) a linguagem analítica — ou científica — é a que abraça o fato sem previamente levar em conta as emoções ou as preferências qualitativas do indivíduo que analisa; 2) a linguagem poética é a linguagem que expressa o "poder-ser", a vontade do indivíduo, suas emoções, preferências e planos para a realidade. A linguagem analítica tende sempre a aproximar-se naturalmente da linguagem poética, pelo fato de a análise científica ser feita pelo homem, que é naturalmente dotado de preferências, vontades e emoções; a linguagem poética, por sua vez, tende a tentar aproximar-se do fato científico em busca de adequação máxima à realidade, em vista de sua praticidade real.

Dessa forma, para Frye, a linguagem científica vai à poética e a poética à científica, gerando assim uma composição linguística cíclica dependente de ambos os pilares. Tal realidade linguística não é composta de um dualismo auto excludente, mas sim de duas camadas que vivem ajustando-se e reajustando-se no indivíduo para uma melhor expressão da realidade, seja essa realidade expressa de maneira científica ou poética. Se um pilar é completamente excluído, todo o edifício da linguagem encontra-se pronto para desmoronar.

Em suma: a linguagem científica tem o dever de nos mostrar como o mundo é sem prévias adjetivações ou balbúrdias sentimentalistas. A visão poética tem o dever de pensar e elaborar possibilidades de vivermos num mundo melhor e mais adequado aos anseios humanos.

Por exemplo, a visão analítica diz que a casa não possui cercas, um fato cru, observável e comprovável; a visão poética nos diz que uma cerca será útil e boa para os moradores da casa, e não só útil e boa como realizável e desejável. Sem a primeira não analisamos a realidade e sem a segunda não avançamos na realidade.

As palestras formatam-se, assim, num crescente estrutural; como um arquiteto que constrói um edifício, Frye constrói sua narrativa com o intuito de evidenciar, do porão à cobertura, tudo aquilo que envolve a imaginação, a linguagem e a importância da literatura. A literatura aparece como consequência da imaginação livre; ela atua como um elo imaginativo entre todas as grandes literaturas já escritas: "Nenhuma sociedade humana é tão primitiva que não tenha alguma espécie de literatura" (FRYE, 2017, p. 33). Para Northrop Frye, a literatura bebe de uma mesma fonte, a fonte da queda e da redenção. "A história da perda e reconquista da identidade é, a meu ver, o arcabouço de toda a literatura" (FRYE, 2017, p. 48); com isso, todavia, afirma Frye:

> Não estou dizendo que não há nada de novo na literatura; estou dizendo que tudo é novo, mas também reconhecível como a mesma espécie de coisa que o velho, assim como um novo bebê é genuinamente um novo indivíduo, mas também um exemplo de algo muito comum, um ser humano, pertencente à mesma linhagem que o primeiro dos seres humanos (FRYE, 2017, p. 38).

De maneira velada, ele tenta mostrar que a imaginação literária transpõe a barreira do tempo, tornando, assim, os indivíduos herdeiros de um legado; a literatura é mais que uma mera diversão, é uma herança que requer cuidado, conhecimento e responsabilidade. O homem não podia voar, e por isso qualquer estória sobre tal temática era ficção e mitologia para os gregos; contudo, agora, voar não passa de uma realidade cotidiana para nós. "A literatura é um mundo que tentamos construir e acessar ao mesmo tempo" (FRYE, 2017, p. 64).

A grande lição do livro só se torna evidente — ainda que presente em todo o corpo do texto — no final da obra, quando o autor mostra que a formação da imaginação emancipada é necessária para não nos tornarmos objetos de mentes e conceitos escravocratas. Jargões e sensos comuns linguísticos imbramam as pessoas numa linguagem superficial e pueril, não deixando que se desenvolva nelas uma linguagem analítica, a fim de observar os fatos, nem a linguagem poética, aquela que buscará mudar suas condições. Para Frye a linguagem capaz e livre é a condição para o homem livre; a capacidade diminuta na linguagem impede que a imaginação alastre-se e busque condições de superar aporias e elaborar soluções. Uma sociedade tacanha começa por uma imaginação literária também tacanha.

Tal compreensão de linguagem é tão urgente que esse pequeno livro poderá exercer sobre o leitor uma espécie de calmaria numa crise de ansiedade. Por vezes, as pessoas percebem de relance os problemas e as inépcias que as cercam; veem como que por uma nuvem de fumaça os espectros fugidios dos fantasmas que as assombram. Entretanto, por não conseguirem elaborar em uma linguagem clara aquilo que seu ser quer expor, ficam reféns do engasgo linguístico que as enclausura num silêncio barulhento – isto é: tornam-se condenadas a um silêncio que fala muito, todavia, que não fala substancialmente nada com qualidade. Por fim, para resolver problemas, é necessário: 1) saber notá-los; 2) imaginar o mundo como ele deveria ser sem tais aporias; e, após isso, 3) elaborar uma linguagem para expor problemas e soluções à sociedade organizada. Somente após esse caminho é que estaremos prontos para construir soluções. Pessoas alienadas são incapazes de gerir a própria liberdade; homens que não sabem expressar os seus problemas são incapazes de gerir as próprias soluções.

Não se é livre para ir e vir a menos que se tenha aprendido a andar, e não se é livre para tocar piano a menos que se pratique. Ninguém é capaz de manifestar liberdade de expressão a menos que saiba usar a linguagem, e este conhecimento não é uma dádiva: precisa ser aprendido e trabalhado. (FRYE, 2017, p. 128)

Tal livro é mais que meramente recomendado, é necessário!

REFERÊNCIA

FRYE, Northrop. *A imaginação educada*. Campinas: Vide editorial, 2017

26.

RADICALISMO LIBERAL

Juliano Oliveira

O liberalismo pressupõe que todos os indivíduos em sociedade sejam livres para buscar sua satisfação pessoal, empregando e fazendo uso de toda a sua capacidade intelectual (inventiva) e física. É por meio de seus esforços pessoais, defende o adepto da liberdade, que uma pessoa pode alcançar a satisfação de seus próprios interesses e dos interesses de seus familiares.

Adam Smith, ao descrever o mecanismo da mão invisível, já havia deixado claro que somente por meio do arranjo de trocas voluntárias, permitido e potencializado pela liberdade econômica, as pessoas poderiam alcançar o suprimento de suas necessidades e desejos. Em sua obra *"A Riqueza das Nações"*, o economista declara:

> Não é da benevolência do açougueiro, do cervejeiro ou do padeiro que esperamos nosso jantar, mas da consideração que eles têm pelo seu próprio interesse. Dirigimo-nos não à sua humanidade, mas à sua autoestima, e nunca lhes falamos das nossas próprias necessidades, mas das vantagens que advirão para eles. Ninguém, a não ser o mendigo, sujeita-se a depender sobretudo da benevolência dos semelhantes. Mesmo o mendigo não depende inteiramente dessa benevolência. Com efeito, a caridade de pessoas com boa disposição lhe fornece tudo o de que carece para a subsistência. Mas embora esse princípio lhe assegure, em última análise, tudo o que é necessário para a sua subsistência, ele não pode garantir-lhe isso sempre, em determinados momentos em que precisar. A maior parte dos desejos ocasionais do mendigo são atendidos da mesma forma que os de outras pessoas, através de negociação, de permuta ou de compra. Com o dinheiro que alguém lhe dá, ele compra alimento. A roupa velha que um outro lhe dá, ele a troca por outras roupas velhas que lhe servem melhor, por moradia, alimento ou dinheiro, com o qual pode comprar alimento, roupas ou moradia, conforme tiver necessidade.[1]

---

[1] SMITH, Adam. A Riqueza das Nações – Volume I. Coleção "Os Economistas". Nova Cultural, 1996, p. 74.

Outro gigante do liberalismo econômico, Ludwig von Mises, também fez, em sua vasta produção intelectual, referência à importância da liberdade individual para a busca da satisfação de interesses próprios. A respeito disso, escreveu em sua obra "*As seis lições*":

> Quando falamos desse sistema de organização econômica – a economia de mercado –, empregamos a expressão "liberdade econômica". Frequentemente as pessoas se equivocam quanto ao seu significado, supondo que liberdade econômica seja algo inteiramente dissociado de outras liberdades e que estas outras liberdades – que reputam mais importantes – possam ser preservadas mesmo na ausência de liberdade econômica. Mas liberdade econômica significa, na verdade, que é dado às pessoas que a possuem o poder de escolher o próprio modo de se integrar ao conjunto da sociedade. A pessoa tem o direito de escolher sua carreira, tem liberdade para fazer o que quer.[2]

Contribuição de extrema importância para esse debate deu também o filósofo político, historiador e economista da Escola Austríaca de pensamento econômico, Murray Rothbard. Em seu livro "*A anatomia do Estado*", o autor cita o sociólogo alemão Franz Oppenheimer (1864--1943), apontando para o fato de que existem duas formas por meio das quais as pessoas podem adquirir riqueza e a satisfação de suas necessidades individuais. A primeira, diz Rothbard, que pressupõe o respeito pelas liberdades individuais e pelo direito de propriedade, Oppenheimer chamou de "meios econômicos". Apenas por meio de trocas voluntárias e mutuamente benéficas, as pessoas seriam capazes de atender às próprias necessidades. A segunda forma baseia-se, ainda segundo Oppenheimer, no confisco da propriedade privada e no uso da coerção para a expropriação da riqueza. Rothbard destaca que, enquanto a primeira forma é desejável e natural por trazer consigo o respeito pela propriedade privada, a segunda é contrária à lei natural, é parasítica, pois, em vez de adicionar à produção, apenas subtrai.

Não obstante o liberalismo anuncie que as pessoas são livres para buscar, através de meios não coercitivos (noutras palavras, sem fazer uso do aparato estatal), a sua felicidade, não são raros os casos de professores e outros formadores de opinião que abusam de um

---

[2] MISES, Ludwig von. As Seis Lições. Tradução de Maria Luiza Borges. São Paulo, Instituto Ludwig von Mises Brasil, 2009, p. 27.

discurso travestido de imparcialidade e "isencionismo"[3] para acusar de radicais os que não aceitam que ingerências estatais sejam postas em prática para benefício de determinadas parcelas da sociedade, em detrimento de todos os pagadores de impostos. O radicalismo, para essa gente, pode ser qualquer ato (ou uma simples manifestação verbal) que demonstre certo desacordo com as leis estapafúrdias que são geradas nas mentes de parlamentares ávidos por tornar as nossas vidas mais difíceis e árduas. Essa acusação não ocorre, é claro, sem que seu corolário esteja oculto sob o manto do discurso que abusivamente explora o interesse coletivo a expensas do interesse privado. É tudo uma questão de interesses sociais, os quais vão desde a proteção e manutenção de empregos públicos sorvedouros de riqueza privada a benefícios garantidos a famílias de baixa renda que, se tinham, perderão qualquer incentivo para utilizar os "meios econômicos" de que falou Rothbard para adquirir alguma riqueza.

Ora, o que há de radical em apresentar objeções a leis esdrúxulas que irão causar penúria e privação de liberdade? Por que qualificar de radicalismo o discurso que apenas apregoa que as pessoas tenham total liberdade para fazer uso de suas próprias atribuições e esforços para alcançar objetivos individuais? Não é possível chegar a outra conclusão senão a de que o que fazem os opositores da liberdade é adotar um jogo de semântica nefasto para disseminar sua propensão totalitária. Tivessem o poder concentrador do Estado em suas mãos, não fariam mudanças no *status quo* que impera na burocracia estatal. Talvez até aprofundassem as ingerências. Quem sabe sob suas mãos as pessoas passariam a se comportar melhor e teriam os incentivos adequados para suprimir suas vontades em benefício do coletivismo. Ah, sim! Talvez com um pouco mais de vontade e muito menos radicalismo destes liberais chatos, o mundo poderia ser melhor.

---

[3] Nas controvérsias políticas brasileiras, nos últimos anos, a expressão "isentão" tornou-se popularizada para designar personalidades que simulam uma isenção que não possuem.

27.

MERCADO, LIVRE MERCADO E O PAPEL DO ESTADO

Roberto Rachewsky

Mercado é um processo organizado organicamente em que, de forma voluntária e espontânea, os indivíduos interagem entre si para trocarem o que possuem pelo que querem adquirir.

Uma das maneiras de fazer o processo de mercado funcionar é o comércio, não importando se ele é doméstico ou internacional.

Não existe livre mercado quando o governo regula o comércio doméstico, o comércio internacional ou, muito menos, quando regula ambos.

Livre mercado é o mercado livre da coerção representada pela iniciação do uso da força ou de fraude, seja essa coerção promovida pelo governo ou por particulares.

Não é função do governo estabelecer o mercado, mas é sim sua função permitir que o livre mercado instaure-se ao coibir que a coerção, entendida como iniciação do uso da força e de fraude, nele instale-se.

O governo que inicia o uso da coerção para impor normas regulatórias positivas ou impostos, seja sobre as transações domésticas ou internacionais, está praticando exatamente o que ele deveria impedir: a instauração da violência no mercado, fazendo com que ele deixe de ser livre.

28.

EM DEFESA DOS LIBERAIS: A VERDADE E A FALSIDADE NO TRADICIONALISMO POLÍTICO

Guilherme Cintra

Existem muitas verdades no tradicionalismo político[1]. Uma delas é o crescimento quase progressivo do poder central nos últimos séculos; outra é a crítica às democracias ilimitadas atuais. Ambos os aspectos foram muito bem mostrados por Bertrand de Jouvenel (1903-1987) em sua obra *"O Poder"*. Mais um fato importante é a perda da concepção da lei como reflexo de um plano divino e a desconsideração pela suprema autoridade legislativa do respeito pelos princípios da lei considerados "sagrados". Na Idade Média, o rei respeitava a lei nesse sentido.

Porém há vários exageros no tradicionalismo que estão associados à sua desconsideração da importância dos autores iluministas – não só os iluministas franceses, o que seria até justificado, mas de autores como Adam Smith ou John Locke. Esse aspecto espalhou-se após a publicação de *"Democracia, o Deus que Falhou"*, de Hoppe. Para uma análise assim, não basta considerarmos apenas o crescimento da taxação e dos gastos públicos nacionais, mas sim outros aspectos, tais como: quais tipos de intervenções e arbitrariedades existiam e como elas foram ou não suprimidas a partir do surgimento do Estado liberal. Só assim poderemos compreender como foram positivas as Revoluções Gloriosa e Americana.

28.1. IDADE MÉDIA E ARBITRARIEDADES DO PODER PÚBLICO

A primeira coisa que abordaremos é a Idade Média. De fato, ela era bem descentralizada, mas o poder público estava presente em certos

---

[1] A expressão aqui designa a corrente política que sustenta o apego à tradição ou a estruturas e concepções sociais do passado, muitas vezes de apelo religioso e visão institucional contrária ao liberalismo e ao moderno sistema representativo.

aspectos que o faziam ser bastante arbitrário, apesar da descentralização. Essa arbitrariedade encontrava-se, principalmente, no grande poder dos chefes das localidades, como os nobres. Devemos lembrar que não havia um comércio amplo, e a ideia de liberdade de entrada em vários campos e livre formação de preços era praticamente alheia a seu pensamento. A própria lei, embora ligada a um plano transcendente, regulava o comércio de forma a estabelecer privilégios comerciais e controlar preços e quantidades produzidas. Essa é uma das razões por que, apesar da pouca participação do Estado, o período não era próspero. Quais tipos de intervenção do poder público existiam que tornaram justificável a crítica de autores iluministas?

No feudalismo, os servos, que compunham mais de 90% de toda a população, deviam vários tipos de serviços aos nobres locais. Isso em si não é ruim, pois há certas necessidades públicas que justificam a compulsoriedade e nenhuma sociedade civilizada chegou perto de extingui-las. Porém, às vezes, chegava-se a várias arbitrariedades perante as quais os servos ficavam indefesos. Inclusive os servos eram considerados quase propriedades, juntamente à terra, e eram proibidos de sair dela. Richard Ebeling (1950-) diz o seguinte:

> Os vilões, ou servos, nasciam na terra e viviam suas vidas lá. Poucos jamais viajavam além de 30 milhas de seu local de nascimento. Se um senhor feudal vendesse um de seus feudos a outro nobre, isso incluía não apenas a terra, gado e ferramentas de trabalho, mas também os servos da terra. (EBELING, 2016a)

Esses são os exemplos de obrigações dos servos para com os lordes:

> De manhã à noite, os inquilinos eram vigiados, supervisionados, repreendidos e encarregados de realizar várias tarefas. Eles tinham que trabalhar na terra do senhor; eles precisavam fazer uma certa quantidade de trabalho de campo todos os dias, incluindo cuidar do rebanho do Senhor (vacas, cavalos, galinhas, porcos, etc.), certificando-se de que a terra do Senhor fosse adequadamente adubada, e mantendo e consertando as ferramentas e implementos possuídos pelo Senhor. Somente quando todo esse trabalho fosse feito, eles eram permitidos a trabalhar em suas terras pessoais para seus propósitos familiares. (EBELING, 2016a)

Na própria Irlanda Medieval, só se poderia vender alguma terra com a autorização da tribo ou de seu representante na figura do nobre local. Em um de seus principais documentos jurídicos, diz-se que "cada homem da tribo é capaz de manter sua terra da tribo; ele não pode vendê-la ou aliená-la, ou escondê-la, ou dá-la para pagar por crimes ou contratos" (MAINE, 1914). Essa restrição à venda sem autorização muitas vezes acontecia até com bens como gado (GINELL, 2010).

Uma das únicas esperanças de sair desses sistemas eram as cidades – e daí vem a expressão de que "o ar da cidade liberta". Em geral não havia qualquer tipo de lei geral estabelecendo limites da autoridade dos nobres sobre servos – e, como os servos eram impossibilitados de migrar, isso tornava o poder do nobre muitas vezes arbitrário. Tratava-se de servidão absoluta, porque estabelecia uma prestação indeterminada de serviço, sem possibilidade de objeção.

28.2. O ESPÍRITO COLETIVISTA NAS CIDADES MEDIEVAIS

Mesmo as cidades medievais mantiveram o espírito coletivista herdado dos feudos, embora nessas cidades esse espírito tivesse uma tendência à corrosão gradual, dando espaço para uma maior liberdade de comércio do que existia no feudo medieval. A instituição responsável pelas regulações que travavam o funcionamento do mercado eram as guildas:

> A competição como a conhecemos hoje não existia e teria sido considerada perigosa e uma forma indesejável de fazer negócios. Os preços e salários eram todos controlados com base em concepções de "razoabilidade" e "justiça", como concebidas na época. Entre as próprias pessoas da cidade, as "guildas" definem muitas coisas: as regras para aprendizados – quem e quantas pessoas podem entrar em uma profissão ou ocupação a cada ano sob um "mestre" que era membro de uma guilda; os métodos e materiais que podem ser usados na produção de mercadorias; as horas em que as empresas podem estar abertas ao comércio; que as mercadorias não poderiam ser retiradas das prateleiras até certa hora do dia, e vendidas apenas nos mercados controlados por corporações; e todos os preços para ambos os produtos e recursos, fixados dentro dos máximos e mínimos acima e abaixo dos quais violaram os códigos da guilda e eram sujeitos a processos criminais. (EBELING, 2016b)

28.3. MENTALIDADE "ANTICOMÉRCIO"

Esse espírito "anticomércio" perpassa toda a antiguidade e Idade Média, estando em autores como Aristóteles, Cícero e São Tomás de Aquino. A crítica à "usura" era comum nesses pensadores e em vários períodos da Idade Média havia leis de restrição ao empréstimo de dinheiro a juros, o que impossibilitou o surgimento de uma ordem de mercado ampliada. Os judeus eram a representação do perverso espírito burguês e comercial. Daí surgiram o mercantilismo e o absolutismo. Devemos entender ambos como nada mais do que a transferência das regulações e restrições locais, na Idade Média, para regulações e restrições nacionais, na figura do rei.

28.4. ARBITRARIEDADES DO MERCANTILISMO E DO ABSOLUTISMO

No mercantilismo e absolutismo, ainda sem o desenvolvimento das robustas teorias do comércio de Adam Smith e David Ricardo, havia a concepção de que o governo poderia agir positivamente "direcionando" os empregos dos capitais dos cidadãos da forma que lhe parecia conveniente. Ou seja, não havia "leis gerais" do jogo do comércio, que criam uma ordem espontânea; o rei poderia, a qualquer momento, realizar intervenções específicas de forma arbitrária.

Como disse Charles Dunoyer (1786-1862), em seu livro *"The Passage to Liberty"*, o Estado exerce sobre a indústria manufatureira uma jurisdição bem mais ampla e sem regulamentação. Era capaz de decidir quem poderia trabalhar ou não, que materiais deveria usar, como o proprietário poderia dispor de seus recursos, bem como podia destruir os recursos que fossem usados contrariamente às suas determinações.

Havia regras diferentes para bens destinados ao consumo doméstico e bens destinados à exportação. O artesão não podia escolher onde trabalharia, nem trabalhar para todos os clientes. No trabalho de Dunoyer, podemos destacar três ilustrações desse fato: um decreto de 30 de março de 1700, limitando a dezoito cidades o número de lugares onde meias poderiam ser tecidas; outro de 18 de junho de 1723, ordenando os fabricantes de Rouen a suspender suas obras por meses a fim de facilitar a colheita; e uma decisão do rei Luís XIV, quando pretendia construir a colunata do museu do Louvre, de proibir o emprego de trabalhadores sem a sua permissão, com multa de 10 mil libras, e os operários de trabalhar para particulares sob pena de prisão e forca – exatamente, forca.

Tocqueville explicou esse espírito absolutista em *"O Antigo Regime e a Revolução"* ao reconhecer que o governo havia assumido o lugar da Providência divina, desenvolvendo na sociedade a crença em que precisava recorrer ao Estado para ter sucesso em seus empreendimentos. Temos também a testemunha de Monsieur Roland (1734-1793), citado por Jerome-Adolphe Blanqui (1798-1854) em *"History of Political Economy in Europe"*:

> Vi oitenta, noventa, cem peças de algodão ou lã cortadas e completamente destruídas. Presenciei cenas semelhantes todas as semanas durante vários anos. Vi produtos manufaturados confiscados; pesadas multas aplicadas aos fabricantes; alguns pedaços de tecido foram queimados em lugares públicos e nas horas de mercado: outros foram fixados no pelourinho, com o nome do fabricante inscrito neles, e ele mesmo foi ameaçado com o pelourinho, no caso de um segundo delito. Tudo isso foi feito sob os meus olhos, em Rouen, em conformidade com os regulamentos existentes ou ordens ministeriais. Que crime merecia uma punição tão cruel? Alguns defeitos nos materiais empregados, ou na textura do tecido, ou mesmo em alguns dos fios da urdidura. (BLANQUI, 1846)

28.5. A IMPORTÂNCIA DAS CRÍTICAS DOS LIBERAIS CLÁSSICOS

Com base nesse cenário, vários pensadores liberais criticavam as arbitrariedades do governo. Edward Coke (1552-1634), o grande oráculo do Direito inglês e que influenciou fortemente a Revolução Gloriosa, estabeleceu a essência dos princípios liberais clássicos ao criticar o Estatuto dos Monopólios de 1624, estabelecido pelo rei Jaime I (1566-1625). Segundo ele:

> Se uma concessão for feita a qualquer homem, para ter a fabricação exclusiva de cartões ou ser o único que lida com qualquer outro comércio, essa concessão está contra a liberdade do cidadão [...] e consequentemente contra aquela importante Carta.

Adam Smith mostraria que o comércio é benéfico e que o governo não pode decidir arbitrariamente onde empregar o capital de outra pessoa, sendo isso uma violação da "ordem espontânea" regida pela mão invisível do mercado. Diria ele:

> Uma vez eliminados inteiramente todos os sistemas, sejam eles preferenciais ou de restrições, impõe-se por si mesmo o sistema óbvio e simples da liberdade natural. Deixa-se a cada qual, enquanto não violar as leis da justiça, perfeita liberdade de ir em busca de seu próprio interesse, a seu próprio modo, e fazer com que tanto seu trabalho como seu capital concorram com os de qualquer outra pessoa ou categoria de pessoas. (SMITH, 1996, v. II, p. 169)

John Locke viria a dizer que a liberdade é impossível com essa arbitrariedade governamental:

> Seja qual for a forma de comunidade civil a que se submetam, o poder que comanda deve governar por leis declaradas e aceitas, e não por ordens extemporâneas e resoluções imprecisas. A humanidade estará em uma condição muito pior do que no estado de natureza se armar um ou vários homens com o poder conjunto de uma multidão para forçá-los a obedecer aos decretos exorbitantes e ilimitados de suas ideias repentinas, ou à sua vontade desenfreada e manifestada no último momento, sem que algum critério tenha sido estabelecido para guiá-los em suas ações e justificá-las. (LOCKE, 2015)

Assim moldava-se o conceito liberal de "Império da Lei" ou *Rule of Law*, bem como do livre mercado. Vemos essas críticas mesmo em liberais que não são da tradição inglesa. Montesquieu, por exemplo, criticava o hábito medieval da restrição à usura, alegando que emprestar dinheiro sem cobrar juros é meritório, mas não um dever estatuído pela lei civil. Já Kant definia a liberdade como a independência do desejo alheio compulsoriamente imposto, caracterizando não apenas um direito inato original ao ser humano, mas o único direito verdadeiro com esse qualificativo. Assim os liberais clássicos, principalmente na Revolução Gloriosa e na Revolução Americana, combatiam o mercantilismo.

28.6. O SURGIMENTO DO SOCIALISMO E SUAS RAMIFICAÇÕES

O grande problema é que, posteriormente, surge o socialismo, que interpretou a liberdade liberal de "igualdade perante a lei" como uma "igualdade de condições" ou de riqueza. Tocqueville, em seu discurso à assembleia francesa, diria que o socialismo é praticamente nada mais do que um reestabelecimento dos princípios do Antigo Regime, combatidos pelos liberais:

> O Antigo Regime, que sem dúvida diferia em muitos aspectos do sistema de governo que os socialistas reivindicam (e precisamos compreender isso), estava, em sua filosofia política, muito mais próximo do socialismo do que se pensa. Muito mais próximo do que estamos hoje. Na verdade, o Antigo Regime assegurava que somente o Estado era sábio e que os cidadãos são seres fracos e debilitados que devem ser eternamente guiados pela mão para que não se machuquem. Afirmava que era necessário obstruir, conter e restringir a liberdade individual; que, para assegurar a abundância dos bens materiais, era imperativo organizar a indústria e impedir a livre competição. Sob esse aspecto, o Antigo Regime propunha as mesmas coisas que os socialistas de hoje [...] Os socialistas clamam pelo confisco da liberdade humana, em graus maiores ou menores, de forma que, se eu estivesse tentando resumir o que é o socialismo, diria que ele é simplesmente um novo sistema de servidão. (TOCQUEVILLE, 1848)

28.7. CONSIDERAÇÕES FINAIS

Demos aqui um breve passeio sobre as formas de controle governamental, regulações e arbitrariedades na Idade Média e no Antigo Regime, que justificavam seu combate por autores liberais e iluministas. Em termos, por exemplo, de taxação, o rei medieval ou até o rei absolutista taxavam menos do que qualquer governo atual. Porém, na época, havia uma ampla abertura para arbitrariedades, muito mais do que hoje sob o governo da democracia ilimitada (que merece fortes críticas). Os liberais clássicos estavam completamente corretos em criticar esse sistema mercantilista, "anticomércio" e arbitrário.

É lógico que alguns tradicionalistas de fato defendem tais restrições ao comércio e arbitrariedades, mas outros, que dizem defender o livre mercado, ignoram completamente essas formas perniciosas de intervenção do poder público da época, preferindo concentrar-se apenas na discussão de se o poder central era maior ou menor – e assim acabam dizendo que todo o legado dos liberais e iluministas foi prejudicial. Se eles são contra as arbitrariedades e a favor do livre mercado, isso é completamente falso e, para desmenti-los, como fiz brevemente aqui, basta apenas estudar o período. O grande problema, que atacou fatalmente tanto o liberalismo quanto o tradicionalismo, foi o surgimento do socialismo e de suas diversas ramificações – e os grandes autores liberais, como Lord Acton (1834-1902) e Tocqueville, foram críticos ferrenhos do socialismo desde seu surgimento em plano teórico.

Do socialismo também derivaram-se formas mais "brandas", mas ainda perniciosas, de intervenção do poder público. Estas estão associadas ao "novo liberalismo" e à "social-democracia", que, em busca de uma miragem igualitarista, acabam dando poderes arbitrários similares ou, quiçá, até piores que os praticados no Antigo Regime, restringindo assim a ordem espontânea do comércio. Portanto, a meu ver o correto é tomar as verdades sobre o tradicionalismo: a problemática da concentração de poder, a importância do localismo e a transcendência da lei, mas rejeitar suas mentiras ou seus aspectos prejudicais e adotar os princípios liberais de liberdade de comércio e igualdade perante a lei.

REFERÊNCIAS

BLANQUI, Jerome-Adolphe. *History of Political Economy in Europe*, 1846.

EBELING, Richard. "Lords and Serfs in Medieval Europe". *Foundation for Economic Education*. Atlanta, 2016(a). Disponível em: <https://fee.org/articles/lords-and-serfs-in-medieval-europe/>. Acesso em: 14 dez. 2020.

EBELING, Richard. "How Medieval Towns Paved the Way for Capitalism". *Foundation for Economic Education*. Atlanta, 2016(b). Disponível em: <https://fee.org/articles/how-medieval-towns-paved-the-way-for-capitalism/>. Acesso em: 14 dez. 2020.

GINNELL, Laurence. The Ceiles and Land Laws. In: *The Brehon Laws*: A Legal Handbook. Read Books, 2010.

LOCKE, John. Segundo tratado do governo civil. Disponível em:

<http://www.xr.pro.br/IF/LOCKE-Segundo_Tratado_Sobre_O_Governo.pdf>. Acesso em: 11 mai. 2015.

MAINE, Sir Henry. "Ancient Laws and Institutes of Ireland". In: *Lectures on the Early History of Institutions*. 7ª ed. London: John Murray, 1914, p. 283

SMITH, Adam. A Riqueza Das Nações – Investigação Sobre Sua Natureza e Suas Causas. v. I e II. São Paulo: Abril Cultural, 1996 (Coleção Os Economistas).

TOCQUEVILLE, Alexis de. *"Sobre o Socialismo"*, 1848. [reprodução do discurso proferido na Assembleia Constituinte francesa].

29.

AYN RAND E O CONCEITO DE CARIDADE

Roberto Rachewsky

Para deixar as coisas bem claras: Ayn Rand não tem nada contra a caridade. O que ela diz sobre caridade é óbvio e só não entende quem está submetido a uma pressão psicológica movida pela fé baseada em dogmas religiosos, ou por emocionalismo.

Ayn Rand diz que caridade só é caridade de verdade quando a doação ou ajuda observa alguns princípios morais, tanto no que se refere ao doador quanto ao suposto beneficiado: racionalidade, honestidade, produtividade, independência e principalmente, justiça.

Racionalidade, no sentido de que é preciso identificar o ser necessitado e as causas de sua necessidade a partir do uso da razão, não por capricho nem por incompreensível emoção; honestidade, no sentido de que é preciso lidarmos com a realidade do beneficiado e a nossa própria como ela é, quais os efeitos da nossa ajuda e de que maneira ela impacta na nossa própria vida; produtividade e independência, no sentido de que é preciso ajudar a quem necessita de forma que ele possa se restabelecer e deixar de ser um ser improdutivo e dependente; justiça, no sentido de que o beneficiado precisa merecer a ajuda que lhe é oferecida ou que por ele é requisitada.

Ayn Rand critica a confusão que se faz entre caridade, benemerência, benevolência e altruísmo, ou seja, aquela doação que resulta em sacrifício e sofrimento do próprio doador, que inadvertidamente abre mão de um valor maior para receber um valor menor ou valor algum. Exemplo, tirar comida do prato do próprio filho para dar a qualquer estranho que aparece no caminho.

Ser caridoso não é um vício quando a caridade não gera sacrifícios que possam prejudicar a criação e a manutenção de valor para a existência e a felicidade do doador, nem possibilitar a perpetuação de um estado de dependência ou degradação do suposto beneficiado.

Ayn Rand também entendia, e eu compartilho dessa ideia, que mais nobre do que a caridade em si é a criação de riqueza e de oportunidades que somente a atividade criativa, inovadora e empreendedora proporciona. Bill Gates (1955-), por exemplo, que com sua atividade empresarial beneficiou a humanidade de forma extraordinária, proporcionando um grau de produtividade gigantesco que melhorou a vida de bilhões de pessoas, e deve ser reverenciado mais por isso do que por ter criado a Fundação Bill & Melinda Gates. Com Steve Jobs (1955-2011) foi a mesma coisa. O que a *Apple* agregou de valor para a humanidade possibilitou que centenas de milhões ou bilhões de pessoas tivessem incremento na qualidade das suas vidas. Interessante que Bill Gates só passou a ser considerado um santo quando passou a doar a sua fortuna, que poderia ser reinvestida no seu negócio para criar ainda mais benefícios para a humanidade, o que só não acontece porque o governo o trata como um criminoso. Steve Jobs tem tido o seu passado vasculhado para que seja possível descobrir se ele doava anonimamente ou não. Há os que pensam que ele só terá lugar no *hall* dos Salvadores da Humanidade se surgirem evidências de que ele, em algum momento da sua vida, sacrificou-se.

Altruísmo é um termo criado por Auguste Comte, criador do positivismo – doutrina que pregava que o ser humano nobre era aquele que se sacrificava pelos outros. Nós, seres humanos, somos, como indivíduos, um fim em nós mesmos, no sentido de que nossa vida nos pertence, que somos racionais e por isso, por esse fato da natureza, devemos ser deixados livres para agir, criando e dispondo dos valores que entendemos serem necessários para atingir os propósitos da nossa própria vida. Caridade pela caridade pode resultar em um valor espiritual ao percebemos que a vida em geral e a felicidade dos outros podem contribuir com o nosso próprio bem estar, mas isso não pode ser colocado acima da nossa própria existência e nem pode subordinar a nossa felicidade às necessidades alheias.

O benefício que todos queremos deve ser proporcionado através da criação de valor e da troca voluntária desses valores para mútuo benefício. Sim, é verdade que às vezes o sorriso de uma criança pobre ao receber uma doação é enternecedor, cria um estado temporário de satisfação, mas para que algo seja dado é preciso que este algo seja criado; para se propiciar o bem para os outros, o preço disso não pode ser o nosso próprio mal estar. Abnegação não é uma virtude e nunca foi capaz de criar valor e riqueza material, intelectual e espiritual como aquela criada através do auto interesse racional, no qual cada um estabelece seus propósitos, busca florescer como indivíduo e relacionar-se socialmente, engajando-se em relações ganha-ganha, ou seja, relações cujo benefício é mútuo, de curto, médio e principalmente de longo prazo. Nesse caso, a felicidade, e não o sacrifício, será o motor para a prosperidade geral, de forma que aqueles que viriam a precisar da caridade sejam realmente os vulneráveis por sua condição psicomotora e não por uma debilitante visão moral que prega que o sacrifício é virtuoso e o desejo de buscar a própria felicidade, criando valor para os demais em trocas interessadas, é imoral.

Sobre o governo distribuir riqueza coercitivamente, bem, nem é necessário comentar, porque, como liberal, penso que usar a força contra inocentes é um crime e uma imoralidade, principalmente vindo de uma instituição que deveria evitar que isso pudesse acontecer ou reagir contra aqueles que praticam tal violência. A propósito, eu doo dinheiro e tempo para ajudar aqueles que precisam da minha ajuda, sem sacrifícios.

30.

O QUE ADAM SMITH TEM A NOS DIZER SOBRE CRISE DO CAPITALISMO E O PAPEL DO ESTADO?

Alex Pipkin

O capitalismo está mesmo em crise? Ou estaríamos vivendo apenas mais uma fase daquilo que é intrínseco ao sistema, isto é, a sua contínua destruição criativa?

Parece que a mola mestra do capitalismo é, justamente, a capacidade de reinventar-se continuamente, transformando processos econômicos e sociais a fim de resultar em inovações de valor e maior prosperidade para todos. Pelo menos é isso que se espera! Então por que existem tantos movimentos contrários ao sistema de mercado na atualidade?

Descontentamentos pelo mundo potencializam a chegada ao poder de ideologias populistas, tanto de esquerda como de direita, é o que afirmam alguns cientistas políticos. Embora pareça-me mais sensato classificar o debate entre correntes e visões políticas mais ou menos intervencionistas e, similarmente, mais ou menos populistas de fato. A questão central deveria ser "o que" o governo deve regular – e bem – para o melhor funcionamento possível dos mercados.

O historiador escocês Niall Ferguson (1964-) tem recitado o usual "coquetel" empregado por líderes populistas: restrição à imigração, reação contra o livre comércio, ataques contra as elites políticas e, justamente, o aparecimento de *outsiders* na cena política. O sistema de mercado, responsável pela geração de verdadeiro crescimento econômico e social e aumento da prosperidade em nível global, agora encontra-se sob ataque e sofre severas críticas de todos os lados.

Evidente que sua legitimidade é contestada por todos aqueles que culpam o "fundamentalismo de mercado" pelo processo de acumulação e concentração do capital, criador da desigualdade social. Supostamente, empresários "capitalistas", num mundo repleto de cadeias globais de valor, denunciam a concorrência global desleal e, muitas vezes, opõem-se à abertura de mercados.

Os primeiros não querem enxergar que são os mercados que geram valor econômico, alocando de forma mais racional bens e serviços, estimulando comportamento empreendedor, premiando o mérito pela descoberta de oportunidades e a criação de inovações por meio do avanço tecnológico. Importante notar que uma série de empresas com visão de futuro já têm alterado incentivos e indicadores de desempenho para o atingimento de objetivos diretamente ligados à inovação de valor, mirando o bem-estar das partes interessadas em todas as comunidades em que operam. A maior eficiência econômica deve ser alcançada num ambiente competitivo, ou seja, com livre, efetiva e sadia concorrência, com adequada regulação do Estado.

Os segundos, na verdade, não querem operar num sistema capitalista de fato, ou seja, em mercados genuinamente livres, com a concorrência efetiva, que exige que eles melhorem seus processos visando a agregar mais valor para resolver os problemas dos consumidores e/ou encontrar mecanismos de eliminação de desperdícios e redução de custos. Tais "capitalistas" desejam lucrar por meios muito distintos da lógica "real" de mercado.

Nesse complexo cenário, creio que deveriam reemergir produtivamente as ideias fundamentais do grande filósofo escocês Adam Smith. Smith, por meio de suas obras *"Teoria dos Sentimentos Morais"* e *"A Riqueza das Nações"* – que deveriam ser lidas como uma obra única –, defendia a liberdade do indivíduo, o livre mercado e, portanto, era um advogado da não-intervenção estatal na economia, não da inexistência do Estado.

De maneira alguma pode-se enquadrar Smith como um "apologista da desigualdade" e da voracidade do *homo economicus*, pela ganância de lucro a qualquer custo. Seu argumento de que o homem, mesmo agindo por conta de seu interesse próprio, estaria beneficiando os outros é bastante conhecido pela famosa imagem da "mão invisível". Todos aqueles que leram e compreendem a obra smithiana (unificada) percebem que o egoísmo esclarecido de Smith ("o egoísmo bom") diverge em muito do egoísmo materialista ("o lado ruim") de que alguns, mais à esquerda, querem lhe dar a paternidade.

Adam Smith não só alertava para a importância de um Estado regulador eficiente, como até mesmo defendia a intervenção estatal em algumas situações, intervenção essa que ele tanto procurou combater.

Um dos principais temores e alvos de Smith dizia respeito à formação de estruturas de mercado monopolísticas e às correspondentes relações de compadrio entre empresários e o Estado, que podem ser estabelecidas com objetivo de desvirtuar a dinâmica de mercado a fim de fazer prevalecerem interesses próprios e/ou corporativos.

Desse modo, para ele, o papel regulador do Estado é indispensável, tendo em vista que a ordem de mercado é dependente dos incentivos – ou desestímulos – para a respectiva liberdade de mercado. Creio ser fundamental a implementação de políticas públicas que atuem fortemente para conter e reduzir a concentração de mercado, que se verifica através das estruturas de oferta monopolizadas e que busquem a eliminação de benefícios fiscais para setores que não necessitam e que não trazem benefícios e nenhuma contrapartida para a sociedade. Políticas públicas deveriam beneficiar grande parte da população, em vez de atender aos interesses poderosos de poucos empresários com grande poder de influência.

Smith argumentava que a intervenção política poderia tanto destruir o funcionamento do mercado, como também qualificar seus processos. Para que se possa melhor compreender a "crise do capitalismo" e os "ajustes" necessários ao sistema de mercado atual, Smith disponibiliza-nos um poderoso arsenal de conceitos e ideias para os quais seguramente deveríamos atentar.

Cabe lembrar que Smith foi um professor de filosofia moral. Justamente por isso, é crucial entender que seu *"Teoria dos Sentimentos Morais"*, um trabalho sobre psicologia moral, deve ser interpretado de forma conjunta com a obra de economia política que é *"A Riqueza das Nações"*. Mercados são instituições dinâmicas mediadas por um regramento jurídico, mas especialmente por normas e condutas sociais e éticas que moldam os atores econômicos e que, por sua vez, moldam os mercados.

Nesse sentido, o capitalismo deve ser regulado por meio de leis, regras, ética e justiça, a fim de que a economia de mercado possa sobreviver e prosperar. As trocas nos mercados impõem a consideração e a estima pelo outro, numa relação de dependência dialógica, implícita na interação social através de princípios, moral e relacionamentos sociais. Não é por acaso que Adam Smith tanto enaltece a capacidade de imaginação e a constante presença do espectador imparcial.

Afinal, as críticas ao sistema capitalista de mercado são justificadas? Onde se encontra o problema? É preciso "corrigir" e reformar o capitalismo? Honestamente, penso que aquilo que precisa ser reformulado na economia de mercado não diz respeito à presença ou não do Estado na economia, mas efetivamente à visão sobre qual é sua função – função vital de focar e atuar para o bom funcionamento dos mercados. Seu principal papel, a meu juízo, nitidamente refere-se à garantia e manutenção de verdadeiras condições competitivas nos mercados.

No contexto democrático, cabe ao Estado legitimar e preservar a ordem, a lei e a liberdade individual. Aspirando a aperfeiçoar os mecanismos democráticos, só teremos melhores líderes na política na medida em que houver ação efetiva na transformação das políticas educacionais, com o Estado investindo recursos de forma adequada e melhorando a qualidade do ensino brasileiro, em especial na educação de base. Com tais iniciativas, os eleitores passarão a ter melhores condições de reflexão e escolha política, para além dos apelos populistas de despreparados.

É função precípua do Estado chancelar a liberdade nos mercados, incentivando a construção de relações comerciais baseadas na ética e na confiança entre as partes interessadas. Nesse sentido, o capitalismo smithiano é realmente distinto daquilo que tem imperado nos mercados da atualidade. Smith advoga que os indivíduos devem perseguir seus próprios interesses, porém isso não implica a adoção de comportamentos antiéticos e abusivos por parte de agentes econômicos na busca desenfreada do lucro. Seu desejo por mercados livres baseava-se na esperança de que as pessoas pudessem trocar no mercado e gerar rendas individuais sustentáveis para elas próprias. Ele não previa que indivíduos pudessem ser explorados nas trocas em razão de comportamentos imoderados e censuráveis pelo único e voraz desejo do lucro, doa a quem doer.

Acreditava ele que a divisão do trabalho e o aumento da produtividade ampliariam as oportunidades para a realização de trocas "justas" entre os atores econômicos, que ao cabo beneficiariam a comunidade como um todo. Assim, parece-me ser um grande erro de interpretação creditar a Smith o postulado de que as trocas nos mercados, fruto do sistema de produção capitalista, seriam responsáveis pela geração de desigualdades de renda e que essas sejam potencializadas nos mercados livres. Adam Smith afirmava que os mercados são justificados por sua função social. Nessa direção, a função do Estado é criar condições de garantia de real concorrência e, no caso da existência de distorções, regular fortemente para que concorrência genuína possa ser restabelecida.

Vejamos então o que tem acontecido nos sistemas financeiros na atualidade. Os bancos, mesmo após a crise de 2008, continuaram estabelecendo suas próprias regras de operação, apesar de todos os esforços que foram empreendidos pelos governos e órgãos reguladores que objetivavam regular e aperfeiçoar a governança, impulsionando e reforçando a presença de comportamentos mais éticos e responsáveis.

Se isso não é verdadeiro, como explicar que no Brasil a taxa básica de juros (Selic) seja de 5% ao ano – embora continue sendo uma das maiores no mundo –, enquanto os bancos privados cobram taxas de empréstimos na ordem de aproximadamente 10%? Evidente que essa situação só é permitida e facilitada pela inexistência de genuína concorrência no mercado bancário nacional!

A concentração bancária no país é absurda: as cinco maiores instituições – Banco do Brasil, Itaú, Bradesco, Caixa Econômica Federal e Santander – detêm 81,2% dos ativos totais do segmento bancário comercial. Que tipo de comportamento responsável verificamos nessa calamitosa circunstância? Não haveria uma espécie de negligência por parte das autoridades estatais quanto aos mecanismos de funcionamento do segmento bancário e nos respectivos incentivos que deveriam ser gerados a fim de melhorar as condições de competitividade neste setor?

Em seu livro "*Capitalismo e Liberdade*", de 2014, Milton Friedman, um liberal nato, afirma que "existe uma e apenas uma responsabilidade social dos negócios – usar seus recursos e participar de atividades projetadas para aumentar seus lucros"[1]. Contudo há uma condição: "desde que ele permaneça dentro das regras do jogo, ou seja, se envolva em competição aberta e livre, sem engano ou fraude"[2]!

---

[1] http://www2.fct.unesp.br/docentes/geo/bernardo/BIBLIOGRAFIA DISCIPLINAS POS-GRADUACAO/MILTON FRIEDMAN/Capitalismo e Liberdade – Milton Friedman.pdf

[2] Friedman, M. (2002). The social responsibility of business is to increase its profits. In L. P. Hartman (Ed.), Perspectives in business ethics (2nd ed.) (pp. 260-264). New York: The McGraw-Hill Companies. (Original work published 1970).

A própria condição mencionada por Friedman, referente às regras do jogo, implica a inevitável ação estatal na definição, no estabelecimento e no controle das políticas públicas e das regras – boas – para o bom funcionamento dos mecanismos de mercado.

Mesmo naquelas transações produtivas e comerciais operadas dentro das cadeias globais de valor, em que são integradas e interagem uma série de empresas – algumas comandadas por grandes compradores no varejo, outras coordenadas por grandes transnacionais industriais – devem existir mecanismos de governança corporativa que regulem e controlem o comportamento de todas as partes envolvidas, com o objetivo de dotar tal cadeia de maior grau de competitividade na geração de valor econômico e de valor quanto às práticas ambientais e sociais. Tal coordenação estratégica, executada em especial pelas empresas focais, necessita resultar em comportamentos e ações saudáveis para toda a sociedade, seja por uma postura responsável e proativa por parte das organizações e/ou pelo marco regulatório imposto e de responsabilidade dos governos.

Num ambiente competitivo em que notoriamente são valorizados comportamentos ambiental e socialmente mais responsáveis, pondo em relevo a reputação das organizações (empresas que se preocupam genuinamente com "os outros"), operam seus processos compartilhados em toda a cadeia de valor de forma mais ética e consciente a fim de criarem uma imagem corporativa mais positiva e, assim, ficarem menos expostas aos ataques "especulativos" da mídia e da população.

Creio que as origens dos negócios inovadores de impacto ambiental e social já estavam expostas no pensamento smithiano. Nesse sentido, observa-se que, na economia de mercado presente, parte das empresas passa a concentrar sua atenção e estratégias para a maximização do valor para além dos acionistas, ou seja, trabalham com muito maior intensidade visando ao bem-estar de todas as partes interessadas num determinado contexto, incluindo seus clientes, trabalhadores, fornecedores, entre outros.

Objetivamente, não me parece que a regulação adequada e justa dos mercados, por parte da atuação do Estado e de suas agências – independentes – gere qualquer tipo de restrição e censura, uma vez que visa ao estabelecimento de políticas públicas e econômicas capazes de controlar e punir excessos e "abusos" verificados nos mercados.

O pensamento liberal corretamente prega que deve haver ampla liberdade no mercado; entretanto quando se constatam a falta de uma visão do todo envolvido, e a escassez de um senso apurado de justiça nas relações estabelecidas e desenvolvidas nos mercados por determinadas organizações, compulsoriamente deve haver intervenções a fim de mitigar tais comportamentos. Aqui é que entra em cena a premente atuação do Estado como instituição reguladora e garantidora da genuína competição, a fim de que todos os indivíduos e toda a sociedade possam auferir melhores resultados.

Em última análise, creio no papel do Estado no sentido de desestimular e coibir comportamentos oportunistas e egoístas daquelas organizações que não operam, em seus mais diversos processos empresariais, com base em princípios e valores éticos e que, desse modo, acabam por impactar negativamente todo o tecido social e o respectivo desenvolvimento econômico e social.

Não resta dúvida de que esses eram o pensamento e os ideais de Adam Smith quanto à atuação dos governos em relação à liberdade no mercado. A real ambição de Smith era a criação de uma sociedade mais livre, justa e próspera por meio de normas morais e sociais mais virtuosas. O capitalismo smithiano contempla verdadeiro compromisso com todos os indivíduos de um contexto social. Nessa perspectiva, não tenho dúvida de que a maior intervenção estatal requerida diz respeito à formulação de políticas públicas que melhorem a estrutura, o foco e a qualidade da educação e pesquisa no Brasil.

Em situação reformista, ou melhor, de aperfeiçoamento dos processos, visando a um sistema de mercado mais eficiente, a fim de que alcancemos resultados compartilhados e benéficos para as partes envolvidas e a sociedade, por meio das transações relacionais nos mercados, especialmente quanto ao envolvimento do governo e o incentivo a comportamentos mais responsáveis e justos, um dos caminhos mais promissores para se estudar, refletir e propor ações de melhoria para os mercados, sem dúvida, é revisitar a obra de Smith.

31.

POR QUE TANTO ÓDIO AO LIBERALISMO?

Lucas Berlanza

Nota-se uma ojeriza profunda ou uma repugnância rancorosa ao liberalismo em figuras que se apresentam como representantes dos mais diversos quadrantes do espectro político. Para uns, o liberalismo é uma força reacionária e tirânica de exclusão dos menos favorecidos. Para outros, a degeneração moral e a antessala do comunismo. Por que tanto ódio? O que faz do liberalismo um patinho feio tão visado?

Ludwig von Mises escreveu em seu clássico de 1956 "*A Mentalidade Anticapitalista*" que os críticos do sistema capitalista, psicologicamente saudosos de um momento histórico em que havia uma sensação de permanência muito maior, rejeitam a mobilidade que a economia de mercado proporciona. A incapacidade de se conformar com isso por haver quem, dentro dessa mobilidade, tenha conquistado melhores condições seria uma das causas de revolta.

Ao mesmo tempo, aquilo que é produto de benefícios e vantagens monopolísticas oferecidas pelo Estado acaba sendo lançado na conta do capitalismo. Mises disse ainda que os críticos, especialmente entre intelectuais e artistas, menosprezam a ideia de que as conquistas tecnológicas e o monumental aumento de riquezas, expectativa e condições de vida no mundo devem-se à moderna economia de mercado e ao acúmulo de capital.

O problema é que o conceito de liberalismo vai muito além do conceito de capitalismo. Não se trata apenas de uma discussão econômica. Mais do que uma ideologia apresentada completa e acabada sob a forma de uma cartilha ideológica, o liberalismo é, sim, um conjunto de ideias que podem atingir uma proporção doutrinária, mas que se manifestam historicamente, apresentando diversas linguagens, nuances e tendências distintas – nunca, porém, limitado ao economicismo.

As esquerdas costumam reduzir o liberalismo à sua dimensão econômica – o que não exime alguns liberais, diga-se de passagem, de ajudarem na construção dessa versão capenga, por se renderem a esse mesmo economicismo. Torna-se fácil reduzir o liberalismo a um monte de intelectuais de terno discutindo taxas e dados, enquanto as pessoas morrem de fome no mundo real – ou enquanto os pobres não podem andar de avião. A exploração de uma caricatura facilita à esquerda o assassinato de reputação de uma proposta que, por definição, é avessa tanto a seu campo teórico quanto a seus projetos de poder.

Disse acima, porém, que o liberalismo é também uma experiência histórica. Mais do que uma ideologia ou um partido, o liberalismo é um conjunto de ideias e instituições, delas decorrentes, que marcam a perspectiva de estabelecimento de "regras do jogo" nas sociedades modernas. Nesse sentido, para além das realizações econômicas e tecnológicas do capitalismo, os liberais têm a seu favor uma série de princípios e edificações institucionais que podem reivindicar para seu campo.

O que motivaria o ódio contra a liberdade de se formar intelectual e culturalmente como se queira, de ler o que se queira, de pensar sobre o que se queira e como se queira? O que motivaria o ódio contra o sistema representativo, dando expressão, nas decisões políticas inevitáveis, aos interesses e concepções de maiorias e minorias, não estimulando a eliminação de nenhuma delas?

O conceito de "democracia" não é uma criação do liberalismo e os principais liberais, desde os mais antigos até os mais recentes – entre eles os fundadores do Instituto Liberal no Brasil, como Donald Stewart Jr. e Og Leme, influenciados pelas ideias de Friedrich Hayek –, reconhecem os desafios impostos entre os esforços pelo resguardo das prerrogativas e dimensões individuais e o incremento, por vezes exacerbado, das decisões majoritárias em questões tornadas coletivas. Porém os regimes que mais adequadamente, ainda que sempre imperfeitamente, lidam com esse problema são as democracias liberais, não de qualquer outro tipo, porque conscientemente fazem o esforço de tentar equilibrar essas duas asas. Ainda hoje, os inimigos do liberalismo por vezes se dizem os verdadeiros defensores do "povo" ou mesmo da "democracia", mas não querem perceber que seus receituários esmagariam o indivíduo.

Muito do que, enfim, se levanta como argumento para atacar o liberalismo é, na verdade, paradoxalmente, parte integrante do patrimônio por ele defendido. Nesse sentido, além dos que o reduzem ao economicismo, existem os que atribuem à liberdade por ele permitida a abertura do caminho para a libertinagem e a degeneração moral, sexual ou de qualquer outro gênero, explorada pelas esquerdas contemporâneas na dimensão da cultura.

Consinto em afirmar que, havendo mais liberdade, há mais condições de o erro se expressar, e podemos e devemos livremente atacá-lo e combatê-lo com o vigor da luta cultural, bem como com o resguardo da vida e da propriedade que o liberalismo sempre encampou, mas também há mais condições de esse erro ser criativamente destruído e multiplicarem-se novos acertos. Esse ataque, que vem não das esquerdas, mas de tradicionalistas antiliberais e reacionários, parte da ânsia que alimentam – bem pouco prudente e conservadora, no sentido burkeano que o termo adquiriu, diga-se de passagem – por soluções completas, de quietude e de segurança. É outro tipo de anseio por falta de mobilidade, mas não tanto econômica – nesse caso, mais uma falta de mobilidade espiritual.

Um mundo que não esteja completamente subordinado a seus hábitos e preferências, uma comunidade política que não experimente uma completa homogeneização subordinada a uma concepção religiosa e a uma igreja específica, a determinadas regras estéticas específicas, sem questionamento, é um mundo danado, caminhando para o apocalipse, não importa o quanto a vida tenha melhorado em diversos aspectos, não importam quantos famintos tenham passado a comer, não importam quantas doenças tenham sido erradicadas. Melhor seria voltarmos à Idade Média ou às corporações de ofício...

Não estou entre os que defendem o liberalismo como uma cartilha ideológica radical, sobretudo embebida nas aventuras mais extremistas do Iluminismo francês, por vezes mais marcadas pelo democratismo que pelo liberalismo propriamente dito, como diria o professor Antonio Paim. Porém, entendendo o liberalismo como uma conquista político--econômico-institucional da modernidade, acredito firmemente que todos aqueles que não se deixam dominar pelo temor das mutações, instabilidades e imperfeições da humanidade verão nas suas realizações argumentos mais que suficientes para defendê-lo do ódio contra ele movido por aqueles que desejam o controle e o imobilismo – quer para exercer um poder que supostamente existiu no passado, quer para exercer um poder que nunca tiveram.

32.
UM SINGELO ARGUMENTO LIBERAL EM FAVOR DA DEMOCRACIA

Gabriel Wilhelms

Acredito que democracia seja a palavra mais constante na literatura e nas discussões políticas modernas. Parece haver um entendimento tácito entre a maioria das pessoas de que se trata de algo virtuoso e de um ideal que deve ser mantido. A despeito disso, a democracia não resta sem controvérsias, o que também é verdade entre liberais.

Alexis de Tocqueville, autor do célebre *"Da Democracia na América"*, considerado um apologista daquilo que chamamos de democracia liberal, expressou o temor de que a democracia pudesse tornar-se uma "tirania da maioria"[1]. Tocqueville temia que um processo de padronização das massas, e padronização no sentido de "mediocrização", ocasionasse essa tirania.

Temor semelhante também demonstrou Edmund Burke, que dizia que "uma democracia perfeita é a coisa mais sem-vergonha no mundo"[2]. Burke questionava a vontade das massas como padrão de certo e errado e prescrevia contra isso a necessidade de uma aristocracia estabelecida, que seria muito mais preparada para exercer o poder.

Mesmo um autor por vezes considerado "progressista", como John Stuart Mill, tinha suas reservas com o sufrágio universal e chegou a defender um sistema de pesos, em que os votos seriam não apenas contados, mas teriam diferentes pesos de acordo com o nível de instrução dos eleitores, um critério que certamente seria considerado

---

[1] TOCQUEVILLE, Alexis de. Democracy in America. Editado por Eduardo Nolla/ Traduzido do francês por James T. Schleifer. Publicado pelo Liberty Fund em 2010. Vol. I, cap. 7, p. 410.

[2] BURKE, Edmund. Reflections on the Revolution in France and on the Proceedings in Certain Societies in London relative to that event in a letter intended to have been sent to a gentleman in Paris. Publicado por: James Dodsley, Pall Mall, Londres. 1790, p. 78.

elitista se defendido hoje, haja vista que aqueles com maior instrução, não por acaso, costumam ser os mais ricos dentro de uma sociedade.

Tais considerações suscitam compreensíveis reflexões até os dias atuais, sobretudo diante de evidências históricas de que a democracia pode sim assumir contornos hostis à liberdade. Significa isso que os liberais devem descartar a democracia como forma de governo? Acredito que não. Com todos os seus defeitos, a democracia, mais especialmente a democracia liberal, é a forma de governo mais virtuosa já inventada, o que não significa dizer que seja perfeita.

A primeira e talvez principal razão que me vem à mente para justificar essa afirmação é que a democracia é a renúncia à força como motor de mudanças políticas em benefício do diálogo e de um certo consenso da pluralidade. Para os liberais, essa pluralidade significa, principalmente, duas coisas: eles farão parte do jogo democrático e poderão compor a pluralidade; o mesmo aplica-se, verdadeiramente, aos demais grupos político-ideológicos, incluindo seus rivais.

Para muitos liberais, pode ser frustrante perceber que sua agenda de ideias encontra como obstáculo tantas outras, por vezes tão hostis às suas, mas esse é, a despeito disso, o melhor e mais propício cenário para a consecução de uma agenda liberal. Não fosse a garantia da pluralidade e a possibilidade de alternância de poder, a expectativa de diferentes grupos políticos de chegarem ao poder, ou, dito de outra forma, se tais grupos fossem alijados da participação no processo político, chances há de que optassem pelo caminho da força, de modo que a ordem constitucional poderia acabar permutada pelo caos. Isso se torna mais verdade quanto mais esses agentes políticos tenderem aos extremos. Nesse sentido, a democracia, apesar de não garantir por completo a não existência de movimentos radicais, coloca um freio em muitas pretensões radicais, que, por bizarras, talvez – espera-se – nunca tenham a oportunidade de se concretizar em um ambiente democrático.

Por democracia, obviamente, refiro-me à democracia representativa, a única que considero possível. Penso que essa consideração é tão evidente que não se faz necessário acrescentar a todo tempo a segunda palavra. Uma democracia representativa, que fuja dos fetiches plebiscitários, é o melhor antídoto contra a "tirania da maioria". Dizer que o poder é exercido em nome do povo ou que emana do povo é diferente de dizer que ele é exercido pelo povo.

A impossibilidade das democracias diretas é, por razões numéricas, auto evidente, mas há os que defendem um simulacro disso, mesclado com a democracia representativa, em que a todo tempo a sociedade seria chamada a votar em plebiscitos e referendos. Penso que uma sociedade plebiscitária é, paradoxalmente, um dos caminhos mais diretos para o autoritarismo e para a tirania da maioria temida por Tocqueville, na medida em que pode acabar sendo o palco das paixões e preconceitos populares mais irrealistas, bem como ser mais facilmente cooptada por populistas. Isso não significa dizer que o povo não possa participar do processo democrático. Não só pode como deve estar atento, cobrar os políticos e agentes públicos e ter garantido o direito à livre manifestação e livre expressão. No entanto, o poder em si é exercido pelos representantes, não pelos representados, os quais, periodicamente, têm o poder de alterar o grupo representante.

Além da vigilância dos representados, a separação e independência entre os poderes é fundamental para frear arroubos autoritários. Uma verdadeira democracia liberal não é possível sem essa separação; portanto, os liberais devem estar atentos para qualquer sinal de que essa separação, essa independência, esteja sendo violada.

Por fim, acho conveniente argumentar em prol da legitimidade do sufrágio universal. Os temores de Mill, que aludem aos de Tocqueville, entre outros, de que as massas pudessem corromper e mediocrizar a democracia, têm como melhor antídoto a democracia representativa, com o afastamento de devaneios de democracia direta. Como o povo não exerce diretamente o poder, não faz sentido impor critérios de mérito ou instrução e conferir pesos aos votos. Uma democracia liberal requer que todos sejam iguais perante as leis e não há como garantir isso se houver desigualdade no poder de escolha daqueles que formularão as leis. Além disso, um tratamento desigual dos eleitores serviria de argumento para aqueles que tentassem cooptar as minorias sub representadas contra o poder constituído.

Aceitando a democracia como sistema de governo e compreendendo quais mecanismos são necessários para garantir sua continuidade, e evitar a tirania da maioria, resta aos liberais aproveitar esse terreno e se tentarem fazer cada vez mais representados. Aceitar a democracia em detrimento da força é, aliás, a única opção viável, pois a alternativa seria antagônica aos princípios liberais mais básicos. O grande desafio para os liberais é, portanto, participar cada vez mais desse processo democrático e com isso colocar cada vez mais a democracia na rota ou na manutenção de uma já existente democracia liberal, em que a defesa da liberdade esteja sempre na ordem do dia.

33.

COMO UM ESQUERDISTA SE CONVERTE AO LIBERALISMO: O CASO DE PAULO FRANCIS

Ianker Zimmer

Em 1981, Paulo Francis (1930-1997) foi convidado por Armando Nogueira (1927-2010), ex-colega do Diário Carioca, para trabalhar na TV Globo. Francis vivia seus melhores dias, até então, na profissão: reverenciado por tantos, odiado por alguns, mas lido por muitos. A emissora tinha como objetivo dar mais ênfase política a seu jornalismo.

Havia um problema, porém, como lembra Nelson de Sá (1968-) na belíssima apresentação do livro *"A Segunda Mais Antiga Profissão do Mundo"*, de 2016, de Francis. Nosso personagem criticara, em 1971, Roberto Campos e o poderoso Roberto Marinho (1904-2003) – que eram amigos – em seu artigo intitulado *"Um homem chamado porcaria"*, veiculado no jornal *O Pasquim*. Lembrando que, naquela época em que escrevera o artigo, o trotskismo ainda corria nas artérias de Francis. Aos poucos, entretanto, a vida no centro dos Estados Unidos mudou o pensamento de Francis, que foi seduzido pela efetividade da máquina capitalista ianque. O jornalista admitiu, mais tarde, que deixara de acreditar na ideologia de León Trotsky (1879-1940), ficando apenas com resquícios de admiração intelectual ao inimigo mortal do bolchevique Josef Stalin (1878-1953).

Eis que José Bonifácio de Oliveira Sobrinho (1935-), importante executivo da Globo, foi até Marinho para consultar sobre a possível contratação. Este apenas indagou: "Ele aceita trabalhar com a gente?". "Sim", respondeu Bonifácio. "Se aceita, é porque mudou de opinião. Pode contratar", disse Marinho. Foi assim que o colunista de dicção peculiar – e uso aqui um eufemismo para fala esquisita –, naquele momento já um apologista do capitalismo, iniciou sua carreira na maior emissora do Brasil.

Franz Paul Trannin da Matta Heilborn, de pseudônimo Paulo Francis, nascido em 2 de setembro de 1930, ficou 17 anos na emissora até falecer em 4 de fevereiro de 1997, em Nova Iorque, vítima de um infarto. Francis entrou num colapso nervoso, pois, três meses antes de sua morte, o colunista passou a responder a um processo milionário movido pelo então presidente da Petrobras, Joel Rennó, e outros diretores da companhia. O motivo: Francis afirmou no programa *Manhattan Connection* que os diretores da Petrobras estavam colocando dinheiro em contas na Suíça e disse (referindo-se a eles) que se tratava da maior quadrilha da história brasileira. Lembrando que Francis há tempos defendia a privatização da estatal. Duas décadas depois, os brasileiros depararam-se com o escândalo de corrupção apelidado "Petrolão", descoberto pela Operação Lava Jato e que tomou os noticiários internacionais.

O jornalista Nelson Sá relembra, contudo, que em 2005 Rennó e outros coleguinhas foram condenados a pagar (por ressarcimento e multa) mais de 141 milhões de dólares em um processo sobre a aquisição da plataforma P-40. Além disso, perderiam funções públicas e seus direitos políticos – isso se uma decisão em segunda instância não os absolvesse. Francis não media palavras, é verdade, mas foi injustiçado – para não dizer assassinado – pela brutalidade oriunda de uma empresa que décadas depois ficaria desnudada diante do país.

Fico a pensar: se Francis estivesse vivo durante o auge da Lava Jato e da vergonha do Petrolão, o que escreveria? O que falaria de seu algoz Lula (1945-)? O que diria de Dilma (1947-)?

Francis não foi apenas um jornalista; foi um intelectual completo, amante de livros (chegava a ler seis horas diárias) e de arte: cinema, teatro, balé e pinturas estavam no radar de suas críticas, pois eram suas paixões. Irreverente e politicamente nada correto, tinha um talento único para criticar; sem qualquer medo de "cara feia", defendia o capitalismo como único sistema econômico viável e mais que necessário para o Brasil. Fazia isso numa emissora que muito flertou e flerta com ideias de esquerda, especialmente no sentido cultural.

Daniel Piza (1970-2011) conta no perfil, muito bem escrito sobre Francis, que ele, quando jovem, tinha uma rigorosa rotina de leitura diária de seis horas. Os livros faziam parte de seu dia a dia. Seu sonho – ou um deles – era escrever um grande romance. Foi autor de *"Cabeça de Papel"*, em 1977, e *"Cabeça de Negro"*, de 1979, além, é claro, de diversos livros com ensaios e artigos, como "*A Segunda mais antiga profissão do mundo: jornalismo, política e cultura nos textos do maior polemista da imprensa brasileira*", com artigos publicados na Folha de São Paulo entre 1975 e 1990.

Antes de cursar literatura dramática na Universidade de Columbia, entre 1954 e 1955, em Nova Iorque, estudou na Faculdade Nacional de Filosofia, no Brasil. Depois dos estudos nos Estados Unidos, voltou à terra natal e dedicou-se ao teatro – o que completou seu arcabouço intelectual para a crítica teatral. Sua formação literária, no entanto, já era invejável. Trotskista, usou sua habilidade de pensamento e crítica contra o regime militar no Brasil. Chegou a ser preso em dezembro de 1968 após o decreto do AI-5, que endureceu o regime. É até tragicômico imaginar como se portou Paulo Francis em uma prisão...

Deixou para sempre a terra brasileira em 1971, com restritos retornos para visitas temporais. Em Nova Iorque, escrevia para revistas. A vida nos Estados Unidos virou a ideia de mundo de Francis de cabeça para baixo – afinal, viver na terra da prosperidade e da liberdade e ver a máquina capitalista gerando riqueza a pleno vapor faz qualquer indivíduo com o mínimo de sensatez repensar conceitos ideológicos errôneos, sobretudo os socialistas.

Francis tornou-se um ferrenho defensor do capitalismo. Trotsky ficou para trás. À frente, somente a liberdade da América que o seduzira. Chegou a classificar o esquerdismo como "masturbação ideológica" (com o que concordo plenamente). Seus comentários politicamente nada corretos angariaram fãs, mas também algozes, entre os quais alguns diretores da Petrobras, estatal a que Francis tecia duras – e merecidas – críticas, defendendo sua privatização.

Se um dos motivos da "virada de chave" no pensamento do jornalista foi a experiência empírica no país mais capitalista do mundo, o outro foi o garimpo nos livros por conhecimento das ideias liberais. Em seus vários textos escritos e publicados, Francis cita pensadores e apologistas do liberalismo econômico, que formaram seu novo arcabouço crítico-econômico.

No artigo publicado em 27 de junho de 1987, intitulado "*Os comunistas vão lá*", por exemplo, Francis cita Adam Smith, o pai da economia Moderna: "não dependemos da benevolência do padeiro ou do açougueiro, mas é do interesse dele – que obtém o lucro – nos servir"[1]. Ele usa a sentença de Smith para criticar a então União Soviética, que abolira qualquer diálogo entre comerciante e freguês, o que gerou um desastre econômico.

No mesmo texto, o colunista demonstra propriedade no conhecimento do pensamento de Edmund Burke – irlandês considerado pai do conservadorismo moderno e autor da mais relevante crítica à Revolução francesa. Ironiza o último líder da União Soviética, Gorbachev (1931-), afirmando que este não deve ter lido Burke, e cita uma frase do filósofo: "Homens de letras [Burke queria dizer intelectuais; a palavra não era corrente, nem existia no século 18], que gostam de se destacar, são raramente avessos a inovações"[2]. Francis, seguindo o texto, ainda ressalta que Burke tinha horror a extremismos.

Já em artigo datado de 26 de agosto de 1987, Francis profere:

> Eu, na época de esquerda, "cego pelo ódio", não percebi o que estava acontecendo. Todo dia abria o jornal no meu esconderijo e havia um tenente-coronel ou coronel atacando Castelo, Roberto Campos e Gouveia de Bulhões, que tentavam, timidamente, encaminhar o Brasil para o capitalismo.[3]

Fica nítida nesta declaração sua confissão de que, quando vivera no engano, havia homens lutando pelas ideias liberais, entre eles o grande Campos. Francis escreve em 1988 sobre o encontro que teve com outra grande personalidade da história brasileira: Carlos Lacerda. Enaltece-o por sua capacidade de discutir a obra de Winston Churchill. Fazia isso "cheio de charme", proferiu Franz Paul.

Sintetizando, o mesmo Francis que tinha na língua uma metralhadora de adjetivos para emparedar algozes não poupava elogios quando entendia, em seu senso crítico idiossincrático, que alguém era merecedor. Se a *causa mortis* de Francis foi o infarto – do ponto de vista biológico –, o motivo real de sua partida foi outro: a injustiça. Francis foi assassinado psicologicamente.

---

[1] FRANCIS, Paulo. A segunda mais antiga profissão do mundo, Paulo Francis; organização Nelson de Sá. – São Paulo: Três Estrelas, 2016, p. 291.

[2] FRANCIS, Paulo. A segunda mais antiga profissão do mundo, Paulo Francis; organização Nelson de Sá. – São Paulo: Três Estrelas, 2016, p. 293.

[3] FRANCIS, Paulo. A segunda mais antiga profissão do mundo, Paulo Francis; organização Nelson de Sá. – São Paulo: Três Estrelas, 2016, p. 306

Partiu cedo demais, mas deixou-nos um legado intelectual imensurável, além de um exemplo que prova que a "deszumbificação" marxista é possível. Para tanto, basta ter boa vontade e, no mínimo, considerar que existem alternativas de pensamento. No caso de Francis, como lemos, o choque recebido ao deparar-se com uma realidade que contrastava com a do Brasil, aliado à busca pelo conhecimento do que são, de fato, as ideias liberais, foram o propulsor de sua conversão significativa: de trotskista a capitalista.

34.

GALERIA DE AUTORES REFERENCIAIS DIVULGADOS NO BRASIL PELO INSTITUTO LIBERAL[1]

34.1. AARON DIRECTOR (1901-2004)

Foi o fundador de um novo campo do conhecimento em que a Economia e o Direito intersectam-se. Seu trabalho pioneiro de aplicação dos métodos científicos da Economia (incluindo a teoria de preços e estatística) ao comportamento humano, numa época em que, no máximo, analisava-se a história das instituições e do Direito, colocou-o numa destacada posição. Dentro da tradição "popperiana", Director buscava constantemente testar suas hipóteses e teorias. Especializado em questões antitruste, criou em 1958 o respeitado *Journal of Law & Economics*, juntamente com Ronald Coase (1910-2013) que, anos mais tarde, viria a ganhar o Nobel de Economia. Em 1962, ajudou a fundar o "Comitê sobre a Sociedade Livre da Universidade de Chicago", cujo objetivo era esclarecer e reforçar a tradição da liberdade individual nas dimensões econômica, política, histórica e social. A partir de meados dos anos de 1960, passou a integrar a Instituição Hoover, sem, entretanto, perder os vínculos com a Universidade de Chicago, onde lecionou entre 1946 e 1966. Sempre discreto, um "professor de professores", sua notoriedade nunca foi além do círculo acadêmico, embora sua importância seja amplamente reconhecida.

Obra e influência

A produção de Aaron Director foi relativamente pequena – daí o fato de ser desconhecido do grande público. Em geral, ele escreveu artigos

---

[1] Os textos dessa seção reúnem ensaios sobre os autores (inéditos ou não) e adaptações de pequenos textos constantes da antiga seção "Galeria de autores" do site do Instituto Liberal.

e ensaios publicados em jornais e revistas especializados, mas sua influência intelectual foi enorme, graças às suas atividades acadêmicas. George Stigler (1911-1991), contemporâneo na Universidade de Chicago e Prêmio Nobel de Economia, dizia que a maior parte dos artigos de Aaron foram publicados sob o nome de seus colegas. Ardoroso defensor do livre mercado, exerceu uma influência seminal sobre várias gerações de economistas e juristas que passaram por Chicago.

Maior feito

Seu maior feito talvez tenha sido o de ter reconhecido imediatamente a importância do livro *"O Caminho da Servidão"*, de F. A. Hayek. Esse livro havia sido publicado na Inglaterra em 1944, mas não encontrou editor interessado nos Estados Unidos. Foi Aaron Director quem convenceu a Editora da Universidade de Chicago e alguns de seus economistas de renome, entre os quais se destaca Frank Knight (1885-1972), sobre a importância daquele livro. A tiragem inicial de *"O Caminho da Servidão"* foi de apenas dois mil exemplares, demonstrando a cautela dos editores americanos. O livro seria um tremendo sucesso e atingiria cem vezes essa marca, com 200 mil exemplares impressos.

Director e Friedman

Em 1946, Director ainda auxiliou Hayek a organizar o primeiro encontro da Sociedade Mont Pélerin. Indicou alguns convidados, entre os quais o jovem economista Milton Friedman, seu cunhado. Aliás, é interessante mencionar que Friedman, em certa ocasião, apresentou Director como sendo seu "cunhado radical". Suas ideias francamente favoráveis ao livre mercado em algumas ocasiões assustaram ao próprio Friedman, especialmente nos anos de 1930. Naquele período, Director criticava fortemente a política do *"New Deal"*, que considerava autoritária. Friedman, ainda no começo de carreira, era favorável ao ativismo governamental como forma de superar a crise em que vivia a economia americana.

Visão libertária

Aaron Director, durante muitos anos, assumiu posições que, mesmo em Chicago, eram consideradas polêmicas. Nos anos de 1950, por exemplo, propôs uma redução de impostos para as grandes empresas, a completa eliminação de tarifas alfandegárias e uma drástica redução dos poderes dos sindicatos. Suas posições libertárias certamente tiveram grande influência sobre seu sobrinho David Friedman (1945-), que é, de certa forma, seu herdeiro intelectual.

Influência sobre juristas

Como fundador do *Journal of Law & Economics*, a influência de Director também abrangeu o Direito. Entre os juristas de renome por ele influenciados encontram-se Edward H. Levi (Procurador Geral dos Estados Unidos, 1911-2000) e os juízes federais Richard Posner (1939-), Frank Easterbrook (1948-) e Robert Bork (1927-2012, cujo nome foi indicado para a Suprema Corte Americana, mas terminou rejeitado pelo Senado).

A legislação antitruste norte-americana e sua interpretação sofreram uma significativa reordenação a partir das contribuições de Director. Se hoje elas são mais favoráveis à ação empreendedora, muito é devido às críticas dele e de seus discípulos. Eles demonstraram que várias iniciativas que pretendiam "proteger" o mercado ou os consumidores resultavam, na verdade, em dano para os seus interesses, quando não para a sociedade em geral.

Vida pessoal

Aaron Director nasceu na cidade de Charterisk, atualmente parte da Ucrânia. Ainda criança, mudou-se com a família para os Estados Unidos, especificamente para o Oregon. Fez sua graduação em Yale e depois se pós-graduou em Chicago, onde estudou sob a orientação de Frank Knight e Jacob Viner (1892-1970). Para Chicago ele levou também sua irmã, Rose, que se casaria com Milton Friedman, em

1938, e se tornaria uma economista de renome por mérito próprio. Ele faleceu aos 102 anos em Los Altos Hills, Califórnia.

34.2. ADAM SMITH (1723-1790)

Pouco se sabe sobre a vida do filósofo e economista Adam Smith, além das informações oficiais sobre os livros que publicou, postos acadêmicos e funções públicas que exerceu. Até a exata data de seu nascimento é desconhecida. Sabe-se que foi batizado em 5 de junho de 1723, que nasceu em Kirkcaldy, na Escócia, e que era filho único (morou com a mãe quase toda a vida).

Sabe-se que estudou em Glasgow e em Oxford, tendo tomado contato nesta última universidade com David Hume, de quem se tornou amigo e depois executor literário. Infelizmente, quando Smith morreu, a ordem expressa deixada para que fossem queimados papéis, originais, cartas e documentos foi estritamente seguida. Assim sendo, sobrou, relativamente, pouco material para que sua vida pudesse ser recontada com detalhes.

A obra intelectual de Adam Smith, ainda que não muito extensa, exerce uma enorme influência até os dias de hoje. Embora o pensamento econômico tivesse evoluído até o século 18, especialmente com os escolásticos, foi Smith quem, em 1776, definiu a Economia como uma ciência, ao publicar *"A Riqueza das Nações"*. Antes da publicação dessa obra, Smith já era um consagrado professor e escritor.

De fato, desde 1752 lecionava Filosofia moral na Universidade de Glasgow, Escócia. Mas suas aulas incluíam outros campos do conhecimento, tais como Filosofia do Direito, Retórica, Ética e Ciência das finanças. Esse esforço resultou na publicação, em 1759, da obra *"Teoria sobre os sentimentos morais ou Ensaio para uma análise dos princípios pelos quais os homens naturalmente julgam a conduta e o caráter, primeiro de seus próximos, depois de si mesmo."*

Liberdade econômica

O livro *"Uma investigação sobre a natureza e causas da riqueza das nações"* foi o que lhe trouxe fama, e pode ser sintetizado como uma análise sobre as consequências extraordinariamente benéficas da liberdade econômica. Essa obra lançou as bases para a compreensão sobre a economia de mercado, sendo que muitas de suas conclusões permanecem até hoje válidas. Pode-se destacar, por exemplo, a análise que ele faz sobre a importância da divisão do trabalho: "o maior desenvolvimento nos poderes produtivos do trabalho, e a crescente habilidade, destreza e conhecimento com o qual é dirigido ou aplicado parecem ter sido os efeitos da divisão do trabalho"[2]. Essa obra traz importantes contribuições sobre educação, serviço público, escravidão, defesa e finanças públicas. Sua abordagem também foi inovadora, pois sustenta-se numa perspectiva evolucionista. Aliás, o Prêmio Nobel de Economia Friedrich Hayek é um dos que defendem a ideia de que Charles Darwin (1809-1882) inspirou-se em Adam Smith e na noção de evolução econômica para engendrar a teoria sobre a evolução biológica das espécies e do homem.

Adam Smith beneficiou-se com o ambiente de progresso econômico existente na costa ocidental da Escócia, onde ficava Glasgow, podendo perceber o contraste que havia com Edimburgo e Kirkcaldy, cidades estagnadas ou em declínio. Em grande parte, esse progresso era impulsionado pelo comércio através do Atlântico. As cidades escocesas localizadas no litoral do Mar do Norte não gozavam dessa mesma vantagem.

O círculo intelectual de Adam Smith

Além de David Hume, Adam Smith travou conhecimento com quase todos os grandes intelectuais escoceses e ingleses de seu tempo, especialmente após 1776, quando morou uma temporada em Londres. Conheceu desde o famoso Dr. Johnson, como era conhecido Samuel Johnson (1709-1784, maior figura literária inglesa do século 18, quase da estatura de Shakespeare, 1564-1616), passando evidentemente por James Boswell (1740-1795), Sir Joshua Reynolds (1723-1792), Edward Gibbon (1737-1794) e Edmund Burke (1729-1797). Em 1778, Adam

---

[2] SMITH, Adam. An Inquiry into the Nature and the Causes of the Wealth of Nations. Metalibri, 2007, p. 8. https://www.ibiblio.org/ml/libri/s/SmithA_WealthNations_p.pdf

Smith foi nomeado fiscal de Alfândega em Edimburgo (o que não deixa de ser uma ironia para quem era um defensor do livre comércio). Ele morreu em 17 de julho de 1790, sem deixar descendentes.

Adam Smith desafiou o senso comum de diversas formas. Seu relacionamento com David Hume, visto como ateu (o que consistia quase em um crime naquela época), foi objeto de muita reprovação. Até em Oxford, centro irradiador de conhecimento, quando ainda estudante, foi impedido de ler a obra *"Tratado sobre a natureza humana"*, de Hume.

34.3. ALEXIS DE TOCQUEVILLE (1805-1859)

Alexis Charles-Henri-Maurice Clérel de Tocqueville nasceu em Paris, em 29 de julho de 1805, e morreu em Cannes, a 16 de abril de 1859. Viveu, portanto, o período mais atribulado da história francesa durante o século 19. Nasceu pouco tempo após o terror da Revolução Francesa (sobre a qual escreveria uma obra clássica). Sua infância transcorreu sob as vicissitudes de Napoleão (1769-1821). Assistiu à restauração da monarquia sob Luís XVIII (1755-1824) e Carlos X (1757-1836, a quem seu pai serviu) e à sua subsequente derrubada por Luís-Felipe (1773-1850). A seguir veio a Revolução de 1848 e a Segunda República, com Luís Napoleão (1808-1873) presidente. Este, por seu turno, em 1851 promoveu um golpe de Estado e se fez Napoleão III.

Esse pano de fundo é importante para compreender Tocqueville. Nascido numa ilustre família, descendente de um irmão de Santa Joana D'Arc (1412-1431), parente de Chateaubriand (1768-1848) e bisneto do estadista Chrétien de Malesherbes (1721-1794, conselheiro de Luís XV e XVI), tendo, portanto, vínculos com o *Ancien Regime*, foi obrigado, em mais de uma ocasião, a deixar a França. Em 1831, por exemplo, devido a problemas pessoais que a derrubada dos Bourbons causava-lhe, empreendeu uma viagem aos Estados Unidos cujo resultado o tornaria célebre.

A viagem aos EUA

O pretexto para deixar a França foi o de realizar um estudo sobre o sistema penitenciário norte-americano. Passou nove meses fazendo leituras, observações e, sobretudo, conversando com eminentes membros da sociedade americana. Quando retornou à França, publicou, com seu companheiro de viagem Gustave de Beaumont (1802-1866), a obra *"Sobre o sistema penitenciário nos Estados Unidos e a sua aplicação na França"*; mas foi o livro *"Da Democracia na América"*, cuja primeira parte foi publicada em 1835 e a segunda em 1840, que o consagrou como cientista político. Foram-lhe abertas as portas das mais prestigiadas instituições, entre as quais a Academia Francesa (1841).

A democracia americana

A obra *"Da Democracia na América"* é uma análise que mantém extraordinário interesse e atualidade. Graças à influência do historiador François Guizot e de estudos sobre a história inglesa, Tocqueville desenvolveu uma aguda perspectiva que emerge fortemente no seu livro sobre a democracia americana. Praticamente não houve aspecto da vida política dos Estados Unidos que não merecesse uma análise exata. Por exemplo, ao interpretar o "Poder Judiciário nos Estados Unidos e sua influência sobre a sociedade política", Tocqueville afirma que

> não há, por assim dizer, ocorrência política na qual não se invoque a autoridade do juiz. De onde se conclui, naturalmente, que nos Estados Unidos o juiz é uma das primeiras forças políticas... Aos olhos do observador, o magistrado dá a impressão de jamais se imiscuir nos negócios públicos a não ser por acaso; só que esse acaso acontece todos os dias.[3]

A escravidão nos EUA

Outro capítulo de grande interesse em *"Da Democracia na América"* refere-se à escravidão. Algumas passagens são clássicas e até premonitórias, como o comentário de que o

---

[3] TOCQUEVILLE, Alexis de. A Democracia na América – Leis e costumes. Martins Fontes, 2005, p. 113.

negro situa-se nos limites extremos da servidão; o índio, nos limites extremos da liberdade. O negro perdeu até a propriedade de sua pessoa e não poderia dispor da própria existência sem cometer uma espécie de roubo; o selvagem está entregue a si mesmo, desde que possa agir... o negro gostaria de confundir-se com o europeu e não o pode. O índio, até certo ponto, poderia consegui-lo, mas desdenha da ideia de tentá--lo. O servilismo de um entrega-o à escravidão e o orgulho do outro à morte.[4]

Diante desse quadro, viu Tocqueville, na questão da escravidão, a maior ameaça à democracia americana. Nos estados em que ela já fora abolida, Tocqueville ainda identificava graves problemas ante a necessidade de superação de três preconceitos:

bem mais intangíveis e tenazes do que a escravidão: o preconceito do senhor, o preconceito de raça e, por fim, o preconceito do branco. Assim, o negro é livre, mas não pode partilhar dos direitos, nem dos prazeres, nem das formas de trabalho, nem das dores e nem mesmo da sepultura daquele de quem foi declarado igual. Com este não poderá ombrear-se em parte alguma, nem na vida, nem na morte.

Transcorreria mais de um século até que a chaga da escravidão começasse a cicatrizar no tecido social norte-americano. Tocqueville ainda previu que a abolição no sul dos Estados Unidos "fará crescer a repugnância que a população branca sente ali pelos negros"[5].

Na segunda parte da obra *"Da Democracia na América"*, Tocqueville trata da sua influência sobre diferentes aspectos: no movimento intelectual; nos sentimentos dos americanos; sobre os costumes e sobre a sociedade política. Essa percepção obtida em 1831 justifica toda a fama granjeada por Tocqueville, ainda na juventude. No Brasil, na mesma época, apesar da consolidação da independência, a monarquia ainda periclitava. A escravidão era um tema que estava a meio século de ser revisto.

---

[4] TOCQUEVILLE, Alexis de. A Democracia na América – Leis e costumes. Martins Fontes, 2005, p. 376.
[5] TOCQUEVILLE, Alexis de. A Democracia na América – Leis e costumes. Martins Fontes, 2005, p. 412.

A Revolução Francesa

A última obra de Tocqueville – *"O Antigo Regime e a Revolução Francesa"*, de 1856 – é considerada pelos críticos a melhor análise sobre a Revolução na França. Tocqueville começa essa obra estudando as características da sociedade francesa no período que antecedeu a Revolução e propõe-se a responder a uma série de questões nos dois terços finais do livro, que foram publicados postumamente. Entre elas destacam-se: por que o feudalismo tornou-se mais detestado na França do que em qualquer outro país?; por que um governo paternalista, como é chamado hoje, foi praticado sob o *Ancien regime?*; como a França tornou-se o país no qual os homens mais se parecem uns com os outros?; como o sentimento antirreligioso espalhou-se e ganhou força na França do século 18 e qual a sua influência na natureza da Revolução?; e como mudanças revolucionárias no sistema administrativo precederam a revolução política e suas consequências?

A pobreza

Como se vê, Tocqueville incursionou pela Sociologia com desenvoltura e, nesse aspecto, vale também mencionar uma terceira obra – ainda que menos conhecida – publicada em 1835 sob o título *"Ensaio sobre a pobreza"*. Trata-se de um ensaio curto e denso sobre os paradoxos da pobreza na Europa, especialmente na Inglaterra. Na verdade, Tocqueville empreendeu mais de uma viagem à Grã Bretanha, vindo a contrair núpcias com uma inglesa.

Tocqueville faleceu no sul da França, em 1859, cercado por sua esposa e duas filhas religiosas, no auge da fama e reconhecimento (inclusive na Inglaterra, onde em 1857 fora recebido em audiência pública pelo Príncipe Alberto, 1819-1861). Consta que ele teria se afastado do catolicismo ainda na juventude, mas que no final da vida reatara seus laços com a Igreja.

34.4. AYN RAND (1905-1982)

Em 1991, a biblioteca do Congresso americano fez uma pesquisa para saber qual o livro que havia exercido maior influência na vida das pessoas. O primeiro lugar coube à Bíblia. O segundo, a *"Quem é John Galt?"*, da escritora Ayn Rand. Desde quando foi lançado nos Estados Unidos, em 1957, este livro vendeu mais de 6 milhões de exemplares. As obras de ficção e de não-ficção de Ayn Rand já venderam mais de 20 milhões de exemplares. Seu primeiro romance, *"We the living"*, foi publicado em 1936.

Ayn Rand nasceu em São Petersburgo, Rússia, em 2 de fevereiro de 1905. Testemunhou, portanto, já adolescente, a Revolução Russa. Ela sofreu duplamente com esse acontecimento. Primeiro, como toda família de classe média, do ponto de vista material. Segundo, porque desde muito cedo revelou grande interesse intelectual e a falta de liberdade que se instalou na Rússia soviética tornou a vida insuportável. Assim, em 1926, Ayn Rand consegue imigrar para os Estados Unidos onde, inicialmente, fixou residência na casa de parentes em Chicago. Após alguns meses, mudou-se para Los Angeles, onde viveu quase duas décadas produzindo roteiros para filmes e escrevendo os romances *"Anthem"*, em 1938, e *"The Fountainhead"*, em 1943, traduzido para o português sob o título *"A nascente"*.

É curioso notar que os dois primeiros romances de Ayn Rand foram levados para as telas. *"We the living"* teve uma produção pirata na Itália fascista sem o conhecimento de Ayn Rand. Quando as autoridades italianas compreenderam a mensagem ideológica favorável à liberdade individual, o filme foi proibido na Itália e só depois da guerra soube-se da produção. O segundo romance foi produzido em Hollywood e dirigido por King Vidor (1894-1982), tendo Gary Cooper (1901-1961) no papel principal.

A principal obra de Ayn Rand é, indiscutivelmente, *"Quem é John Galt?"*. Trata-se de um "romance de tese" que já foi considerado por alguns críticos como o *"Guerra e Paz"* do capitalismo. A ação do romance transcorre num futuro indefinido, nos Estados Unidos, quando as forças políticas "de esquerda" (socialistas ou sociais-democratas) já estão no poder. O país entrou em decadência e a economia caminha para o colapso. John Galt é o principal personagem do livro. Ele conduz uma misteriosa greve dos homens "que pensam". Algumas das falas do livro tornaram-se clássicos em defesa do capitalismo, como o "discurso do dinheiro".

Quando nos anos de 1950 Ayn Rand mudou-se para Nova Iorque, ela acabou congregando em torno de si um grupo de jovens extremamente talentosos, que se dedicaram a estudar seu pensamento. Entre eles, destacaram-se Alan Greenspan (1926-, ex-presidente do Banco Central norte-americano) e Nathaniel Branden (1930-2014), que se tornou um destacado psicólogo e autor de inúmeras obras sobre autoestima. Eles chegaram a publicar juntos obras contendo seus ensaios, como *"Capitalism, the unknown ideal"* e *"A virtude do egoísmo – A verdadeira ética do homem: o egoísmo racional"*. Nesta obra, Ayn Rand trata de importantes questões, como a ética em um mundo tomado pela irracionalidade, os direitos do homem e a natureza do governo. Disse Ayn Rand:

> Um governo é o meio de colocar o uso retaliatório da força física sob controle objetivo – isto é, sob leis objetivamente definidas. [...] As funções adequadas de um governo recaem sobre três largas categorias, todas elas envolvendo os problemas da força física e a proteção aos direitos dos homens: a polícia, para proteger os homens dos criminosos – as forças armadas, para proteger os homens dos invasores estrangeiros – os tribunais, para decidir disputas entre homens, de acordo com leis objetivas.[6]

Também pertenceu ao grupo dos jovens talentosos Leonard Peikoff (1933-), que se tornou herdeiro de Ayn Rand e responsável pela difusão de suas ideias através do Ayn Rand Institute. Ayn Rand morreu em Nova Iorque, em 1982. Várias de suas obras ainda são *best sellers* e todas elas continuam disponíveis, mesmo decorridos mais de vinte anos de sua morte, um feito raro no mercado editorial.

34.5. DAVID HUME (1711-1776)

David Hume foi o mais influente dos filósofos do Iluminismo escocês. Nascido em Edimburgo a 7 de maio de 1711, suas ideias afetaram todos os cientistas e filósofos que o sucederam. Suas principais obras filosóficas foram: *"Um Tratado sobre a Natureza Humana"*, de 1739, *"Investigação sobre o Entendimento Humano"*, de 1748 (desdobramento do primeiro volume do *Tratado*) e *"Investigação sobre os Princípios*

---

[6] RAND, Ayn. LVM Editora, 2020. Antes das reticências entre colchetes, p. 157. Depois, p. 160.

da Moral", de 1751 (desdobramento do segundo volume do *Tratado*). Essas três obras continuam atuais e, graças à sua elegante e despojada linguagem, ainda falam diretamente ao leitor do século 21.

Filosofia

A Filosofia para Hume era a ciência da natureza humana fundada no indutivismo e no experimentalismo. Influenciado pelo modelo científico de Isaac Newton (1643-1727) e pela epistemologia de Locke, Hume concluiu que não é possível nenhum conhecimento além da experiência. Sua filosofia poderia ser resumida à ideia de que deve-se acreditar somente naquilo em que se tem boa razão para acreditar. Pode, aos dias de hoje, parecer uma obviedade, mas assim não era quando o *Tratado* foi publicado. O próprio Hume reconheceu que ele saíra "morto da gráfica" – tanto que, posteriormente, reescreveu parte dele. Em pleno século 17, afirmar que ideias como "causalidade", "substância", "eu" e "Deus" não podem ser reduzidas a impressões (experiências originais) e que se constituem em ficções gramaticais custou a Hume a pecha de ateu (o que se constituía, então, em grave acusação) e a inclusão de toda sua obra no índex da Igreja Católica. Suas posições filosóficas também custaram-lhe o ostracismo acadêmico, tendo-lhe sido negado, em duas ocasiões, o acesso a cátedras em universidades escocesas.

Influência de Hume

A teoria do conhecimento de Hume (o conhecimento é uma associação de ideias que surgem de percepções) exerceu influência fundamental sobre vários filósofos que o sucederam. Entre eles, podemos citar John Stuart Mill – para quem o conhecimento era limitado aos dados sensoriais objetivos – e Bertrand Russell (1872-1970) – que via a realidade como uma pluralidade de eventos e relações lógicas. Também Karl Popper teve sua filosofia marcada por Hume. Para o filósofo austríaco, todo conhecimento, seja científico, filosófico ou político, é conjectural (assim sendo, nenhuma quantidade de observações empíricas consegue comprovar, inequivocamente, uma teoria – isto é, considerá-la "verdadeira" –, pois basta uma observação que a contrarie para que ela seja descartada como falsa).

Hume historiador

Hume, entretanto, não foi apenas um filósofo que investigou a natureza humana e como se chega ao conhecimento. Na verdade, após 1751, ele praticamente abandonou a Filosofia. Entre 1754 e 1762, dedicou-se – enquanto exercia as funções de bibliotecário da *Advocates Library* de Edimburgo – a escrever uma monumental história da Grã Bretanha, em seis volumes. Essa obra trouxe enorme prestígio para Hume. Escrita de maneira acessível e abordando questões sobre cultura e ciência, ela abrange o período que vai da invasão de Júlio César (55 a.C.) até a Revolução Gloriosa (1688). Foi um *best seller* por quase cem anos.

A partir de 1763, Hume voltou a morar na França (a primeira vez foi na juventude, justamente o período que antecedeu à publicação do *Tratado*). Desta vez, ele foi como secretário do embaixador britânico em Paris. Até 1765, Hume foi reverenciado pela corte francesa e pelos pensadores que viviam ou passavam por Paris, então um centro cultural incomparavelmente superior a Londres.

Filosofia moral

Essas não foram as únicas dimensões da obra de Hume. Ele também dedicou-se à filosofia moral. Em meados do século 17, escrever sob a forma de ensaios tornou-se muito popular. Hume produziu uma série deles, enfeixados sob o título de *"Ensaios Morais, Políticos & Literários"*. Nesses ensaios estão resumidas as concepções de Hume, especialmente sobre sociedade e governo. Ele via na instituição da propriedade um dos pilares da civilização. O governo, quer monárquico, quer republicano, deveria ser limitado pelas leis e pelo Parlamento. O cultivo das artes e das ciências também era outro aspecto indispensável para o progresso dos povos. As modernas concepções liberais encontram seus fundamentos na obra de Hume.

As artes, para Hume, não se resumiam à pintura, literatura ou música, mas também incluíam a conversação. A transmissão do conhecimento e de gostos refinados dava-se muito na conversa entre amigos ou na troca de correspondência. Aliás, o período vivido por Hume coincidiu com o de vários gigantes britânicos: Adam Smith, além de ter sido influenciado pela filosofia de Hume, foi também um amigo muito próximo; Edward Gibbon, Samuel Johnson e James Boswell foram seus contemporâneos e praticaram a arte da conversação com todo o requinte possível.

A impressão dos amigos

David Hume faleceu em 25 de agosto de 1776, em Edimburgo, no auge de seu prestígio (mais como historiador e ensaísta do que filósofo). A história sobre o diálogo que teria havido entre Hume e Boswell, de certa forma, sintetiza a postura de Hume ante questões metafísicas. Conta-se que Boswell lhe teria perguntado se acreditava em vida após a morte, ao que ele respondeu: "é possível que se coloque um pedaço de carvão no fogo e este não queime"[7].

34.6. DONALD STEWART JR. (1931-1999)

Engenheiro civil, empresário, intelectual, Donald Stewart Jr. criou o Instituto Liberal, em 1983, com o apoio de um pequeno número de amigos do Rio de Janeiro, São Paulo e Porto Alegre. Presidiu o Conselho de Mantenedores em diversos períodos. Após a criação do Instituto, mais sete instituições análogas foram inauguradas, em seis estados e no Distrito Federal. A iniciativa da criação do nosso primeiro Instituto Liberal deveu-se à percepção de Donald da necessidade de se divulgar no país, de maneira sistemática, o pensamento liberal, como alternativa à avassaladora presença das ideias estatizantes em nosso meio, principalmente nas escolas, na mídia e no mercado livreiro.

---

[7] https://www1.folha.uol.com.br/fsp/mais/fs1504200106.htm

A alternativa liberal chegou a Donald após a leitura de Mises e Hayek, os dois austríacos que tanto fizeram em prol da liberdade individual. A iniciativa de criar o Instituto Liberal foi inspirada em diligência idêntica do empresário inglês Anthony Fisher (1915-1988), que fundou em Londres, por sugestão de Hayek, o *Institute of Economic Affairs*. Criado em 1955, o IEA viria a ter muita influência no governo de Margaret Thatcher. Fisher confidenciara a Hayek que desejava fazer algo pela liberdade em seu país, e para tanto pensava em militar na política partidária. "Não", aconselhou-o Hayek, "a sociedade só mudará de rumo se houver mudança no campo das ideias. Primeiro você tem que se dirigir aos intelectuais, professores e escritores, com uma argumentação bem fundamentada. Será a influência deles sobre a sociedade que prevalecerá e os políticos seguirão atrás."[8] Foi o que fez então Fisher, incentivando Donald a seguir seus passos.

Assim surgiu o IL, com o propósito original de publicar obras de inspiração liberal em português e o objetivo complementar de divulgar o pensamento liberal por meio de palestras, seminários, pesquisas e estudos. O Instituto Liberal já publicou mais de 80 livros e uma grande quantidade de folhetos, panfletos e estudos setoriais, além da carta periódica *"Notas"*, destinada à análise de projetos de lei. O próprio Donald envolveu-se nesse afã publicitário, a despeito do pouco tempo que lhe restava das suas atividades empresariais: traduziu para o nosso idioma as novecentas páginas do livro *"Ação humana"*, de Mises, escreveu *"O que é o liberalismo?"*, *"A organização da sociedade segundo uma visão liberal"*, o ensaio *"A lógica da vida"* e seu último trabalho, uma tradução comentada de *"Intervencionismo – uma análise econômica"*, de Mises.

O ativismo liberal de Donald no Brasil era conhecido e admirado no exterior, fato que o levou a associar-se a várias organizações de âmbito internacional, como a *Mont Pèlerin Society*, o CATO *Institute*, a *Heritage Foundation*, a *Atlas Foundation*, o *Fraser Institute*, o *Liberty Fund* e o *Institute of Economic Affairs*. Donald mantinha ainda relações frequentes com instituições liberais latino-americanas na Argentina, Chile, Peru, Venezuela, México e Guatemala.

---

[8] https://www.atlasnetwork.org/news/article/antony-fisher-and-the-influence-of--intellectuals-on-modern-society

Donald era apaixonado pela música popular brasileira e pelo hipismo. Foi ávido consumidor da primeira e laureado competidor na segunda atividade, tendo chegado a ser campeão brasileiro de adestramento. Ele sempre acabava conseguindo arranjar tempo para cada uma de suas paixões, inclusive a mais importante delas, que era a sua família. Donald Stewart Jr. faleceu no Rio de Janeiro, em 3 de novembro de 1999.

34.7. DOUGLASS C. NORTH (1920-2015)

Douglass North foi professor titular da cátedra Luce de Lei e Liberdade, do Departamento de Economia da Universidade Washington, em St. Louis, desde 1983. Ele foi diretor do Centro de Economia Política da universidade entre dezembro de 1984 e junho de 1990. Em 1985, foi nomeado editor da série de livros e monografias Cambridge sobre *"A economia política das instituições e decisões"*. As atribuições do Professor North na Universidade Washington ocorreram após 32 anos de atuação na Universidade de Washington, onde foi diretor do Instituto para Pesquisa Econômica durante 5 anos e presidente do Departamento de Economia durante 12 anos. Ele foi professor titular da cátedra Peterkin de Economia Política, da Universidade de Rice, no outono de 1979, titular da cátedra Pitt da Universidade de Cambridge, na Inglaterra, em 1981, e professor-visitante do Centro de Estudos Avançados nas Ciências do Comportamento da Universidade de Stanford, de 1987 a 1988. Foi editor do *Journal of Economic History* durante cinco anos e presidente da Economic History Association (Associação da História da Economia), em 1972. O professor North foi membro da diretoria do *National Bureau of Economic Research* (Escritório Nacional de Pesquisa em Economia) durante 20 anos, até 1986. Em 1987, foi eleito para a Academia Americana de Artes e Ciências. Já fez palestras nas mais importantes universidades norte--americanas e europeias, bem como em universidades da Ásia, e é autor de 8 livros e mais de 50 artigos. Sua pesquisa mais recente focaliza a formação de instituições políticas e econômicas e as consequências dessas instituições na performance econômica através dos tempos. Essa pesquisa foi publicada em seu livro *"Institutions, Institutional Change, and Economic Performance"* (Cambridge University Press, 1990).

De acordo com a escola neoinstitucionalista que North representava, o conjunto de regras e instituições em vigência em uma sociedade, influenciando sua cultura, seriam elementos fundamentais para seu sucesso econômico. A garantia dos direitos de propriedade seria uma das regras a serem consagradas pelas instituições.

34.8. FRÉDÉRIC BASTIAT (1801-1850)

A tradição intelectual francesa – especialmente ao longo do século 20 – sempre pendeu a favor das ideias socialistas, mas isso não significa a ausência de grandes pensadores liberais na França. Na verdade, a primeira metade do século 19 assistiu ao surgimento de dois grandes gênios cujas contribuições para o ideal liberal reverberam até hoje e, ironicamente, mais em países de língua inglesa do que na própria França: Alexis de Tocqueville e Frédéric Bastiat. Bastiat nasceu em 30 de junho de 1801, em Bayonne, na França. Seus anos de formação transcorreram numa fase de grandes atribulações políticas e catástrofes para os franceses: o despotismo de Napoleão e sua subsequente derrocada militar, seguidos de anos de instabilidade política entre regimes monárquicos e republicanos.

Formação

A formação intelectual de Bastiat ocorreu no tradicional colégio beneditino de Sorèze, onde aprendeu inglês – o que lhe abriu as portas para os sábios escoceses, dentre os quais estavam Adam Smith e David Hume. Devido a questões familiares, não lhe foi possível cursar uma universidade, radicando-se, a partir de 1824, na propriedade rural do avô, em Mugron. Isso não foi razão para impedir suas leituras em filosofia, religião, economia, história, teoria política etc. Nos vinte anos em que permaneceu em Mugron, Bastiat aprofundou seus conhecimentos e dedicou-se discretamente a atividades políticas locais, primeiro como juiz de paz e depois como membro do *Conseil Général de Landes*.

Mudança de rumo

Sua vida mudou radicalmente quando publicou, em 1844, um artigo no *Journal des économistes* sob o título *"A influência das tarifas inglesas e francesas sobre o futuro dos dois povos"*. A partir de então, até sua prematura morte devido à tuberculose, às vésperas do natal de 1850, Bastiat escreveu incessantemente em defesa da ordem de mercado. Enfrentou resistências, como é fácil imaginar, na medida em que as ideias socialistas ganharam força na França, culminando com os acontecimentos da Revolução de 1848. Nesse período, fundou um jornal semanal sob o título de *Le Libre Échange*, foi eleito para a Assembleia Nacional francesa, organizou a primeira Associação Francesa de Livre Mercado, em Bordeaux, e proferiu incontáveis conferências.

As ideias

Ainda que seu pensamento, muitas vezes, aproxime-se da concepção que modernamente é denominada de "anarcocapitalista", Bastiat era um homem essencialmente prático e via no Estado um mal necessário, daí emergindo a importância de mantê-lo nas menores dimensões possíveis. Também foi um ardoroso defensor da democracia, opondo-se firmemente aos métodos revolucionários para a substituição de governantes.

"A vidraça quebrada"

As contribuições de Bastiat para a economia têm impacto até hoje. Seu método de análise utiliza duas técnicas principais. A primeira consiste em identificar os efeitos que uma determinada ação pode ter muito além das pessoas que são de forma mais óbvia nela envolvidas. A esse respeito, tornou-se clássica sua lição sobre a vidraça quebrada (a forma simples com que Bastiat aborda questões complexas serviu de inspiração para economistas contemporâneos, como, por exemplo, Henry Hazlitt (1894-1993), célebre autor de *"Economia numa única lição"*):

"Será que alguém presenciou o ataque de raiva que acometeu o bom burguês Jacques Bonhomme, quando seu terrível filho quebrou uma vidraça? Quem assistiu a esse espetáculo seguramente constatou que todos os presentes, e eram para mais de trinta, foram unânimes em prestar solidariedade ao infeliz proprietário da vidraça quebrada: "Há males que vêm para o bem. São acidentes desse tipo que ajudam a indústria a progredir. É preciso que todos possam ganhar a vida. O que seria dos vidraceiros, se os vidros nunca se quebrassem?"[9].

Logo a seguir Bastiat explica que esse raciocínio está errado. A substituição da vitrine é apenas aquilo que se vê. O que não se percebe é que o dono da loja, se não fosse pelo vidro quebrado, iria comprar um vestido novo para a esposa e que, a partir da costureira, iria ser gerado um outro círculo virtuoso mais benéfico, pois a sociedade como um todo não estaria mais pobre, já que a vitrine continuaria intacta.

A "Petição"

A outra técnica muito empregada por Bastiat consiste na *reductio ad absurdum*. Assim, ele leva o raciocínio de seus oponentes até as últimas consequências. Como bom defensor do livre mercado entre os povos, certo dia Bastiat publicou uma "petição" dirigida à Assembleia Nacional, teoricamente subscrita por fabricantes de velas e lamparinas. Nela, os peticionários defendiam a aprovação de uma lei que obrigasse o fechamento completo de todas as janelas, aberturas, claraboias ou frestas por onde a luz solar pudesse penetrar nas casas e edifícios. Com tal medida, as pessoas teriam que comprar mais velas, fósforos, lamparinas, azeite etc., a fim de iluminar o interior dos prédios. O sol fazia, na visão dos peticionários, uma desleal concorrência, pois oferecia iluminação sem custos para os consumidores...

---

[9] https://www.mises.org.br/Article.aspx?id=1202#:~:text=%C3%89%20preciso%20que%20todos%20possam,os%20vidros%20nunca%20se%20quebrassem%3F%22&text=O%20vidraceiro%20vir%C3%A1%2C%20far%C3%A1%20o,%C3%89%20o%20que%20se%20v%C3%AA

Roubo legalizado

A obra mais célebre de Frédéric Bastiat – e que se tornou um *best seller* em meados do século 20 – foi o livro intitulado *"A Lei"*. Foram quase meio milhão de exemplares vendidos só nos Estados Unidos. No Brasil, *"A Lei"* foi publicado pelo Instituto Liberal. Nesse livro, Bastiat analisa as diferentes formas como a lei é desvirtuada pelos governantes e legisladores, com a finalidade de introduzir – muitas vezes de forma sub-reptícia – um regime socialista. Ele dedica especial atenção ao "roubo legalizado", isto é, à tributação opressiva, fenômeno que quase sempre ocorre sob a desculpa de ser necessário para atender à "demanda social" por programas de "combate à pobreza".

O que Bastiat já identificara na primeira metade do século 19 era a falácia contida nesse argumento. Os recursos extraídos coercivamente da sociedade acabam sempre nas mãos da burocracia que se auto encarregou de resolver os problemas sociais. Como disse Bastiat ao final dessa obra clássica:

> existem muitos "grandes" homens no mundo – legisladores, organizadores, benfeitores, líderes do povo, pais das nações, e assim por diante. Pessoas demais se colocam acima da humanidade; elas transformaram em carreira a sua organização, a sua defesa e o seu governo.[10]

A obra de Frédéric Bastiat, clássica graças à profundidade aliada a uma grande simplicidade e clareza, torna-se leitura obrigatória para se compreender as confusões econômicas e políticas deste começo de século 21.

34.9. FRIEDRICH AUGUST VON HAYEK (1899-1992)

Um dos expoentes da Escola Austríaca de Economia e um dos mais importantes pensadores liberais do século 20. Conhecido internacionalmente por suas contribuições importantes no campo da economia, a partir dos anos de 1940 passou a ser igualmente respeitado pelas novas

---

[10] BASTIAT, Frédéric. A Lei. Instituto Ludwig von Mises Brasil, 2010, p. 56.

visões que trouxe ao pensamento liberal, nos campos jurídico, político, filosófico e histórico. Em 1944, publicou o best-seller *"O caminho da servidão" ("Road to Serfdom")*. O livro foi um brado de alerta contra os movimentos políticos (da esquerda e direita) que, então, se expandiam na Europa continental, ameaçando crescentemente a liberdade e os direitos individuais. Hayek procurou mostrar que a tendência de se substituir a ordem espontânea e infinitamente complexa de mercado por uma ordem deliberadamente criada pelo engenho humano e administrada por um sistema de planejamento central acabava resultando inexoravelmente no empobrecimento e na servidão – exatamente o que ocorreu, por exemplo, na União Soviética, no Leste Europeu, e em Cuba. A história encarregou-se de comprovar as previsões de Hayek.

Hayek nasceu em Viena, Áustria, no dia 8 de maio de 1899, numa família de cientistas e professores acadêmicos. Seu pai era professor de Botânica na Universidade de Viena. Quando jovem, esteve indeciso entre seguir a carreira de economista e a de psicólogo. Escolheu a economia e seu trabalho nesse campo é notável, pois, em 1974, ganhou o Prêmio Nobel de Economia. Hayek poderia ter-se tornado um psicólogo de igual destaque: em 1952 publicou um livro sobre a percepção sensorial, *"The sensory order"*, que passou a ser incluído entre as obras de maior relevo em psicologia. Muito jovem, em Viena, foi socialista. "Foi com os trabalhos de Ludwig von Mises que, por volta de 1922, vi como estava no caminho errado"[11], admitiu. Seu *"Road to serfdom"* é dedicado "A meus amigos socialistas de todos os partidos"[12].

A carreira de Hayek desenvolveu-se em quatro fases. De 1927 a 1931, dos 28 aos 32 anos de idade, foi diretor do Instituto Austríaco de Pesquisas Econômicas; e, de 1929 a 1931, professor de Economia na Universidade de Viena, onde seguiu a tradição de Menger, Wieser (1851-1926), Böhm-Bawerk e Mises. Em 1931, foi convidado a assumir uma cátedra na *London School of Economics*, onde permaneceu até 1950; tornou-se cidadão britânico em 1938. Durante a Segunda Guerra Mundial, foi transferido para a Universidade de Cambridge, quando

---

[11] HAYEK, Friedrich August von. Os Fundamentos da Liberdade. Tradução de Anna Maria Capovilla e José Ítalo Stelle. São Paulo: Visão, 1983. p. XIV.

[12] O caminho da servidão / Friedrich August von Hayek; tradução e revisão Anna Maria Capovilla, José Ítalo Stelle e Liane de Morais Ribeiro. — 5. ed. — Rio de Janeiro: Instituo Liberal, 1990, p. 7.

conviveu com Keynes. No ano de 1950, Hayek aceitou uma cátedra na Universidade de Chicago, o mais famoso centro americano de especialistas que defendem a economia de livre mercado. Permaneceu em Chicago até 1962. De 1962 a 1969, ocupou uma cátedra em Freiburg, base acadêmica do professor Eugen Böhm-Bawerk, onde foi Professor Emérito.

O trabalho acadêmico de Hayek (com exceção de sua contribuição para a psicologia), divide-se em três partes: a primeira, teoria econômica; a segunda, problemas de Economia política; e a terceira, Filosofia política e teoria do Direito.

34.10. GORDON TULLOCK (1922-2014)

O nome de Gordon Tullock foi mencionado por vários anos como provável ganhador do Prêmio Nobel de Economia – e com justiça, pois esse professor de Direito e Economia da Universidade George Mason, em Virgínia, Estados Unidos, proporcionou grandes contribuições para as ciências econômicas.

Biografia

Gordon Tullock nasceu em Rockford, no Estado de Illinois, em 16 de fevereiro de 1922. Foi criado no seio de uma família conservadora do meio oeste americano, sendo assim natural que ingressasse na Universidade de Chicago, onde optou pelo curso de Direito. Seus estudos, entretanto, foram interrompidos devido à Segunda Guerra Mundial. Tullock integrou um dos batalhões de infantaria que desembarcaram na Normandia, no Dia D. De volta aos Estados Unidos, concluiu seus estudos, recebendo o doutorado em Direito, em 1947.

Carreira

Nesse mesmo ano foi admitido, por concurso, no serviço diplomático norte-americano, sendo designado para o consulado de Tientsin, na

China. Na condição de vice-cônsul, assistiu à tomada do poder pelos comunistas chineses em 1948. Retornou aos Estados Unidos a fim de se dedicar ao estudo do chinês nas universidades Yale e Cornell.

Tullock e as ideias liberais

Foi nesse período que Tullock leu *"Ação Humana"*, de Ludwig von Mises. Depois de Henry Simons (1899-1946), professor da Universidade de Chicago, von Mises foi a segunda grande influência na formação do pensamento econômico de Tullock. Ele usaria amplamente a metodologia misesiana no seu primeiro livro sobre burocracia (*"The Politics of Bureaucracy"*).

O encontro com Popper e Buchanan

Seu interesse pelo extremo Oriente levou-o a nova posição diplomática, dessa vez em Hong-Kong, mas sua carreira no Departamento de Estado não foi longa: em 1956, demitiu-se e retornou aos Estados Unidos, mas sem pensar numa carreira acadêmica. Nesta fase, ele coincidentemente conheceu Karl Popper, com quem trabalhou durante um período de quatro meses, na elaboração e revisão do livro que este escrevia sobre o método científico. Em 1958, Tullock recebeu uma bolsa de estudos para um pós-doutorado na Universidade de Virgínia, onde veio a conhecer James Buchanan, economista com quem desenvolveria vários projetos, sendo que o mais importante resultou na publicação da obra *"The Calculus of Consent: Logical Foundations of Constitutional Democracy"*, em 1962. A coautoria nessa obra o credenciou como fundador da teoria econômica que veio a ser conhecida por *public choice* e que renderia o Prêmio Nobel a seu colega James Buchanan.

O rent seeking

Nos anos de 1980, Tullock passou a lecionar Direito e Economia na Universidade George Mason, em Virgínia. Então, ele já havia produzido uma extensa literatura econômica, destacando-se os estudos sobre *public choice*, burocracia e metodologia nas ciências econômicas. Entre as contribuições mais relevantes e originais de Gordon Tullock, destaca-se a análise daquilo por ele denominado *rent seeking*. Realmente, a partir de um ensaio publicado em 1967, Tullock iria examinar as consequências econômicas de vantagens obtidas por pessoas ou empresas através do Estado. Essas vantagens podem consistir em recursos diretamente dos cofres públicos, ou na concessão de privilégios legais (por exemplo, proteção alfandegária), ou de vantagens legais à custa de agentes privados. Todas essas situações têm um impacto social negativo e representam atividades denominadas *"rent seeking"*.

Como muitas vezes (ou quase sempre) os *rent seekers*, ou seja, aqueles que buscam alguma forma de parasitismo econômico, alegam que a sua busca trará benefícios para a sociedade, é muito importante conhecer seu comportamento e as consequências danosas para o restante dos indivíduos. Infelizmente, os problemas que o *rent seeking* ocasiona numa sociedade como a brasileira ainda são bastante desconhecidos, até porque estudos como o do professor Gordon Tullock não se encontram disseminados sequer nos meios acadêmicos.

Na medida em que aumenta o número de parasitas econômicos (que podem se beneficiar diretamente do Tesouro ou, então, com privilégios e vantagens garantidas pelo Estado), também cresce a necessidade de recursos para financiar o poder público. Esta é a principal causa das crescentes carga tributária e ingerência do Estado na vida econômica dos indivíduos. Por isso, a leitura da extensa e profunda obra do professor Gordon Tullock reveste-se de uma importância crucial para se compreender a realidade econômica brasileira. Ele é um dos melhores representantes da escola do *public choice*, que, junto com a escola de Chicago e a Austríaca, formam os pilares do moderno pensamento econômico liberal.

34.11. ISAIAH BERLIN (1909-1997)

Sir Isaiah Berlin foi um filósofo político britânico. É considerado um dos principais pensadores liberais do século 20. Isaiah Berlin nasceu em uma família judia em Riga, Letônia, no período compreendido entre a Revolução de 1905 e a Revolução de 1917. A família emigrou para o Reino Unido quando ele tinha dez anos. Estudou em Oxford, onde iniciou sua carreira acadêmica como filósofo, lecionando Teoria social e política. Destacou-se como historiador de ideias.

Teve publicados, dentre outros livros, *"Karl Marx"*, *"Four Essays on Liberty"*, *"Against the Current"*, *"Vico e Herder"*, *"O sentido da realidade"*, *"Pensadores russos"* e *"Limites da utopia: capítulos da história das ideias"*. Seus ensaios mais conhecidos são *"The Hedgehog and the Fox"* e *"Two Concepts of Liberty"*, em que examina a distinção entre duas interpretações do termo liberdade: liberdade negativa, ou ausência de impedimentos à ação do indivíduo; e liberdade positiva, ou presença de condições para que os indivíduos ajam de modo a atingir seus objetivos.

34.12. JAMES BUCHANAN (1919-2013)

James M. Buchanan Jr. nasceu em Murfreesboro, Tenessee, no dia 3 de outubro de 1919. Esteve vinculado durante a maior parte de sua vida acadêmica à George Mason University, no estado de Virginia, onde foi diretor do *Center for the Study of Public Choice*. Foi laureado com o Prêmio Nobel de Economia em 1986.

Para que se compreenda o contexto em que emergem as ideias de Buchanan, que de certa forma refletem o vigoroso ressurgimento do liberalismo percebido a partir das experiências de Margaret Thatcher, na Inglaterra, e Ronald Reagan, nos Estados Unidos, é necessário considerar as condições prevalecentes durante as décadas de 1950 e, principalmente, 1960 e 1970. Três fatores precisam ser levados em conta quando se analisa o contexto histórico desse período. Eles tiveram um significado muito expressivo, visto que contribuíram para que muitas ideias, teorias e políticas econômicas, até então de fronteira, entrassem em rápida obsolescência.

O primeiro diz respeito ao excepcional desenvolvimento dos meios de comunicação e da informática, que, em conjunto, tornaram as informações de uma forma geral – e as econômicas em particular – muito mais acessíveis ao público. Em decorrência dessa popularização da informação, muito mais gente passou a entender melhor os acontecimentos e a reagir com muito mais rapidez às variações dos indicadores econômicos. Além disso, os computadores foram tornando possível a elaboração de modelos de análise mais e mais complexos, o que explica, em parte, a proliferação dos modelos econômicos fundamentados em métodos cada vez mais sofisticados de análise quantitativa.

O segundo fator refere-se à crescente interferência governamental nas decisões econômicas, fazendo do Estado, muitas vezes, um dos mais destacados agentes econômicos, mesmo nas economias não socialistas. Em larga medida, tal fenômeno deriva da aplicação generalizada de políticas econômicas inspiradas nas ideias de Keynes. O uso dessas políticas foi tão amplo no Ocidente desenvolvido que se tornou comum o uso da expressão "consenso keynesiano", cujos pilares básicos – independentes entre si –, mas convergentes no sentido de ampliar as atividades e estender as fronteiras econômicas do Estado, foram assim descritos pelo economista Eduardo Giannetti da Fonseca (1957-):

> 1º) Defesa da economia mista, com forte participação de empresas estatais na oferta de bens e serviços e a crescente regulamentação das atividades do setor privado por meio da intervenção governamental nos diversos mercados particulares da economia; 2º) Montagem e ampliação do Estado do Bem-Estar (*Welfare State*), garantindo transferências de renda extramercado para grupos específicos da sociedade (idosos, inválidos, crianças, pobres, desempregados etc.) e buscando promover alguma espécie de justiça distributiva; 3º) Política macroeconômica ativa de manipulação da demanda agregada, inspirada na teoria keynesiana e voltada, acima de tudo, para a manutenção do pleno emprego no curto prazo, mesmo que ao custo de alguma inflação.[13]

O terceiro fator é de caráter ideológico. O mundo vivia sob o clima de permanente tensão provocada pela Guerra Fria, decorrente da acirrada disputa pela hegemonia por parte dos dois grandes blocos: o capitalista, liderado pelos Estados Unidos, e o socialista, liderado pela

---

[13] FONSECA, Eduardo Giannetti da. Desenvolvimento e transição econômica: a experiência brasileira. Paper preparado para Workshop Universitário promovido pelo Grupo das EBCEs – Grupo das Empresas Brasileiras de Capital Estrangeiro. Mimeo

União Soviética. Esse clima fazia com que a ideologia se constituísse, frequentemente, num fator de influência muito forte a atuar tanto sobre os teóricos da Economia, como sobre os responsáveis pela formulação das políticas econômicas.

James Buchanan percebeu claramente a força desse contexto, o que fica claro nas duas grandes preocupações que podem ser identificadas por trás da elaboração da teoria da escolha pública. A primeira dizia respeito à excessiva matematização que, cada vez mais, assumia papel central na formulação teórica da época e da qual a teoria das expectativas racionais é um ótimo exemplo. Para Buchanan, ao preocuparem-se em elaborar modelos de análise com enorme sofisticação matemática, os economistas estavam esquecendo-se daquilo que para ele deveria constituir-se no essencial da análise teórica: compreender as motivações que explicam as decisões dos agentes econômicos. Com evidente ironia, Buchanan se referia aos economistas matemáticos como "eunucos ideológicos".

A segunda preocupação dizia respeito à acentuada politização das decisões econômicas, que era decorrência direta da enorme influência das políticas econômicas de inspiração keynesiana, como já mencionado anteriormente. A transferência para o âmbito da política muitas vezes fazia com que a racionalidade econômica fosse suplantada pelos interesses dos políticos envolvidos na tomada de decisões. Como bem observou Buchanan, o economista e o político trabalham com vetores distintos. Enquanto o economista tem por parâmetro fundamental em suas tomadas de decisão a eficiência, procurando sempre a alocação ótima dos recursos escassos, o político tem por parâmetro a conquista e a manutenção do poder, o que só pode ser alcançado, no regime democrático, através do voto. Nesse sentido, o político, principalmente em períodos eleitorais, tem o costume de prometer mundos e fundos para conquistar os votos dos eleitores, desconsiderando, muitas vezes, os limites impostos pela escassez dos recursos produtivos.

Sendo assim – e considerando acertadamente que o político é, antes de tudo, um ser humano comum e, como tal, movido à busca de seus interesses pessoais –, Buchanan recomenda o estabelecimento de limites à interferência dos políticos nas decisões econômicas. Esses limites devem ser votados pelos representantes democraticamente eleitos e devem ser inseridos na Constituição do país, razão pela qual a teoria da escolha pública é também chamada de teoria constitucionalista.

Como se vê, James Buchanan desenvolveu uma teoria que propõe uma estreita aproximação entre o Direito, a Política e a Economia. Preocupado com os abusos e com a irresponsabilidade de gestores de política econômica, que exageravam na fixação das taxas de juros e no endividamento excessivo, tanto interno como externo, sugeriu um comportamento mais austero das autoridades, sobretudo na observância do equilíbrio fiscal.

34.13. JOHN MILTON (1608-1674)[14]

John Milton nasceu em 1608 e foi um dos maiores poetas renascentistas da Inglaterra, tendo dedicado sua vida à defesa das liberdades civis, políticas e religiosas. Tornou-se um dos principais propagandistas do regime republicano durante os conturbados anos que seguiram a execução do rei Carlos I (1600-1649). Os acontecimentos que levaram a esse ato, o ato em si e suas consequências iriam dominar seus escritos políticos. Sua justificativa radical do regicídio no texto *"A Tenência de Reis e Magistrados"* foi um marco na época. Em *"Defesa do Povo Inglês"*, Milton faz ataques violentos aos defensores do rei assassinado, assim como apresenta mais argumentos para defender a República perante a Europa. Sua obra mais celebrada pelos liberais é *"Areopagitica"*, um discurso condenando a censura na imprensa.

Logo no começo de *"A Tenência de Reis e Magistrados"*, John Milton deixa claro seu apreço pela ideia de direito natural, quando afirma que apenas os homens de bem podem amar de fato a liberdade, em vez da licença, isto é, da autorização para agir. Para ele, o homem já nasce livre. Ninguém deve sua liberdade à licença de algum governante. Sua ideia acerca da formação do Estado antecipa John Locke, admitindo que ele se formaliza por uma concordância entre os homens para reagir à agressão recíproca. Por isso teriam surgido as vilas, cidades e repúblicas. Pelo fato de a boa-fé de cada um não ser suficiente para garantir a paz e a liberdade, os homens teriam julgado necessário dispor

---

[14] Este ensaio biográfico e analítico foi redigido por Rodrigo Constantino.

de alguma autoridade que pudesse refrear pela força e pela punição toda violação da paz e do direito comum. Entretanto ninguém iria confiar no poder arbitrário dos governantes. Para tanto, criam-se as leis, que devem, inclusive, confinar e limitar a autoridade dos que eles escolheram para governá-los. As fraquezas e os erros pessoais seriam, tanto quanto possível, protegidos pelo governo das leis, igualmente válidas para todos, sem exceção.

Essas leis, todo o Direito, brotam da fonte da justiça e não o contrário, ou seja, não é uma lei que determina se algo é justo ou não. Existem leis ilegítimas, que ferem esses direitos naturais. Essa visão teria influência nos "pais fundadores", a exemplo de Thomas Jefferson. Quem discorda, deveria questionar se um guarda estaria sendo justo ao seguir as leis nazistas num campo de concentração!

Nem mesmo o rei escaparia dessa igualdade perante a justiça e as leis. Para Milton, considerar os reis responsáveis unicamente perante Deus constitui subversão de toda a lei e de todo governo, lembrando que muitos na época defendiam a ideia do direito divino dos reis. A autoridade do rei, para Milton, advinha do próprio povo, e isso garantia ao povo o direito de rejeitá-la quantas vezes quisesse. Ele condenava a analogia entre rei e pai, afirmando que são coisas bem diferentes, pois pai é quem nos criou, enquanto o rei não nos criou, mas ao contrário, foi criado por nós – isto é, o povo não existe por causa do rei, mas o rei existe por causa do povo. Milton afirma que o poder real nada mais é que um pacto ou estipulação mútua entre o rei e o povo. Se uma das partes não honrar o pacto, no caso de o rei tornar-se um tirano, o acordo não é mais válido. Neste caso, o republicano Milton defendia um julgamento honesto e aberto, disposto a educar os monarcas ao fato de que a verdadeira e absoluta majestade na Terra é a da justiça, não a dos homens.

John Milton, que era um cristão protestante, defendia a liberdade religiosa também e não deixa de mandar um duro recado aos clérigos, orientando-os severamente a não atrapalhar os negócios da sociedade civil, em que seriam incompetentes para se intrometer com proveito. Para ele, a magistratura e a Igreja confundiam os deveres uma da outra. Por este motivo, entre outros, John Milton não suportava o papismo de modo algum. Em sua opinião, não se tratava de uma religião, mas de tirania clerical que traía a essência dos ensinamentos cristãos.

Em *"Areopagítica"*, seu discurso pela liberdade de imprensa ao Parlamento, Milton iria apresentar argumentos liberais contra a censura prévia. Publicada em 1644, a obra-prima do poeta seria escrita no contexto de batalha parlamentar, já que o líder da Assembleia, Herbert Palmer (1601-1647), havia exigido que um livro de Milton em defesa do direito de divórcio fosse queimado. Para Milton, a censura sempre esteve associada à tirania e, mais recentemente, seria fruto do reacionarismo católico do Concílio de Trento e da Inquisição. Ele foi direto ao afirmar que o projeto de censura surgiu sub-repticiamente da Inquisição.

Milton defendia que cada um pudesse julgar por conta própria o que é bom ou ruim. Para ele, todas as opiniões são de grande serviço e ajudam na obtenção da verdade. Os homens não devem, portanto, ser tratados como idiotas que necessitam da tutela de alguém. Desconfiar das pessoas comuns, censurando sua leitura, corresponde a passar-lhes um atestado de ignomínia, considerando que elas seriam tão debilitadas que não seriam capazes de engolir o que quer que fosse a não ser pelo tubo de um censor. Para Milton, ao contrário, cada um tem a razão, e isso significa a liberdade de escolher. O desejo de aprender necessita da discussão, da troca de opiniões. A censura, então, obstrui e retarda a importação da nossa mais rica mercadoria, a verdade.

Quanta diferença para a postura típica dos autoritários, como fica evidente na seguinte declaração de Leon Trotsky: "Os jornais são armas. Eis porque é necessário proibir a circulação de jornais burgueses. É uma medida de legítima defesa!"[15]. Seu colega revolucionário, Lênin (1870-1924), foi na mesma linha:

> Por que deveríamos aceitar a liberdade de expressão e de imprensa? Por que deveria um governo, que está fazendo o que acredita estar certo, permitir que o critiquem? Ele não aceitaria a oposição de armas letais; mas ideias são muito mais fatais que armas[16].

Fica evidente o abismo existente entre esta visão de mundo, que pariu a União Soviética, e aquela de Milton, que influenciou a criação

---

[15] Veja, na edição 1847, de 18 de agosto de 2004, p. 49.
[16] Veja, na edição 1847, de 18 de agosto de 2004, p. 49.

dos Estados Unidos, como se pode verificar pela afirmação de Thomas Jefferson:

> Uma vez que a base de nosso governo é a opinião do povo, nosso primeiro objetivo deveria ser mantê-la intacta – e, se coubesse a mim decidir se precisamos de um governo sem imprensa ou de uma imprensa sem governo, eu não hesitaria um momento em escolher a segunda situação[17].

Além disso, o argumento de Milton mostra como a censura, na prática, seria ineficaz ou mesmo prejudicial ao seu intento original. Os censores, afinal, são humanos que erram também. Ele questiona como confiar nos censores, já que não são detentores da graça da infalibilidade e da incorruptibilidade. A censura não consegue levar ao resultado para o qual foi concebida. Ele diz que aqueles que imaginam suprimir o pecado suprimindo a matéria do pecado são observadores medíocres da natureza humana. A reforma dos costumes imposta não surte o efeito desejado, como Milton demonstra através dos exemplos da Itália e Espanha depois que o rigor da Inquisição se abateu sobre os livros. É impossível tornar as pessoas virtuosas pela coerção externa e a censura impede que se exerça a faculdade do juízo e da escolha.

Uma das frases mais famosas de John Milton saiu justamente de "*Areopagítica*" e é citada aqui para concluir o resumo do seu legado: "Dai-me liberdade para saber, para falar e para discutir livremente, de acordo com a consciência, acima de todas as liberdades"[18].

34.14. JOHN STUART MILL (1806-1873)

Provavelmente mais do que no caso de qualquer outra pessoa, para compreender bem as ideias e contribuições do pensador inglês Stuart Mill, é fundamental que se conheça um pouco de sua vida, e que se leve em conta sua educação, o período em que viveu, suas amizades, as influências que recebeu e suas atividades.

---

[17] Veja, na edição 1847, de 18 de agosto de 2004, p. 49.
[18] MILTON, Jhon. Aeropagítica: discurso pela liberdade de imprensa ao parlamento da Inglaterra. Rio de Janeiro: Topbooks, 1999, p. 169.

A vida

Stuart Mill era filho do filósofo e historiador James Mill (1773--1836), que assumiu a responsabilidade por sua educação. Aos três anos de idade, iniciou seus estudos de grego, seguindo-se depois latim, Matemática e Filosofia. Aos onze anos auxiliou o pai na revisão de sua obra mais importante sobre a história da Índia e aos treze, por recomendação do pai, deu início a seus estudos de Economia, através da leitura das obras de Smith e Ricardo. Passou seu décimo quarto ano de vida na França, onde hospedou-se na casa de Samuel Bentham (1757-1831), irmão de Jeremy Bentham (1748-1832), que teria posteriormente profunda influência sobre o pensamento de Mill. Na França, prosseguiu seus estudos, incluindo Química, Biologia, cálculos diferenciais e Botânica. Ao voltar à Inglaterra, em 1821, começou a estudar Direito, quando entrou em contato mais estreito com as ideias de Jeremy Bentham.

Em 1822, foi convidado a trabalhar na Companhia das Índias Orientais, onde entrou como auxiliar do responsável pela correspondência. Passou a assistente de diretoria, em 1828, e chegou ao posto mais alto da Companhia, diretor presidente, em 1856, posto que ocupou por dois anos, até que a empresa foi fechada por ordem da Rainha Vitória (1819-1901). Em 1830, conheceu Harriet Hardy Taylor (1807-1858), ativa defensora dos direitos da mulher, por quem se apaixonou quase imediatamente. Como ela era casada, só veio a tornar-se esposa de Stuart Mill 21 anos depois, quando ficou viúva. A influência de Harriet Hardy Taylor sobre as ideias e obras de Mill foi bastante acentuada, só não sendo ainda maior pelo fato de o casamento ter durado apenas sete anos, em razão do falecimento da esposa.

Foi amigo pessoal de Ricardo, Bentham, Thomas Carlyle (1795-1881) e Auguste Comte, tendo tido ainda – durante sua estada na França – contato com Jean Baptiste Say. Todos eles acabaram por influenciar de alguma forma o pensamento de Stuart Mill. Em 1860, desgostoso com o falecimento da esposa e o fechamento da Companhia das Índias Orientais, foi novamente para a França, de onde voltou algum tempo depois disposto a concorrer a uma cadeira no Parlamento. Eleito, ocupou uma cadeira no Parlamento inglês de 1865 a 1868, quando se retirou da vida pública.

Veio a falecer em 1873, ocasião em que o processo de industrialização inglês (bem como de diversas outras nações europeias) encontrava-se consolidado. Nessa época, o princípio da harmonia de interesses, um dos pilares do pensamento de Adam Smith, podia ser amplamente questionado, uma vez que a notória concentração de renda existente na Inglaterra demonstrava que a satisfação dos interesses individuais não correspondia necessariamente à satisfação dos interesses gerais. Em razão disso, em termos de pensamento econômico, a preocupação que se concentrava quase exclusivamente na análise dos aspectos ligados à produção desloca-se pouco a pouco para dar prioridade aos aspectos relacionados à distribuição da riqueza. Essa é a característica apresentada primeiramente por Jeremy Bentham, William Nassau Senior (1790-1864) e John Stuart Mill e que será a marca do pensamento econômico que se desenvolverá a partir da segunda metade do século 19.

Principais ideias e contribuições

As contribuições de Stuart Mill distribuem-se pelos campos da Lógica, da Psicologia, do Direito, da Economia e da Política. Tamanha diversidade explica em boa parte a descontinuidade que caracteriza a sua obra e a controvérsia que existe em torno de sua figura: é considerado um dos principais expoentes da Economia por alguns autores e historiadores, em razão de sua criatividade e de suas contribuições inovadoras e, ao mesmo tempo, é ignorado por outros, por não ter conseguido "amarrar" bem suas ideias, que tiveram que ser aperfeiçoadas por diversos economistas e pensadores de gerações posteriores. Stuart Mill procurou combinar o utilitarismo, que absorveu de Jeremy Bentham, com o socialismo, em que ressaltou o valor do altruísmo – tão ao gosto de Saint-Simon (1760-1825) e Comte – como forma de superação do egoísmo.

Stuart Mill enfatizava, no princípio da utilidade, a busca da felicidade, entendida como prazer e ausência de dor, vistas como as únicas coisas desejáveis como fins, "seja pelo prazer inerente a elas, seja como meio de promoção do prazer e prevenção da dor"[19].

---

[19] MILL, John Stuart. Utilitarismo. Porto, 2005, p. 483.

No campo da Economia (o de sua maior contribuição), suas ideias refletem diversas influências de outros pensadores contemporâneos, apresentando em sua evolução uma série de contradições, a ponto de ser considerado um integrante do liberalismo clássico por alguns autores e um pré-socialista por outros. Ele próprio chegou a se autodefinir um socialista, como pode ser visto na citação a seguir:

> Nosso ideal de desenvolvimento final vai mais além da democracia e nos classificaria decididamente sob a designação geral de socialismo. Consideramos que o problema social do futuro seja como reunir a maior liberdade individual de ação com a propriedade comum das matérias-primas do globo e uma participação igualitária de todos nos benefícios do trabalho associado.[20]

Nessa tentativa de conciliação de ideias socialistas com seus fundamentos utilitaristas, ele fez uso de uma relação entre a religião e a moral, na qual admitiu que o aperfeiçoamento intelectual do homem serve de base ao desenvolvimento social. Daí a principal crítica de Marx a esse tipo de ecletismo do qual Mill é o melhor intérprete. Para Marx, isto é prova inconteste de ingenuidade ou uma tentativa de "conciliação dos inconciliáveis".

Sua posição é fundamentada nas circunstâncias históricas da Europa e suas ideias econômicas refletem isso, podendo ser identificados três períodos distintos:

1º) Por volta de 1844, quando publicou *"Essays on some unsettled questions of Political Economy"*, nos quais se sente uma nítida influência de Ricardo;
2º) Exposta em sua principal obra *"Principles of Political Economy"*, de 1848, em que começou a fazer a defesa da criação de propriedades para os camponeses, uma vez que estava preocupado com os problemas que envolviam os agricultores irlandeses;
3º) Inicia-se por volta de 1850 e torna-se mais estreito à medida que amplia seu contato com as ideias socialistas, quando se convence da fundamental importância dos problemas sociais. Nessa época, sente-se forte influência do socialista utópico Saint-Simon. Fica

---

[20] Mill, Autobiography, CW I, 1981, p. 239.

claro que ele não endossa o princípio do *laissez-faire*, já que ele aponta a existência de inúmeras exceções representadas por itens de grande utilidade social, mas de pouco interesse para o capital privado, tais como a educação, o auxílio aos pobres, a colonização e outros itens de interesse da coletividade.

O trecho que se segue, extraído dos *"Principles of Political Economy"*, mostra bem como Stuart Mill sentia o momento, quase um século após o início da Revolução Industrial: "até agora se questiona se todas as invenções mecânicas já feitas aliviaram a luta do ser humano. Elas permitiram que maior população vivesse a mesma vida de fadiga e aprisionamento e que maior número de manufatureiros e outros fizessem fortuna"[21].

A diferença de seu pensamento a partir da publicação dos *"Principles"*, em relação ao seu pensamento original, pode ser vista claramente no seguinte trecho:

> Se a escolha tiver de ser feita entre comunismo, com todas as suas oportunidades, e a presente situação da sociedade com todos os seus sofrimentos e injustiças; se a instituição da propriedade privada necessariamente carrega consigo, como consequência, que o produto do trabalho seja repartido, como vemos atualmente, quase em razão inversa ao trabalho: as maiores parcelas àqueles que jamais trabalharam para o todo, a parcela seguinte àquele cujo trabalho é apenas nominal e assim numa escala decrescente, a remuneração diminui à medida em que o trabalho cresce mais duro e mais desagradável até que o mais exaustivo e fatigante trabalho não possa contar com a certeza de estar apto a ganhar sempre o mínimo necessário à existência. Se isto ou o comunismo for a alternativa, todas as dificuldades maiores ou menores do comunismo serão apenas um átomo na balança.[22]

No âmbito da Política, o caminho seguido por Mill foi o de um liberalismo extremado, muito próximo do anarquismo. Sua preocupação

---

[21] MILL, John Stuart. Principles of Political Economy with some of their applications to social philosophy. Hackett Publishing Company, 2004, p. 191.
[22] MILL, John Stuart. Principles of Political Economy, The Project Gutemberg, 2007, p. 186. https://eet.pixel-online.org/files/etranslation/original/Mill,%20Principles%20of%20 Political%20Economy.pdf

com a influência deletéria do Estado fica clara no trecho que se segue, sobre Educação:

> Uma educação geral pelo Estado é puro plano para moldar as pessoas de forma exatamente semelhante – e, como o molde em que são plasmadas é o que agrada a força dominante no governo, quer seja esta um monarca, um clero, uma aristocracia, quer a maioria da geração existente, a educação pelo Estado, na medida em que é eficaz e bem sucedida, estabelece um despotismo sobre o espírito, que, por uma tendência natural, conduz a um despotismo sobre o corpo[23].

Stuart Mill não deixa, em nenhum instante, de revelar profunda influência da educação que lhe foi imposta pelo pai, razão pela qual sua obra representa enorme contribuição à aplicação de métodos à análise econômica. Também nesse particular observam-se sensíveis modificações em seu pensamento, como pode ser visto através da comparação de suas primeiras e de suas últimas obras. Sua ideia de utilitarismo, mais ampla que a de Bentham, serviu de base e foi aperfeiçoada pelos primeiros economistas utilitaristas como William Stanley Jevons (1835-1882), Carl Menger e Leon Walras (1834-1910) e, principalmente, por Alfred Marshall (1842-1924), grande expoente da Escola Neoclássica. Por todas essas razões, Stuart Mill pode ser considerado um autor de transição entre o pensamento econômico antigo (que dá maior ênfase aos aspectos ligados à produção da riqueza) e o pensamento econômico moderno (que enfatiza os aspectos ligados à distribuição da riqueza).

34.15. KARL POPPER (1902-1994)

Sir Karl Popper foi um célebre filósofo liberal do século 20 e, a exemplo de seus outros dois conterrâneos Friedrich Hayek e Ludwig von Mises, foi obrigado a deixar a sua Viena natal devido aos horrores do nazismo.

Popper, no início de sua carreira acadêmica, dedicou-se à filosofia da ciência, ao projetar-se com o livro *"A lógica da descoberta científica"*,

---

[23] MILL, John Stuart. Sobre a liberdade. Petrópolis, RJ: Vozes, 1991, p. 149.

publicado em 1934. O cerne da ideia popperiana, no que diz respeito ao conhecimento, está na concepção de que viver é um processo de solução de problemas (até mesmo para uma ameba). Nesse processo, o homem formula hipóteses que ele jamais poderá saber se são verdadeiras ou não. Ele é capaz de testar (tentar falsear) uma teoria e confirmá-la reiteradas vezes. Isso não quer dizer, no entanto, que ela seja verdadeira. É possível que, a qualquer momento, alguém formule a respeito do problema uma nova hipótese melhor ou uma maneira nova de testar a teoria e demonstrar que ela é falsa. Assim aconteceu com a teoria newtoniana que, ao longo de séculos, foi repetidas vezes corroborada, até que surgiu Albert Einstein (1879-1955), que formulou uma nova hipótese, derrubando as concepções de Newton. Em outras palavras, a ciência vive de *"Conjecturas e refutações"*, título de seu livro publicado em 1963 a respeito do crescimento do pensamento científico.

No início dos anos de 1970, Popper publicou outra importante obra sobre o conhecimento científico sob o título *"Conhecimento objetivo"*, em que ele textualmente declara que "o fenômeno do conhecimento humano é, sem dúvida, o maior milagre do universo. Ele constitui um problema que não será solucionado brevemente"[24]. Popper propõe uma teoria objetiva do conhecimento e formula a ideia dos três mundos: "mundo 1", dos objetos físicos; "mundo 2", dos estados de consciência ou mentais ou de "disposições comportamentais para agir"; e "mundo 3", das ideias. Assim, um livro pertence a dois "mundos" – ao mundo 1, na condição de objeto, e ao mundo 3, por seu conteúdo, que é o universo das ideias.

As contribuições de Popper não se resumiram, no entanto, à Filosofia da Ciência. No final dos anos de 1930, Popper viu-se na contingência de deixar a Europa, indo com a esposa para a Nova Zelândia, onde reiniciou sua vida acadêmica. Nesse período, marcado pela Segunda Guerra Mundial, Popper publicou duas obras fundamentais, demonstrando enorme familiaridade com as ciências humanas: *"A miséria do historicismo"* e o clássico *"A sociedade aberta e seus inimigos"*, de 1945. Elas representam o que Popper denominou de sua "contribuição

---

[24] POPPER, Karl. Conhecimento objetivo. Editora da Universidade de São Paulo, 1975, p. 7

para o esforço de guerra"[25]. O primeiro livro refuta, especialmente, a concepção marxista de previsibilidade da história e da exequibilidade da "engenharia social". Já o segundo é uma análise sobre todos os pensadores que defenderam ideias contrárias à sociedade aberta (aquela que tolera o poder crítico das pessoas).

Com o final da Segunda Guerra na Europa, Karl Popper obteve uma cátedra – com a ajuda de seu amigo Hayek – na renomada *London School of Economics*, tornando-se responsável pelo Departamento de Filosofia, Lógica e Método Científico. Ele nunca mais deixaria a Grã-Bretanha, tornar-se-ia cidadão britânico e feito "Sir" pela Rainha, em 1965. Em 1974 publicou sua autobiografia (*Unended Quest*) e em 1977 publicou, juntamente com John Eccles (1903-1997, Prêmio Nobel de Medicina e amigo desde os tempos em que passou na Nova Zelândia), uma obra fundamental para a ciência da cognição intitulada "*O eu e seu cérebro*". Mesmo após aposentar-se, até 1994, quando morreu em 17 de setembro, Popper publicou várias outras obras e participou de inúmeros seminários e colóquios.

34.16. LUDWIG VON MISES (1881-1973)

Ludwig von Mises foi um dos mais influentes economistas de seu tempo. Autor prolífico, publicou em 1949 uma obra monumental chamada "*Ação Humana – um tratado de Economia*", traduzida pelo Instituto Liberal em 1990. Esse foi o primeiro tratado de Economia publicado no século 20 e que lançou as bases para uma nova compreensão das ciências econômicas, centrada na análise da ação humana ou comportamento propositado, pelo qual o homem busca substituir um estado menos satisfatório por um mais satisfatório. O primeiro tradutor de "*Ação Humana*" para o português, Donald Stewart Jr., publicou um importante trabalho seguindo os princípios de análise comportamental estabelecidos por Von Mises sob o título "*A lógica da vida*".

Através do conceito de "cataláxia", ou economia da sociedade de mercado, Mises analisa a formação dos preços até o ponto em que as

---

[25] POPPER, Karl. Uma teoria da democracia: conferência de Popper em Lisboa. https://www.eusoulivres.org/artigos/uma-teoria-da-democracia-conferencia-de-popper-em-lisboa/

pessoas fazem as suas escolhas. Trata-se, na verdade, de uma explicação de como se formam os preços e não sobre como eles se deveriam formar. "Ação Humana" abrange todos os aspectos das ciências econômicas, merecendo destaque a questão sobre o cálculo econômico. Mises demonstra, claramente, a inviabilidade do socialismo, uma vez que este não conta com um sistema de formação de preços de mercado. Por exemplo: se para a produção de um determinado bem existem dois métodos de produção, o mais eficaz ou mais barato só pode ser identificado mediante um sistema de preços gerado numa economia de mercado; num regime em que as trocas voluntárias são substituídas por decisões burocráticas, o sistema de preços desaparece, deixando os agentes sem a orientação mais importante para as suas escolhas. Aliás, Ludwig von Mises nos anos de 1920 liderou a discussão em torno do cálculo econômico, ao publicar a obra "Socialismo". Este foi outro livro de Von Mises que exerceu enorme influência no meio acadêmico europeu, segundo o Prêmio Nobel Friedrich Hayek, no prefácio da edição do Liberty Fund, de 1978.

Ludwig von Mises teve uma longa vida acadêmica. Começou lecionando no começo do século 20 na Universidade de Viena, mas também desenvolveu atividades como economista da Câmara Austríaca de Comércio e Indústria (1909 a 1938) e como fundador e principal dirigente do Instituto Austríaco de Pesquisa sobre os Ciclos Econômicos. Em 1934, já antecipando os riscos que a barbárie nazista traria para a Europa e, em particular, para ele (Mises já escrevera vários artigos em periódicos contra o nacional-socialismo, além de ser judeu), aceitou uma cátedra de relações econômicas internacionais no Institut Universitaire dês Hautes Etudes Internationales, em Genebra. Entretanto com a situação europeia paulatinamente se agravando (anexação da Áustria, em 1936, início da Segunda Guerra Mundial, em 1939), Mises não se sentia seguro em Genebra e decidiu radicar-se nos Estados Unidos em meados de 1940. Apesar da idade e do fato de que, ao chegar à América, não dominava plenamente o inglês (que sempre falou com um forte sotaque), Mises começou a escrever diversas obras fundamentais em inglês, culminando com "Ação Humana". Passou a lecionar na Universidade de Nova Iorque, tendo, entre seus alunos, Murray Rothbard, Israel Kirzner (1930-), Percy (1906-1984) e Bettina Greaves (1917-2018). Mises também participou de inúmeros seminários na Foundation for Economic Education, criada nos anos de 1950 por Leonard Read (1898-1983). Lecionou na Universidade de Nova Iorque até o final dos anos de 1960, vindo a falecer na cidade de Nova Iorque, em 1973.

34.17. MILTON FRIEDMAN (1912-2006)

O economista norte-americano Milton Friedman foi decano da Sociedade Mont Pèlerin, tendo participado de sua fundação, em 1948, com Friedrich Hayek. Ao longo de sua extensa vida acadêmica, cuja reputação foi conquistada à frente do Departamento de Economia da Universidade de Chicago, EUA, Milton Friedman publicou inúmeras obras sobre política e história econômica. Em 1976, ganhou o prêmio Nobel de Economia, dois anos após Hayek. Outros colegas seus da Universidade de Chicago também fariam jus ao prêmio, entre os quais se destacam George Stigler (também fundador da Sociedade do Mont Pèlerin) e Gary Becker.

Os estudos de econometria levaram Milton Friedman a fundar a chamada "escola monetarista", que, em síntese, estabelece uma forte correlação entre a oferta de moeda e o nível de atividade econômica. Ao longo das décadas de 1960 e 1970, Friedman foi uma das poucas vozes a defender a disciplina monetária (e fiscal) como única saída para o surto de inflação que os governos em quase todos os quadrantes do mundo estavam provocando. Até os Estados Unidos chegaram a ter quase 20% de inflação anual no final do governo de Jimmy Carter (1924-), em 1980.

Friedman sempre defendeu ideias que, a princípio, causaram grande polêmica, mas com o tempo revelaram-se soluções econômicas sensatas e desejáveis. Nos últimos dias chegou a defender a extinção pura e simples do Federal Reserve (Banco Central americano) e do Fundo Monetário Internacional, porque suas equivocadas políticas monetárias vinham causando enormes danos à economia americana e à mundial.

A obra mais conhecida de Milton Friedman chama-se "*Capitalismo e Liberdade*" e foi originalmente publicada nos Estados Unidos, em 1962. Essa obra alcançou grande repercussão, pois seu autor não se limitou a discorrer sobre economia pura. Numa linguagem coloquial, Friedman aborda questões como a da relação entre liberdade econômica e liberdade política, o papel do governo numa sociedade livre, política fiscal, educação, monopólio, distribuição de renda, bem-estar social e combate à pobreza. Afirma, por exemplo, que devido ao fato de:

> vivermos em uma sociedade, em grande medida, livre, tendemos a esquecer o limitado espaço de tempo e a parte do globo na qual surgiu o que se chama de liberdade política: o estado típico da humanidade é a tirania, servidão, miséria. O século XIX e o começo do século XX no mundo Ocidental destacam-se como uma exceção à tendência histórica de desenvolvimento. A liberdade política, nesse sentido, claramente surgiu com o livre mercado e o desenvolvimento das instituições capitalistas. Da mesma maneira como a liberdade política na era dourada da Grécia e nos primeiros dias da era Romana.[26]

Desde essa época, Friedman já vinha preocupando-se com a questão educacional. A falência do ensino público (que consegue conjugar péssima qualidade e altos custos) americano levou-o a propor um esquema simples e de enorme repercussão social: simplesmente tirar o Estado da educação. O dinheiro que hoje é mal gasto nos estabelecimentos públicos de ensino deveria ser convertido em *vouchers* ou cupons para cada aluno, de tal forma que, com esses recursos, seria possível pagar a mensalidade de uma escola privada. Caberia aos pais escolherem o melhor colégio para seus filhos. A competição que naturalmente se estabeleceria entre as escolas garantiria uma melhoria constante do ensino. Os pais também passariam a interferir mais no processo educacional, exigindo melhores cursos e qualificação dos professores, pois poderiam facilmente mudar seus filhos de colégio.

No começo de 1999, Milton Friedman concedeu uma entrevista e abordou o problema da crise cambial brasileira, então no auge. Suas palavras permanecem até hoje com enorme atualidade:

> Nem o câmbio fixo nem o flutuante resolvem os problemas fiscais internos. Não há soluções fáceis. O Brasil tem de pôr sua casa fiscal em ordem: ou corta fortemente os gastos governamentais ou aumenta

---

[26] http://www2.fct.unesp.br/docentes/geo/bernardo/BIBLIOGRAFIA DISCIPLINAS POS-GRADUACAO/MILTON FRIEDMAN/Capitalismo e Liberdade - Milton Friedman.pdf

fortemente a receita governamental. Não há outro caminho. Ah, tem outra saída: imprimir dinheiro. Mas isso levaria inevitavelmente à inflação. No caso do Brasil, a inflação voltou porque o governo não tem mais crédito para tomar emprestado o necessário para cobrir o déficit. O déficit fiscal brasileiro é muito grande e isso tem de ser resolvido. Mexer no câmbio ou qualquer coisa parecida é apenas um paliativo.[27]

Nessa mesma entrevista, também ressaltou que o problema dos juros elevados deveria ser solucionado pelo mercado, não pelo governo. Este é, aliás, a causa do problema.

Milton Friedman, além de autor de livros, era um excelente comunicador. Nos anos de 1970 e 1980, produziu duas séries de televisão que tiveram enorme repercussão chamadas *"Liberdade para Escolher"* e *"A tirania do status quo"*. Ele demonstrou como a Economia de mercado pode trazer mais prosperidade e riqueza para os indivíduos do que qualquer outra forma de organização social. Também deu uma série de conselhos práticos para diminuir o tamanho do Estado e deixar os cidadãos mais livres para perseguirem seus próprios objetivos. Entre suas sugestões mais importantes, destacam-se a substituição do imposto de renda progressivo por um proporcional, com alíquota única, e a limitação para o Banco Central de emitir moeda (autorizado a emitir moeda em pequenas quantidades e em anos alternados). Muitas de suas ideias não foram imediatamente adotadas, mas serviram para dar um norte à presidência de Ronald Reagan, e ajudaram, em grande medida, a recolocar os Estados Unidos no caminho da prosperidade, como já se vê há um quarto de século.

No final dos anos de 1990, Milton Friedman publicou um extenso relato autobiográfico, juntamente com sua esposa Rose Friedman, sob o título *"Two lucky people"*. Aliás, Rose foi também uma destacada economista que colaborou intensamente com o marido, tanto na elaboração de livros quanto nas séries para a televisão. O casal dedicou-se a uma Fundação essencialmente voltada para o problema da educação das novas gerações.

---

[27] http://revistaepoca.globo.com/Revista/Epoca/0,,EMI191298-15518,00.html

34.18. MURRAY ROTHBARD (1926-1995)

Murray Rothbard foi um dos grandes economistas do século 20, discípulo de Mises e até pouco tempo permanecia praticamente desconhecido do público brasileiro, mesmo no meio acadêmico ou especializado. É fácil de compreender as razões.

Durante décadas, Rothbard lecionou Economia em Nova Iorque (Instituto Politécnico do Brooklin) e nos últimos dez anos de sua vida em Las Vegas (Universidade de Nevada) e Auburn (Ludwig von Mises Institute), tendo produzido toda sua obra – dezenas de livros e milhares de artigos e ensaios – em inglês. Em segundo lugar, desde cedo filiou-se à chamada Escola Austríaca de Economia, tornando-se um ardoroso defensor da economia de mercado. Estudou sob a orientação de Ludwig von Mises em seu famoso seminário na Universidade de Nova Iorque, no começo dos anos de 1950. Também participou, durante um curto período, do grupo que circundava Ayn Rand. Esses dois autores foram os que exerceram a maior influência sobre o pensamento de Rothbard.

O que o distanciou ainda mais do público brasileiro foi o fato de haver se tornado um defensor do chamado "anarcocapitalismo". Ele não enxergava nenhuma atividade que não pudesse ser melhor desenvolvida pelos indivíduos em bases completamente voluntárias e contratuais. Num país como o Brasil, um "elemento" como Rothbard seria altamente perigoso para o meio intelectual subjugado pelo socialismo.

A quarta razão para afastá-lo do público brasileiro é o tom coloquial e até "popular" de vários dos seus trabalhos. Rothbard era um talento multifacetado que podia tanto produzir uma peça dentro do mais puro jargão acadêmico como escrever de forma agradável e cristalina para o público leigo. A última razão residia no bom humor e sarcasmo de muitos de seus trabalhos, especialmente aqueles voltados para o mundo não acadêmico.

A produção intelectual de Rothbard reveste-se de especial importância para quem deseja compreender o liberalismo (no seu sentido clássico), embora, ao fim das contas, ele, partindo da árvore liberal, ao aderir a uma forma de anarquismo de mercado, tenha se tornado um crítico do liberalismo clássico propriamente dito. Ele não foi um mero economista, embora seja considerado o autor do último tratado de economia escrito no século 20 (sob o título *"Man, Economy, State"*, de 1962). Trata-se de uma obra monumental (em dois volumes) que segue a tradição de Ludwig von Mises, abordando a Economia, nas palavras de Llewellyn Rockwell (1944-), "como um ramo das Ciências Humanas e não da Física" e sendo responsável "pelo ressurgimento da Economia austríaca depois da morte de Mises".

Durante vários anos, Rothbard dedicou-se a escrever sobre Economia. Desse período nos anos de 1960 destacam-se duas outras obras. A primeira foi *"Americas Great Depression"*, de 1963, na qual ele analisa as origens da Grande Depressão, especialmente o papel do Federal Reserve (Banco Central americano) na forte expansão de moeda e crédito no período que antecedeu à quebra da Bolsa de Nova Iorque. De acordo com sua abordagem, a crise se perpetuou e agravou, depois de 1929, devido às intervenções governamentais na economia, especialmente após a eleição de Roosevelt. A segunda obra desse período foi *"What Government Has Done to Our Money?"*, de 1964, uma detalhada análise sobre a história monetária norte-americana na qual ele deixa evidente que o governo sempre avançou no sentido de obter os meios necessários para legalmente falsificar a moeda. O resultado dessas sucessivas mudanças emergiu com força nos anos de 1970, quando a economia americana enfrentou uma crise inflacionária sem precedentes e uma estagnação econômica só superada pela registrada na década de 1930. Rothbard ainda voltaria a temas econômicos puros em sua obra (não concluída) *"An Austrian Perspective on the History of Economic Thought"*, onde apresenta uma interessantíssima análise sobre o pensamento econômico anterior a Adam Smith, demonstrando que essa ciência já contava com um expressivo corpo doutrinário (especialmente com os escolásticos e fisiocratas).

Rothbard, entretanto, preocupou-se em construir um sistema que desse sustentação aos argumentos favoráveis à constituição de uma sociedade de homens verdadeiramente livres. A Economia era somente um dos aspectos a serem considerados. Assim, ele enveredou pela Ciência Política, produzindo uma obra sob o título *"Ethics and Liberty"*, em 1982, onde oferece, entre várias contribuições originais, uma instigante análise sobre o direito natural. Ele ainda soube integrar dois outros elementos às suas teorias: o "libertarianismo" radical de alguns pensadores norte-americanos do século 19 – por exemplo, Lysander Spooner (1808-1887), autor da obra *"No treason"* – e uma visão de política da antiga "direita" norte-americana, baseada no isolacionismo.

Todos esses elementos fizeram de Rothbard um intelectual controverso, mas de enorme influência, especialmente junto ao Partido Libertário. Ele foi, sem dúvida, o grande intelectual desse movimento, tendo escrito o seu "evangelho", sob o título *"For a New Liberty"*, em 1973. Seus argumentos favoráveis a soluções de livre mercado para os mais diversos aspectos da vida em sociedade – desde o policiamento até os tribunais – ajudaram a mudar a mentalidade norte-americana e, de certa forma, contribuíram para que o grupo mais conservador do Partido Republicano, sob a liderança de Ronald Reagan, chegasse ao poder no começo dos anos 1980. Embora Rothbard não endossasse quase nenhuma das políticas desse período – inclusive contestando muitas teses de economistas tão liberais quanto Milton Friedman –, a força de suas ideias fez-se sentir. Rothbard e seus discípulos, como Hans-Hermann Hoppe, ganharam admiradores no Brasil e, conquanto sejam críticos do liberalismo propriamente dito, propondo uma espécie de superação de seu ideário em direção ao anarquismo, têm sido discutidos em meio ao movimento liberal e suas reflexões acrescentam ao debate público.

34.19. OG LEME (1922-2004)

Consultor do Instituto Liberal por longos anos, nele Donald Stewart encontrou o lastro intelectual em que apoiaria o Instituto. Formado em Ciências Sociais pela Escola de Sociologia e Política de São Paulo, fez o doutorado em Economia na Universidade de Chicago. Lá, foi aluno de Milton Friedman, Frank Knight, Gregg Lewis (1914-1992), George Stigler, entre outros notáveis do centro acadêmico. Fez laços de amizade e de intercâmbio intelectual que duraram até seu desenlace (ou de seus amigos).

Formação e histórico profissional

Formado em Ciências Sociais (Escola de Sociologia e Política de São Paulo), Direito (Universidade de São Paulo) e Economia (The University of Chicago). Fez pós-graduação em Sociologia e Antropologia Social. Foi professor universitário de Economia na Escola de Sociologia e Política de São Paulo, na Fundação Getulio Vargas e no Instituto de Filosofia e Ciências Sociais da Universidade Federal do Rio de Janeiro. Foi professor de Pensamento Social na Universidade Santa Úrsula do Rio de Janeiro, diretor do Departamento Econômico da Federação do Comércio de São Paulo e, durante seis anos, trabalhou como economista da Organização das Nações Unidas. Criou e dirigiu, durante aproximadamente seis anos, o Centro de Treinamento e Pesquisa para o Desenvolvimento Econômico do Ministério do Planejamento. Participou da Assessoria Econômica do ministro Roberto Campos durante a gestão do Presidente Castelo Branco. Durante dezoito anos exerceu funções de diretor em três importantes grupos empresariais brasileiros. A convite de Donald Stewart, tornou-se membro do corpo técnico do Instituto Liberal do Rio de Janeiro logo em sua fundação. Foi diretor dos Colóquios do Liberty Fund no Brasil.

Legado

É autor de vários artigos e dos livros *"A ordem econômica"* e *"Entre os cupins e os homens"*. Exerceu diversas atividades como editor no Instituto Liberal. Além da contribuição intelectual, Og Leme foi responsável pela difusão das ideias liberais no Brasil nos principais centros acadêmicos, entre empresários, juristas, economistas, militares e, inclusive, no clero brasileiro. Nos debates de que participava – com destaque para o Fórum da Liberdade, organizado pelo Instituto de Estudos Empresariais –, sua confiante argumentação desarmava seus opositores, ainda que "com extremo cavalheirismo". Era muito procurado pelos jovens por sua maneira atenciosa e didática de trocar ideias.

34.20 PAUL JOHNSON (1928-)

O século 20 foi generoso para a Inglaterra em termos intelectuais. Além de Winston Churchill – para muitos o maior líder político do século passado –, aquele país contou com significativo número de liberais da maior expressão. Para lá acorreram o economista Friedrich Hayek e o filósofo Karl Popper. O primeiro *think tank* liberal do Ocidente surgiu a poucos quarteirões do Parlamento inglês, graças ao espírito empreendedor de Sir Anthony Fisher e ao trabalho infatigável de Arthur Seldom. No campo da História, Paul Johnson emerge como a grande figura das três últimas décadas, ocupando com justiça um espaço que pertencera a Churchill.

A produção intelectual de Paul Johnson não tem paralelo recente. Nascido em 1928, na Inglaterra, ele até hoje utiliza a máquina de escrever. Assim mesmo, produz alentados volumes de História, numa velocidade alucinante, que já o levou a publicar mais de 35 livros, sem contar milhares de artigos e ensaios em revistas e jornais do Reino Unido e dos Estados Unidos.

A marca de Paul Johnson

Católico e conservador, não teme nenhuma polêmica. Seus livros, lidos quase compulsivamente por quem se interessa minimamente por História, vêm carregados com as impressões e opiniões do autor. Personagens e fatos ganham contornos especiais e novas interpretações. Em sua obra monumental *"A History of American People"*, por exemplo, ele não se preocupa em diminuir a estatura de um Franklin Roosevelt ou de "perdoar" um Richard Nixon. O que talvez incomode mais os críticos de Paul Johnson seja a seriedade e a profundidade da pesquisa que ele invariavelmente conduz antes de escrever. Se suas opiniões são polêmicas, elas vêm muito bem sustentadas por documentos, dados e testemunhos. As notas e referências não comprometem nem a fluidez, nem o humor de seus textos. Apenas tornam suas teses ainda mais difíceis de contradizer. Essa fórmula consagrou-o nos Estados Unidos, onde a história dos norte-americanos já vendeu mais de 200 mil exemplares.

A conversão

Paul Johnson não foi a vida toda um historiador e jornalista identificado com o conservadorismo. Na verdade, até 1977 ele esteve vinculado ao trabalhismo e considerava-se um socialista (na linha do socialismo fabiano) – o que é bastante previsível para alguém educado dentro da tradição jesuítica e que fora aluno do Magdalen College, em Oxford – tendo como tutor o famoso historiador britânico A. J. P. Taylor (1906-1990). Nesse ano, escreveu um famoso artigo sob o título *"Adeus ao Partido Trabalhista"*. Não mediu palavras para descrever a intolerância dos trabalhistas com o individualismo que, no seu modo de ver, seguia o caminho que levou aos horrores dos campos de concentração nazistas e soviéticos. Rompeu com um passado como editor de publicações "progressistas" e tornou-se conselheiro de Margaret Thatcher. Passou o ano de 1980 nos Estados Unidos, onde tornou-se amigo de Michael Novak (1933-2017, escritor igualmente católico e conservador) e Ronald Reagan.

A produção intelectual

A partir de sua "conversão" é que Paul Johnson passou a publicar os livros que já o consagram como um dos grandes historiadores da atualidade. Entre eles podemos destacar *"Tempos Modernos"*, surgido em 1983. Trata-se de uma história do século 20, entre os anos de 1920 e a queda do Muro de Berlim, onde Johnson destaca o papel central do relativismo no verdadeiro "banho de sangue" que foi o século há pouco terminado. Em 1988, Johnson produziu outra obra de enorme repercussão: *"Intellectuals"*. Nessa obra, ele se volta para personalidades, traçando implacáveis perfis biográficos de "intelectuais malcomportados", desde Rousseau, passando por Marx, até Edmund Wilson (1895-1972). Na linha de biografias, destaca-se igualmente *"Napoleão"*. O regime de violência e intromissão que marcou o período do corso, representou para Paul Johnson uma advertência, mas também uma herança para o século 20.

Como bom católico, Johnson não deixou de traçar uma detalhada história da cristandade (*"A History of Christianity"*), desde o Novo Testamento até o século 20; mas sua confissão não o impede de reconhecer e esmiuçar os períodos mais tenebrosos do catolicismo, pois o objetivo de Johnson é sempre muito claro: a verdade. Os judeus também renderam outro trabalho extraordinário (*"A History of the*

Jews"), que se estende desde Noé até Israel, na década de 1980. Nada escapa ao espírito analítico de Johnson, muito menos temas espinhosos, como o envolvendo os palestinos na Terra Santa. A historiografia de Paul Johnson é verdadeiramente impossível de ser resumida em um simples perfil. Basta mencionar que ele ainda escreveu diversas outras obras extremamente recomendáveis, entre as quais vale citar *"A History of the British People"*, *"The Birth of the Modern"* e *"The Renaissance: a Short History"* (Johnson é um importante colecionador da pintura do período pré-Rafael).

34.21. PETER THOMAS BAUER (1915-2002)[28]

Peter Thomas Bauer nasceu em Budapeste, na Hungria, em 1915, e acabou indo estudar economia em Cambridge. Lord Bauer dedicou boa parte de sua carreira à London School of Economics, foi um admirador de Thatcher e membro da Mont Pèlerin Society, fundada por seu amigo Hayek.

Bauer sempre combateu o planejamento central, defendendo o livre mercado em uma época onde o modismo era ser socialista. Sua obra é vasta e um dos seus primeiros trabalhos mostra como os barões do capitalismo "selvagem" americano eram, na verdade, como os grandes inovadores da atualidade, desbravando terrenos e criando várias oportunidades e empregos. Ele costuma ser lembrado como um oponente ao mecanismo estatal de ajuda ocidental aos países pobres. O foco aqui será sobre o pensamento de Bauer acerca da suposta culpa do Ocidente na pobreza do Terceiro Mundo, termo condenado pelo autor.

Ingleses "exploradores"

O estudo da história mostra como muitas acusações feitas ao Ocidente não passam de falácias. A ideia de que a riqueza ocidental é fruto da exploração dos países pobres não se sustenta com um mínimo de reflexão e observação dos fatos. Os países mais pobres são justamente

---

[28] Este ensaio biográfico e analítico foi redigido por Rodrigo Constantino.

aqueles que, até bem pouco tempo atrás, sequer tinham contato com os países ricos ocidentais. A acusação de que os britânicos tiraram a borracha da Malásia, por exemplo, inverte um fato importante: foram os ingleses que levaram a borracha para lá. Segundo Bauer, não havia seringueiras na região antes de os ingleses plantarem, como o próprio nome botânico sugere: Hevea brasiliensis. Assim, se a Malásia tornou-se importante produtora da borracha, isso foi possível graças aos ingleses. Como eles podem ser acusados de exploradores nesse caso? Como afirma Bauer, longe de ter drenado riqueza de países menos desenvolvidos, a indústria britânica ajudou a criá-la por lá, como o comércio externo promoveu o avanço econômico em grandes áreas do Terceiro Mundo onde não tinha nenhuma riqueza para ser drenada.

São justamente os países mais isolados do comércio ocidental que apresentam pior quadro de miséria e fome. A noção de culpa dos países ocidentais é uma acusação originada no próprio Ocidente. O marxismo, por exemplo, partindo da crença de que as diferenças de renda são anômalas e injustas, passa a ideia de exploração. A crença de que a riqueza é estática, de que a economia é um jogo de soma zero, onde para um ganhar o outro tem que perder, influenciou muito esta culpa ocidental. Muitos observam a riqueza nesses países, a miséria mundo afora, e concluem, sem a devida reflexão, que uma coisa só pode ser causa da outra. Esta visão é muito cômoda para os governantes dos países pobres, pois permite a desculpa perfeita para a manutenção de um modelo centralizador e fechado. Os países ricos são os bodes expiatórios que justificam as atrocidades domésticas.

Hong Kong: um caso de sucesso

Se os críticos sinceros dedicassem mais tempo à observação dos fatos, logo abandonariam a tese da exploração ocidental. Na África e na Ásia, as áreas mais prósperas são aquelas com maior contato comercial com o Ocidente. O contato com os países ricos foi, portanto, um dos principais agentes de progresso, não de atraso. Os aborígenes, pigmeus e povos do deserto, "protegidos" da "exploração" ocidental, são infinitamente mais pobres que os demais. Hong Kong, por outro lado, representa um incrível caso de sucesso e acelerada criação de riqueza.

Aliás, Hong Kong é citada por Bauer com bastante admiração. Não é difícil entender os motivos. A análise de seu exemplo derruba de uma só vez inúmeras falácias repetidas. Hong Kong foi colônia britânica por muitos anos. É um lugar extremamente populoso, mostrando que o número de pessoas não é o que importa e sim sua conduta. Alguns países com vastas terras e pouca gente vivem na miséria, enquanto Hong Kong é rica. Isso mostra que o controle de natalidade em si não é solução para nada. Com a mentalidade adequada, liberdade econômica e instituições corretas, qualquer povo pode sair da miséria e prosperar. Por fim, Hong Kong, assim como Cingapura, não possui recursos naturais, mas isso não impediu o progresso nessas regiões, já que este depende de atitudes, não de recursos naturais.

O colonialismo explica a pobreza?

Os que tentam culpar o Ocidente pela pobreza do Terceiro Mundo ignoram questões que expõem imediatamente sua contradição. Como pode ser, por exemplo, que a riqueza dos povos da Suíça ou Estados Unidos tenha sido tirada, digamos, dos aborígenes ou dos pigmeus? De fato, quem tirou o que desses grupos? Como levar a sério esta acusação, se é sabido que mais de três quartos da economia americana não dependem de recursos naturais, mas de serviços? Os americanos compram dezenas de bilhões de dólares de petróleo da Venezuela por ano a preço de mercado. Se esta montanha de dinheiro não reduz a miséria por lá, como culpar os americanos e não a própria Venezuela? Culpar o colonialismo pela pobreza do Terceiro Mundo pode ser confortante, mas isso não faz com que seja verdadeiro. O Afeganistão, Tibete, Nepal e Libéria não foram colônias ocidentais e, no entanto, são extremamente pobres. Já a Austrália e Hong Kong foram colônias e são países ricos. Os próprios Estados Unidos foram colônia inglesa e transformaram-se na nação mais próspera do mundo.

Se o colonialismo não explica a pobreza do Terceiro Mundo, ele não explica também a riqueza ocidental. A Suíça e os países escandinavos são ricos, mas nunca tiveram colônias. A Espanha e Portugal, por outro lado, foram bem menos prósperos, mesmo com várias colônias. A União Soviética colonizou vários países e isso não impediu seu completo fracasso. A Coreia do Norte, que se isolou do mundo, é um dos países mais miseráveis do planeta, enquanto sua irmã sulista prosperou justamente pelo comércio com o Ocidente. Não deixa de ser curioso que muitos dos que acusam o Ocidente de explorador culpam, ao mesmo tempo, o embargo americano pela miséria cubana. No fundo, eles sabem que praticar comércio com os americanos não é fonte de exploração, mas sim de progresso.

Criticar a colonização em si, assim como a escravidão, é algo absolutamente válido. No entanto, é preciso ser honesto nas críticas. O Ocidente não inventou tais práticas. Pelo contrário: elas já existiam muito antes. Os maiores donos de escravos africanos eram os próprios africanos, por exemplo. A escravidão foi uma realidade por quase toda a existência humana e teve seu término decretado justamente pelo Ocidente. O colonialismo é prática antiga na humanidade e veio justamente do Ocidente o basta para tal modelo.

Pol Pot conheceu o marxismo em Paris

Aqueles que alimentam sinceramente a culpa ocidental estão preocupados com seu estado emocional, mas não com os resultados inspirados nesses sentimentos. As políticas adotadas com base nesta visão de culpa ocidental costumam causar mais dano aos pobres do Terceiro Mundo. Até a ajuda internacional através dos governos ocidentais é ineficaz e acaba perpetuando os modelos fracassados desses países. Isso não quer dizer que o Ocidente está isento de qualquer culpa. Se o Ocidente tem alguma culpa pela situação nos países pobres, esta se deve às ideologias coletivistas oriundas do Ocidente, não ao comércio e ao seu modelo capitalista. Não custa lembrar que tanto o nazismo quanto o socialismo nasceram no Ocidente, e que Pol Pot, por exemplo, conheceu as ideias marxistas em Paris, antes de exterminar um terço do povo do Camboja em nome da "igualdade"; mas os povos de países pobres não podem ser tratados como crianças indefesas e incapazes de decidir. Cabe ao povo de cada nação escolher seu rumo. Em vez de ficar culpando o Ocidente por seus males, fariam algo infinitamente mais inteligente se tentassem copiar o que deu certo lá – e isso é conhecido: o capitalismo de livre mercado.